"갈라디아서를 바르게 강해하는 일은 종교개혁 신앙의 정통성을 이어받는 핵심적인 일입니다. 존 파이퍼의 갈리디아서 강해집은 정말 추천할만합니다. 그중에 몇 가지만을 언급한다면, 첫째 존 파이퍼의 강해집은 교리논쟁으로 이끌어 가지 않습니다. 성경을 설득력 있고 알기 쉽게 풀어갑니다. 둘째, '언약 아래서 행해진 순종이 최종적 구원을 결정한다'는 '바울의 새관점자'들의 오류를 밝혀낼 주해를 보여줍니다. 셋째, '사랑으로 역사하는 믿음'에 대한 올바른 가르침을 잘 전달합니다. 넷째, 소위 "감사윤리"가 믿음으로 의롭다함을 받는 복음과 어긋남을 잘 드러냅니다. 그리스도의 희생에 의한 하나님의 부요함을 오직 믿음으로 받는 것이 복음의 핵심임을 이 책은 대단히 만족스럽게 풀어줍니다."

— **김병훈**, 합동신학대학원대학교, 조직신학 교수

"갈라디아서는 십자가와 성령의 책이요, 지금은 바울의 신학을 다룰 때 가장 논쟁이 치열한 서신입니다. 저자는 이 소중하지만 까다로운 하나님의 말씀을 단 한 구절도, 단 한 단어도 설명하지 않은 채 지나가는 법이 없으며, 알찬 주해에서 길어낸 탄탄한 메시지를 제시합니다. 저자의 입장과 다르더라도 갈라디아서를 향한 저자의 명쾌하고 성실한 '신학자'로서의 해석과 통쾌하고 도전적인 '목회자'로서의 호소에 일단 진지하게 귀를 기울여 보십시오. 어느새 성경이 여러분을 해석하고 있을 것이고, 갈라디아서가 들리기 시작할 것입니다."

— **박대영**, 광주소명교회 책임목사, 〈묵상과 설교〉 편집장

"가장 안전하고 열정적인 개혁주의자라고 부르는 것이 존 파이퍼에 대한 가장 안전하고 열정적인 표현이지 않을까 싶습니다. 그것이 그를 복음중심적 희락주의자로 부를 수 있는 이유입니다. 역시나 그는 바울과 게바(베드로)를 긴장에 빠뜨렸던 안디옥 사건을 두려움과 외식과 율법주의에 대한 경계로 파악하면서도, 궁극적으로는 바울과 게바가 복음 안에서 분리되지 않았다는 사실을 복음의 승리라는 관점에서 입증하려 합니다. 이 책은 기독교의 핵심진리에 대한 바울의 활력에 주목하면서 모든 구절을 복음의 안전과 성령의 열정이라는 날줄과 씨줄로 풀어갑니다."

– 정갑신, 예수향남교회 담임목사

존 파이퍼의 〈갈라디아서 강해〉

Galatians: Broken by his cross healed by his Spirit: 23 Messages

Copyright ⓒ 2022 by Reformed Practice Books

Originally Published in English by Desiring God with all foreign language
ministry rights owned by Desiring God
2112 BROADWAY ST NE, STE 150
MINNEAPOLIS, MN 55413
This edition published by arrangement
with Desiring God.

존 파이퍼의 〈갈라디아서 강해〉

지은이   존 파이퍼
옮긴이   유정희
펴낸이   김종진
편집   김예담
초판 발행   2022.8.25
등록번호   제2018-000357호
등록된 곳   서울특별시 강남구 선릉로107길 15, 202호
발행처   개혁된실천사
전화번호   02)6052-9696
이메일   mail@dailylearning.co.kr
웹사이트   www.dailylearning.co.kr

책값은 뒤표지에 있습니다.
ISBN 979-11-89697-28-0 (03230)

존 파이퍼의 ──────────────
〈갈라디아서 강해〉

존 파이퍼 지음
유정희 옮김

개혁된실천사

• 목차

1장
이 악한 세대에서 우리를 건지시려고

갈라디아서 1:1-5

[1] 사람들에게서 난 것도 아니요 사람으로 말미암은 것도 아니요 오직 예수 그리스도와 그를 죽은 자 가운데서 살리신 하나님 아버지로 말미암아 사도 된 바울은 [2] 함께 있는 모든 형제와 더불어 갈라디아 여러 교회들에게 [3] 우리 하나님 아버지와 주 예수 그리스도로부터 은혜와 평강이 있기를 원하노라 [4] 그리스도께서 하나님 곧 우리 아버지의 뜻을 따라 이 악한 세대에서 우리를 건지시려고 우리 죄를 대속하기 위하여 자기 몸을 주셨으니 [5] 영광이 그에게 세세토록 있을지어다 아멘

오늘부터 우리는 바울이 갈라디아인들에게 보낸 편지를 살펴볼 것입니다. 제가 몇 달 동안 갈라디아서를 설교하기로 한 이유는 이 책이 다른 신약성경의 서신서보다 더 활력으로 가득 차 있기 때문입니다. 갈라디아서에서 바울이 가장 활기차다는 뜻입니다. 이 책 안에 표현된 순수한 감정의 힘이 지난 몇 년 동안 저를 거듭 사로잡았습니다. 첫 소절 열 개의 절만 읽어도 아주 중요한 문제가 여기 걸려 있다는 것을 느

낄 수 있습니다. 갈라디아서를 읽고 나서 단순히 "음, 이 책은 종교적 성찰을 담고 있는 흥미로운 책이군."이라는 무덤덤한 반응을 보일 수는 없습니다. 그것은 활활 타고 있는 석탄을 맨손으로 만지면서 살펴볼 수 없는 것과 마찬가지입니다. 갈라디아서는 기독교 최고의 핵심 진리를 담고 있는 힘찬 메시지입니다. 우리가 이 진리의 힘을 우리의 생각과 의지의 일부분으로 만들 수 있다면, 우리의 믿음의 뼈대가 튼튼해질 것이며, 그리스도 안에서 살아가는 삶의 열정이 미지근해지거나 흐트러지지 않을 것입니다.

스코틀랜드의 신학자 포사이스^{P. T. Forsyth}는 이렇게 말했습니다. "주의 십자가에 의해 깨지고 주의 성령에 의해 치유받은 사람들 안에 주의 비밀이 있다." 갈라디아서는 이 두 가지를 높여 칭송합니다. 하나님에게 의롭다 함을 받을 수 있는 유일한 길로서 그리스도의 십자가를 높이고, 하나님께 순종할 수 있는 유일한 길로서 그리스도의 성령을 높입니다. 바울은 그리스도의 십자가 사건의 아름다움과 충분성을 깎아내리는 것을 매우 싫어합니다. 그리고 성령께서 계셔야 할 자리에 우리의 의지나 행위를 두려는 시도를 미혹으로 여깁니다. 이 편지의 밑바닥에는 바울의 연민 어린 분노의 정서가 흐르고 있습니다. 누군가가 갈라디아인들을 미혹하여 성령께서 계셔야 할 자리에 자신이 있게 하였고, 십자가에 대한 믿음 대신에 율법의 행위를 내세우게 했기 때문입니다.

저는 이 훌륭한 책을 여러분과 함께 공부하고자 합니다. 비유컨대, 여러분이 이 책과 결혼하여 "둘이 하나가 되기를" 원합니다. 저는 앞으로 몇 달 동안 영적인 큐피드가 되어 여러분이 갈라디아서에 묘사되어 있는 장엄하신 그리스도와 새롭게 사랑에 빠지도록 도와드리고 싶습니다.

바울의 인사말과 메시지의 핵심

먼저 1장 1-5절을 살펴보겠습니다. 우선 전체를 요약한 다음 다시 돌아가서 여러분과 함께 좀 더 자세히 살펴보겠습니다. 1절에서 바울은 사도의 특별한 권위를 주장합니다. 그것은 다른 사람들에게 달려 있지 않고 직접 그리스도와 하나님 아버지로부터 오는 권위입니다. 2절에서 바울은 함께 있는 형제들과 서신을 함께 쓰고 있다고 말합니다. 비록 바울의 권위는 형제들에게서 나온 것이 아니고 바울 자신도 스스로를 사도로서 다른 이들과 구별하지만(1절), 그럼에도 불구하고 하나님이 그에게 주신 메시지는 바울을 형제들과 연합시키며, 그들은 갈라디아인들에게 메시지를 함께 선포합니다.

　3-5절의 내용은 다음과 같이 요약할 수 있습니다. "여러분에게 은혜와 평강이 있기를 원하고(3절), 하나님이 영광을 받으시길 원합니다(5절). 이는 그리스도께서 우리의 죄를 위해 죽으셨고 이 악한 세대에서 우리를 건지셨기 때문입니다(4절)." 3절은 갈라디아인들에게 은혜와 평강이 있기를 기원합니다. "우리 하나님 아버지와 주 예수 그리스도로부터 은혜와 평강이 있기를 원하노라." 5절은 하나님께 영광을 돌립니다. "영광이 그에게 세세토록 있을지어다 아멘." 그리고 4절은 그 근거를 제시하는데, 그것은 바로 우리의 죄를 위한 그리스도의 죽음과 이 악한 세대로부터 벗어나 새롭게 얻은 자유입니다.

　따라서 1-5절은 형식적으로는 인사말이지만, 바울은 이미 본론에 들어가기 시작했습니다. 1절과 2절은 그의 메시지의 권위를 주장하고, 3-5절은 그 메시지를 요약하고 있습니다. 따라서 이 편지의 인사말은 편지 전체를 간단히 소개하고 있습니다. 바울은 이 두 가지(메시지의 권위와 메시지의 내용)를 순서대로 나타냅니다(1:6-2:10; 2:11-6:18 참조).

사도가 된다는 것은 무엇을 의미하는가

갈라디아서 1장 1절

¹사람들에게서 난 것도 아니요 사람으로 말미암은 것도 아니요 오직 예수 그리스도와 그를 죽은 자 가운데서 살리신 하나님 아버지로 말미암아 사도 된 바울은

이제 다시 돌아가서 바울의 말을 좀 더 자세히 살펴보겠습니다. 1절에서 바울은 자신을 "사도"라고 부릅니다. 그 단어는 "보냄을 받은 자"를 뜻합니다. 요한복음 13장 16절, "내가 진실로 진실로 너희에게 이르노니 종이 주인보다 크지 못하고 보냄을 받은 자가 보낸 자보다 크지 못하나니"라는 말씀에 이 단어의 가장 명백한 용례가 나옵니다. 신약성경에서 "사도"라는 단어는 일반적인 의미와 특별한 의미의 두 가지 용도로 사용됩니다.

예를 들어, 일반적인 의미로 "사도"는 어떤 사명을 위해 교회가 파송한 대표자를 나타냅니다. 빌립보서 2장 25절에서 바울은 에바브로디도를 "너희 사도(개역개정, "사자")로 내가 쓸 것을 돕는 자"라고 했습니다. 그는 바울을 돕기 위해 빌립보 교회에서 파송한 사람이었습니다. 또한 고린도후서 8장 23절에서는 마게도냐 교회들의 임명을 받고 바울을 도와 예루살렘에서 가난한 자들을 도와준 이들을 "교회의 사도들(개역개정, "사자들")"이라고 부릅니다. 즉, 여러 교회들을 대표하여 이 사명을 이루기 위해 교회로부터 임명받은 자들을 일컫는 것입니다.

그러나 갈라디아서 1장 1절에서 바울은 자기가 단지 이런 일반적인 의미에서 말하는 사도가 아니며 특별한 의미의 사도라는 것을 분명하

게 밝힙니다. "사람들에게서 난 것도 아니요 사람으로 말미암은 것도 아니요." 사람들에게 추천서를 받고 온 사람들과 자신을 같은 부류로 보지 말라는 것입니다. 자신은 의회나 교회에 의해 사도로 세움 받은 사람이 아니라는 것입니다. 1절에서 말하듯이 바울은 "오직 예수 그리스도와 그를 죽은 자 가운데서 살리신 하나님 아버지로 말미암아" 사도가 된 것입니다. 바울을 보내신 이는 그리스도입니다. 따라서 바울은 "하나님의 뜻으로 말미암아 그리스도 예수의 사도"가 된 것입니다 (고후 1:1).

이것은 바울이 안디옥에서 온 교회의 대표와는 아주 다른 존재였다는 의미입니다. 그는 고린도전서 9장 1절에서 "내가 자유인이 아니냐 사도가 아니냐 예수 우리 주를 보지 못하였느냐"라고 말합니다. 고린도전서 15장 8-9절에서는 "맨 나중에 만삭되지 못하여 난 자 같은 내게도 보이셨느니라 나는 사도 중에 가장 작은 자라 나는 하나님의 교회를 박해하였으므로 사도라 칭함 받기를 감당하지 못할 자니라"라고 말합니다. 이 두 본문에서 우리는 좀 더 특별한 의미의 "사도"는 부활하신 그리스도를 본 사람, 또한 주님을 보았을 뿐만 아니라 그 단어의 의미대로 주님께 파송이나 의뢰를 받은 사람을 의미한다는 것을 알 수 있습니다(행 26:16-17; 갈 1:16). 이것은 바울이 옛 선지자들과 함께 교회의 기초가 된 사도들 가운데 한 사람이라는 뜻입니다. 에베소서 2장 20절은 교회를 가리켜 "너희는 사도들과 선지자들의 터 위에 세우심을 입은 자라 그리스도 예수께서 친히 모퉁잇돌이 되셨느니라"라고 말합니다. 바울의 사도직은 사실상 베드로의 사도직과 같았습니다. 갈라디아서 2장 8절에서는 "베드로에게 역사하사 그를 할례자의 사도로 삼으신 이가 또한 내게 역사하사 나를 이방인의 사도로 삼으셨느니라"라고 말합니다.

그러므로 우리는 부활하신 그리스도, 하나님의 오른편에 계시며 모든 피조물보다 뛰어나시고 교회의 머리가 되시는 주님이 다메섹 도상에서 바울에게 나타나셨다고 결론을 내립니다. 또한 그 주님이 그를 보내어, 이전에 열두 제자에게 주셨던 동일한 권위로 말씀을 전하고 가르치며 기적을 행하게 하셨습니다. 예수님은 마태복음 10장 40절에서 열두 사도에게 "너희를 영접하는 자는 나를 영접하는 것이요 나를 영접하는 자는 나를 보내신 이를 영접하는 것이니라"라고 말씀하셨습니다(눅 10:16; 요 13:20 참조). 바울은 자신이 구속사에서 특별한 위치에 있다는 것을 알았습니다. 하나님이 그에게 주신 권위는 한 사람의 인격 자체에 부여된 것이 아니라, 오직 한 책, 즉 신약성경에 부여된 것이었습니다. 바울은 사도로서 자신이 그리스도의 교회를 다스리고 가르칠 권위를 갖고 있다는 것을 철저히 인식하고 있었습니다. 예를 들어, 그는 고린도후서 13장 10절에서 이렇게 말합니다. "그러므로 내가 떠나 있을 때에 이렇게 쓰는 것은 대면할 때에 주께서 너희를 넘어뜨리려 하지 않고 세우려 하여 내게 주신 그 권한을 따라 엄하지 않게 하려 함이라."

이 권한은 그의 사도직에 부여된 것입니다. 바울은 부활하신 그리스도를 보았고, 그리스도께서는 바울에게 권한을 부여하여 자신의 대표자로서 말씀을 전하고 가르치게 하셨으며, 그리스도의 영께서는 바울 안에서 역사하사 그의 말을 진리 가운데로 인도하셨습니다.

바울의 말 안의 그리스도의 권위

우리는 잠시 멈추고 이것이 우리에게 어떤 의미가 있는지를 생각해봐야 합니다. 얼마 후에 우리는 바울이 자신의 권위에 대해 어떻게 변론하는지 살펴볼 것입니다(1:11 이하). 오늘 저는 우리가 그의 주장을 받아들인다고 가정할 것입니다. 그러나 그것은 너무나 중요한 가정입니다! 그것이 무엇을 의미하는지 아십니까? 여러분이 갈라디아서를 읽을 때 바울의 말을 듣고 있는 것이 아니라 그리스도의 말씀을 듣고 있다는 뜻입니다. 사도는 권위를 가지고 자신을 보내신 이의 메시지를 전합니다. 갈라디아서는 바로 왕 중의 왕이신 주님의 말씀입니다. 오, 얼마나 많은 이들이 예수님께 어떤 메시지나 계시, 꿈이나 환상을 달라고 부르짖으면서, 정작 그리스도의 말씀인 성경의 깊은 것들을 이해하는 데에는 진지한 노력을 안 기울이는지요. 많은 그리스도인들이 어떤 문제에 대한 조언을 구하러 저를 찾아오지만, 제가 그 문제와 관련된 성경 말씀을 찾아보았는지 물어보면 그들은 당황스러워하며 변명을 늘어놓기 시작합니다. 실제로 현대 교회 안에는 사도들의 말에 복종하는 이들이 많지 않습니다. 우리는 성경을 주로 자신의 감정을 부추기기 위한 영적 자극제처럼 취급합니다. 하지만 사도들의 성찰과 절대적 권위에 우리의 생각과 태도와 습관들을 매일 복종시키는 모습은 매우 찾아보기 힘듭니다.

여러분 중에는 가정에서 서로를 대하는 태도와 습관들이 사도들의 가르침과 명백하게 반대되는 분들이 있습니다. 어떤 분들은 그리스도께서 자기 삶의 영광스러운 주인이 아니기 때문에 하던 대로 계속 행하며, 따라서 사도들의 가르침을 중요하게 생각하지 않습니다. 그러나 그렇지 않은 분들도 있습니다. 여러분은 예수님이 자기 삶의 주인이 되시길 원하지만, 지난 몇 년 동안 여러분과 성경 사이의 관계에 있어서 성경은 여러분에게 흐릿한 개념에 불과했습니다. 여러분은 성경의 명확한 가르침이라는 딱딱하고 각진 스카이라인을 가로질러 두리뭉실하고 모호한 안개를 퍼뜨리는 식의 성경 읽기 습관을 물려받았기 때문에, 성경의 명쾌하고 강렬한 개념들과 여러분 자신의 생각 사이에 실제적이고 삶을 변화시키는 측면이 이루어지지 못한 것입니다.

이것은 여러분의 잘못만은 아닙니다. 오늘날 너무나 많은 교사들과 설교자들이 더 나은 것을 보여준 적이 없었습니다. 그들은 성경에 권위가 있다고 말하지만 성경 속에서 모호하고 부정확한 일반화만 이끌어 냅니다. 이런 가르침으로는 우리의 신학을 개선하거나 행위를 변화시킬 수 없습니다. 그들은 성경에 대해 일종의 마사지 기법을 사용합니다. 성경 본문에 대해 공상적이고 모호한 마사지를 하다가 어떤 감정이나 생각이 떠오르면, 마치 성경을 해석하는 것처럼 그 감정이나 생각(보통 본문의 문법과 완전히 동떨어진)에 대해 한참 동안 이야기하는 것입니다. 목사들이 모여서 어떤 주제에 대해 토론할 때 성경을 꺼내 단어와 구문과 본문의 흐름을 가지고 변론을 하는 경우가 얼마나 드문지 알면 아마 깜짝 놀랄 것입니다. 그 이유가 무엇일까요? 마사지 기법은 다른 견해를 판단할 수 있을 정도로 정밀한 의견을 내놓지 않기 때문입니다.

그리고 그로 인해 교회가 어떻게 되었는지 아십니까? 성경적인 회복과 개혁의 기회를 얻지 못한 채, 전통에만 매여 있습니다. 존 칼빈과 마르틴 루터가 성경의 문법과 구문론으로 돌아간 것과 16세기에 교회의 회복과 개혁이 이루어진 것은 우연의 일치가 아닙니다. 설교자들이 성경본문을 다루기 시작하고, 평신도들이 성경본문을 읽기 시작하면서, 단어와 구문, 논리적 연결, 사고의 흐름, 직접적인 문맥에 관심을 집중하자, 안개 속에 갇혀 있던 성경이 속박에서 풀려나 세상을 변화시켰습니다.

저는 제가 원하는 설교자가 되려면 아직 멀었다는 걸 압니다. 하지만 저에게는 목표가 있습니다. 우리 베들레헴 교회의 설교자들과 주일학교 교사들이 성경의 권위를 믿는다고 말할 뿐만 아니라, 성경을 정확하고 주의 깊게 읽고, 문맥 속에서 단어의 뜻, 이어지는 문장들 간의 의도된 관계, 전체 단락을 통해 일관된 사고의 흐름을 파악하기 위해 주의를 기울임으로써 우리의 마음과 생각을 말씀에 복종시키는 것입니다. 이것은 선택사항이 아닙니다. 소수의 학자들만을 위한 게임이 아닙니다. 이것은 하나님의 말씀에 대한 복종과 겸손의 문제입니다. 그렇게 하는 것만이 "사람들에게서 난 것도 아니요 사람으로 말미암은 것도 아니요 오직 예수 그리스도…로 말미암아 사도 된 바울"이라는 고백(갈 1:1)을 온전히 이해하고 적용하는 유일한 길입니다. 이 서신은 그리스도께 권위를 부여받은 대리인을 통해 쓰여진 살아계신 그리스도의 말씀입니다. 우리가 그것을 믿고 예수님을 주로 인정한다면 본문의 의미에 대한 모호하고 흐릿한 개념들에 만족하지 않을 것입니다. 사도의 뜻이 명쾌하고, 예리하고, 분명하고, 불가피하게 다가올 때까지, 말씀을 공부하고, 분석하고, 정의하고, 개요를 설명하고, 쓰고, 연구하고, 깊이 생각하고, 묵상하며, 응시하고, 서로 연결 짓고, 합성해볼 것입니다. 그런 다음 굴복하고 우리의 생각을 사도의 생각으로 바꿀 때 그리스도의 마음을 알게 될 것입니다.

2절은 1절에 나와 있는 권위에 대한 주장에 두 가지를 덧붙입니다. 첫째, 모든 형제들이 자신과 함께 갈라디아서의 메시지

² 함께 있는 모든 형제와 더불어 갈라디아 여러 교회들에게

를 쓰고 있다고 말합니다. 그의 권위는 그를 다른 사람들과 구별되게 하고, 그의 메시지는 그를 다른 사람들과 하나 되게 만들고 있습니다. 바울은 남들과 다름을 자랑하지 않습니다. 다른 사람들이 자신의 가르침을 공유할 때 그는 기뻐합니다. 우리는 2장 1-10절에서 이것을 다시 살펴볼 것입니다. 2절의 또 다른 요점은 이 서신서가 갈라디아 교인들을 위해 쓰여졌다는 것입니다. 갈라디아는 흑해의 본도에서 지중해의 밤빌리아까지 이르는 로마의 주(州)였습니다. 그 지역은 소아시아 중앙, 즉 오늘날의 터키를 가로지르는 곳입니다. 따라서 "갈라디아 교회들"은 바울이 남부 갈라디아에서 첫 번째 선교여행을 시작했던 비시디아 안디옥, 이고니온, 루스드라, 더베의 교회들을 뜻한다고 볼 수 있습니다. 또는 바울이 나중에 선교를 시작했던 더 북쪽 지역의 알려지지 않은 교회들일 수도 있습니다. 명심할 것은, 적어도 이 서신이 한 교회의 교인들만을 위한 것이 아니었다는 것입니다. 이 서신 안에서 바울이 반대하는 거짓 교훈은 꽤 광범위하게 퍼져 있었습니다.

당신에게는 은혜를, 하나님께는 영광을

이제 3-5절을 간단히 살펴본 다음, 다시 1절에서 말하는 권위에 초점

을 두고 이야기해 보겠습니다. 저는 제 몸
과 양손을 사용해서 이 세 구절을 상징적
으로 나타낼 수 있습니다. 양손을 머리보
다 약간 높게 양쪽으로 뻗은 다음, 왼쪽 손
바닥은 하늘을 보게 들어 올리고 오른쪽
손바닥은 마치 무언가를 주는 것처럼 여

갈라디아서 1장 3-5절

³우리 하나님 아버지와 주 예수
그리스도로부터 은혜와 평강이 있
기를 원하노라 ⁴그리스도께서 하
나님 곧 우리 아버지의 뜻을 따라
이 악한 세대에서 우리를 건지시
려고 우리 죄를 대속하기 위하여
자기 몸을 주셨으니 ⁵영광이 그에
게 세세토록 있을지어다 아멘

러분을 향해 펼칩니다. 이때 왼손이 오른손보다 더 높이 들려있다는
점에 유의하시기 바랍니다. 먼저, 여러분을 향해 펼쳐진 오른손은 죄
악된 갈라디아인들, 바로 저와 여러분 같은 죄인들에게 은혜와 평강을
베푸는 것을 나타냅니다(3절). 그리고 하나님이 값없이 주시는 이 은혜
와 평강은 고개 숙인 저의 몸이 상징하는 십자가에 못 박히신 그리스
도를 통해 주어집니다. 이것은 그리스도께서 하나님 곧 우리 아버지의
뜻을 따라 이 악한 세대에서 우리를 건지시려고 우리 죄를 대속하기
위해 자기 몸을 주신 것을 나타냅니다(4절). 예수님이 우리의 죗값을 치
르기 위해 십자가에서 죽으셨기 때문에 바울이 우리에게 하나님의 사
랑과 은혜와 평강이 있기를 기원할 수 있는 것입니다. 십자가가 복음
을 뒷받침해 줍니다. 또한 오른손보다 높이 들려 있는 왼손은 하나님
께 영광돌리는 것을 상징합니다. 예수님의 그 큰 희생과 그로 인해 이
루어진 구원은 모두 하나님의 뜻과 계획에 따른 것이므로, 바울은 하
나님께 영광의 찬송을 드립니다. "영광이 그에게 세세토록 있을지어
다 아멘"(5절).

저는 보통 이 메시지를 "당신에게는 은혜를, 하나님께는 영광을"이
라고 부릅니다. 모든 복음(펼쳐진 오른손)과 모든 예배(들어 올린 왼손)의 중

심이자 기반은 하나님의 뜻을 따라 우리의 구원을 위해 십자가에 못 박히신 그리스도입니다. 갈라디아서는 그리스도께서 우리를 이 악한 세대로부터 구원하기 위해 십자가에 못박히셨다고 설교하기 때문에 사람에게는 은혜를, 하나님께는 영광을 돌리는 것입니다.

이 악한 세대에서 건짐을 받는다는 것은 무엇을 의미합니까? 예수님은 요한복음 17장 15절에서 우리를 위해 이렇게 기도하셨습니다. "내가 비옵는 것은 그들을 세상에서 데려가시기를 위함이 아니요 다만 악에 빠지지 않게 보전하시기를 위함이니이다." 이 세대가 악한 세대인 이유는 죄가 우리의 삶과 사회의 제도들을 장악하고 있기 때문이며, 사탄이 그토록 큰 능력을 갖고 있기 때문입니다. 실제로 고린도후서 4장 4절에서 바울은 이렇게 말합니다. "이 세상의 신이 믿지 아니하는 자들의 마음을 혼미하게 하여 그리스도의 영광의 복음의 광채가 비치지 못하게 함이니"(눅 4:6 참고).

그러나 그리스도를 믿는 자들은 자유를 얻기 시작했습니다. 골로새서 1장 13절은 "그가 우리를 흑암의 권세에서 건져내사 그의 사랑의 아들의 나라로 옮기셨으니"라고 말합니다.

우리가 더 이상 이 악한 세대의 두려움, 죄책감, 분노, 비관주의, 이기심, 탐욕, 교만의 종이 아닌 이유는 우리가 "내세의 능력을 맛보았기" 때문이며(히 6:5), 예수님이 말씀하셨듯이 "하나님의 나라가 이미 [우리]에게 임하였기" 때문입니다(눅 11:20). "그런즉 누구든지 그리스도 안에 있으면 새로운 피조물이라 이전 것은 지나갔으니 보라 새 것이 되었도다"(고후 5:17). 우리를 이 악한 세대에서 건지기 위해, 새로운 능력과 새로운 길을 갖춘 새로운 세대가 이 악한 세대 안에 침투해 들어오는 것입니다.

이 악한 세대로부터의 구원을 경험하면 우리가 다른 왕과 다른 왕국과 다른 세대에 속해 있음을 우리의 삶으로 증거할 수 있습니다. 그리고 그것은 변화된 마음과 변화된 생각에서 시작됩니다. 바울은 디모데후서 4장 10절에서 이렇게 말합니다. "데마는 이 세상을 사랑하여 나를 버리고." 구원은 마음의 변화를 의미합니다. 그래서 우리는 새로운 세대를 사랑하고, 이 세대가 줄 수 있는 것보다 더 높고 새로운 길에서 기쁨을 얻습니다. 또한 바울은 로마서 12장 2절에서 이렇게 말합니다. "너희는 이 세대를 본받지 말고 오직 마음을 새롭게 함으로 변화를 받아." 이 악한 세대로부터의 구원은 이 세대처럼 생각하지 않을 자유를 의미합니다. 어제 트리뷴Tribune지에 실린 "로우 대 웨이드Roe v. Wade 판결(낙태에 관한 미국 대법원의 판결—역자주) 10년 후"란 사설의 배후에 깔린 사고방식에 깜짝 놀랄 수 있는 자유를 의미합니다.

자유! "그리스도께서 우리를 자유롭게 하려고 자유를 주셨으니 그러므로 굳건하게 서서 다시는 종의 멍에를 메지 말라"(갈 5:1). 예수 그리스도는 우리를 율법의 저주에서 구원하기 위해 죽으셨고(이는 영광스러운 용서입니다!), 우리 세대의 신념들로부터 구원하기 위해 죽으셨습니다(이는 영광스러운 자유와 마음의 독립입니다!).

그러므로 오늘의 메시지는 놀라운 성경의 역설 중 하나입니다. 1절에서 바울은 자신의 권위를 강조합니다. 자신이 단지 사람의 권위가 아니라 예수 그리스도와 그를 죽은 자 가운데서 살리신 하나님 아버지로 말미암아 사도가 되었으니, 이 권위에 복종하라는 것입니다. 4절에서는 그리스도께서 이 악한 세대에서 당신을 구원하기 위해 자기 몸

⁴그리스도께서 하나님 곧 우리 아버지의 뜻을 따라 이 악한 세대에서 우리를 건지시려고 우리 죄를 대속하기 위하여 자기 몸을 주셨으니

을 주셨다고 말합니다. 그러니 세상의 속박에서 벗어나라는 것입니다. 이 세대가 생각하고 느끼는 것처럼 생각하거나 느끼지 말라는 것입니다! 1절은 복종을 말하고 있고 4절은 자유를 말하고 있습니다! 그렇다면 이 둘은 서로 모순이 아닙니까? 그렇지 않습니다. 누구보다 가장 자유로운 사람들은 바로 성경에 나오는 그리스도의 권위에 온전히 복종하는 사람들이기 때문입니다.

따라서 오늘 여러분에게 호소하는 바는, 그리스도께서 여러분의 모든 죄를 덮기 위해 죽으셨고, 그로 인해 거룩하신 하나님이 은혜로운 능력으로 당신에게 다가오셔서 이 세대의 악으로부터 자유하게 해주실 수 있다는 것을 기억하라는 겁니다. 매순간 그분을 믿는 믿음으로 사십시오. 그러면 세상의 방식대로 생각하거나 느끼지 않을 수 있을 것입니다. 또한 이 예수님이 죽은 자 가운데서 다시 살아나셨고, 다메섹 도상에서 바울에게 나타나셨으며, 그를 사도로 임명하셨고, 오늘날 갈라디아서를 통해 우리에게 말씀하고 계심을 명심하십시오. 예수님은 우리를 파멸로 이끄는 사고방식으로부터 자유케 하려고 죽으셨습니다. 또한 다시 살아나셔서 이 갈라디아서를 쓰도록 권한을 부여하심으로 우리를 영생으로 인도하는 사고방식으로 가득 채워주셨습니다. 예수님을 신뢰하십시오. 예수님을 연구하십시오. 그러면 여러분에게는 은혜가, 하나님께는 영광이 있을 것입니다!

2장
천사를 믿지 않을 때

갈라디아서 1:6-10

⁶그리스도의 은혜로 너희를 부르신 이를 이같이 속히 떠나 다른 복음을 따르는 것을 내가 이상하게 여기노라 ⁷다른 복음은 없나니 다만 어떤 사람들이 너희를 교란하여 그리스도의 복음을 변하게 하려 함이라 ⁸그러나 우리나 혹은 하늘로부터 온 천사라도 우리가 너희에게 전한 복음 외에 다른 복음을 전하면 저주를 받을지어다 ⁹우리가 전에 말하였거니와 내가 지금 다시 말하노니 만일 누구든지 너희가 받은 것 외에 다른 복음을 전하면 저주를 받을지어다 ¹⁰이제 내가 사람들에게 좋게 하랴 하나님께 좋게 하랴 사람들에게 기쁨을 구하랴 내가 지금까지 사람들의 기쁨을 구하였다면 그리스도의 종이 아니니라

본문의 기저를 이루는 진리는 복음이 오직 하나라는 것입니다. 본문은 이 근본 진리에서 파생된 세 가지 진술이 기록되어 있습니다. 우리는 이 세 가지 진술을 반드시 듣고 믿어야 합니다. 왜냐하면 바울의 시대와 우리 시대 사이에 그것을 변화시킬 만한 일이 아무것도 일어나지

않았기 때문입니다. 첫 번째 진술입니다. 바울은 사람이 복음을 듣고 믿다가 그 후에 복음을 떠나는 것을 이상하게 여긴다고 말합니다(6-7절). 두 번째 진술입니다. 어떤 사람이 복음을 거부하면, 그가 천사든 사도든 하나님의 저주를 받게 됩니다(8-9절). 세 번째 진술입니다. 복음의 종은 사람들의 기쁨을 구하려 하지 않고 오직 하나님만 기쁘시게 하려 합니다(10절).

오직 한 복음

본문은 복음의 정의를 내리지 않습니다. 그러나 이 책의 나머지 부분에 그것이 나옵니다. 그러므로 오늘 우리의 초점은 복음의 내용이 아니라 복음의 중요성에 둘 것입니다. 무엇보다도 이 본문의 근본 진리는 복음이 오직 하나라는 것입니다.

갈라디아서 1장 6-7절
⁶ 그리스도의 은혜로 너희를 부르신 이를 이같이 속히 떠나 다른 복음을 따르는 것을 내가 이상하게 여기노라 ⁷ 다른 복음은 없나니 다만 어떤 사람들이 너희를 교란하여 그리스도의 복음을 변하게 하려 함이라

6절에서 바울은 갈라디아인들이 "다른 복음"을 따르기 시작했다고 말합니다. 그리고 7절에서는 그들의 잘못된 생각을 바로 잡으려 합니다. 바울은 그들이 단순히 몇 가지 복음 중 다른 복음을 택하였다고 말한 것이 아닙니다.

7절에서 바울은 조심스럽게 말합니다. "다른 복음은 없나니 다만 어떤 사람들이 너희를 교란하여 그리스도의 복음을 변하게 하려 함이라." 이 구절은 매우 명백합니다. 그가 사람들에게 전하여 받아들이게 한 복음 외에 다른 복음은 없습니다. 6절과 7절에서 명확히 밝히듯이,

자신들의 생각을 복음처럼 제시하는 사람들이 있지만 이런 것들은 왜곡된 것들입니다.

이 본문이 우리 시대에 갖는 의미는 매우 중요합니다. 본문은 다원주의를 철저히, 단도직입적으로 부인합니다. 다원주의는 우리 모두 다른 길로 천국에 가고 있으나 목적지는 같다고 말합니다. 이 만인구원설은 대중적인 형태도 있고 전문적이고 학문적인 형태도 있습니다. 하지만 성경적인 만인구원설은 없습니다. 즉, 그리스도의 복음을 계속 거부하면서도 구원을 받을 수 있다는 성경의 가르침은 없습니다. 기독교 외에 다른 종교들이 있고 예수 그리스도 외에 다른 종교 지도자들이 있지만, 다른 복음, 다른 구원의 좋은 소식은 없습니다.

본문에서 그 근본 진리를 더 강력하게 만드는 것은 갈라디아 교회의 "다른 복음"이 외국에서 들어온 이질적인 종교가 아니었다는 사실입니다. 그것은 진짜와 매우 비슷한 모조품이었습니다. 7절에서 복음을 왜곡하는 사람들은 자칭 그리스도인들이었습니다. 그들은 아마 예루살렘 교회에 속한 자들이고 그 지도자들도 알았을 것입니다(갈 2:12). 이 "다른 복음"은 불교나 힌두교나 이슬람교의 가르침이 아니었습니다. 그것은 내부의 왜곡이었습니다. 자칭 그리스도인 "형제들"이라는 자들에 의해 촉발된 것이었습니다(갈 2:4).

따라서 6절과 7절이 우리에게 주는 또 다른 교훈은, 교회 안에서 교리적 성숙함이 선택사항이 아니라 필수라는 것입니다. 진짜 복음이 아니라 변질된 복음에 불과한 "다른 복음"이 교회 안에서 생겨날 수 있다면, 분명 우리는 철저하고 분별력 있는 교리적 지식을 갖추는 것을 목표로 삼아야 할 것입니다. 바울은 고린도전서 14장 20절에서 이렇게 말했습니다. "형제들아 지혜에는 아이가 되지 말고 악에는 어린 아이가 되라 지혜에는 장성한 사람이 되라."

갈라디아서는 복음의 핵심이 무엇인가를 새롭고 명확히 알도록 도와주므로 성경에서 가장 좋은 책 중 하나입니다. 복음의 핵심은 다른 것으로 대체하거나 바꿀 수 없습니다. 제 생각엔 교회와 역사 속에 하나의 비극적인 패턴이 존재하는 것 같습니다. 먼저 복음과 성령을 새롭게 만남으로써 교회 안에 한 세대에 걸쳐 회복이 일어납니다. 그러면 사람들의 마음에는 그리스도의 사랑이 가득하고 입술에는 찬양이 가득합니다. 또한, 복음전도와 정의에 대한 관심이 높아집니다. 그러나 이 모든 영광스러운 현상 속에서 교리적 개선을 방해하는 인내심 부족이 생기기 시작합니다. 분명한 교리는 명정한 생각을 요구하는데, 우리는 생각을 감정의 적으로 간주하여 거부합니다. 성령님이 모든 오류로부터 교회를 지키실 거라는 막연한 기대가 만연하고, 그래서 복음에 대한 철저한 연구와 생각은 기쁨에 대한 위협이자 믿음의 실패로 여겨 버립니다. 그 결과 성경의 가르침에 대한 이해가 너무 흐릿하고 모호하게 되고, 이단의 공격에 취약한 사람들이 생겨납니다. 바울은 사도행전 20장 30절에서 에베소의 장로들에게 이렇게 말했습니다. "또한 여러분 중에서도 제자들을 끌어 자기를 따르게 하려고 어그러진 말을 하는 사람들이 일어날 줄을 내가 아노라." 27절에서 그는 "하나님의 뜻을 다" 전함으로써 그들을 준비시키기 위해 자기가 해야 할 일을 다 했다고 말합니다. 저는 언젠가 우리 베들레헴 교회에 대해서도 그와 같은 말을 할 수 있기를 바랍니다. "내가 꺼리지 않고 하나님의 뜻을 다 여러분에게 전하였음이라"라고 말입니다.

따라서 본문(갈 1:6-10)의 근본 진리는 다른 복음이 없다는 것입니다. 또한 우리가 그로부터 들어야 할 두 가지 교훈은 만인구원설이 잘못된 것이고(천국에 가는 길은 여러 개 있는 게 아니라 오직 하나밖에 없습니다), 교리적 명확함과 충실함에 관심을 기울이는 것이 장기적으로 교회의 삶에 매우 중요하다는 것입니다.

복음을 버리는 것은 이상한 일이다

이 근본 진리에서 파생된 세 가지 진술 중 첫 번째는 **참된 복음을 믿는 사람이 그 복음을 버리는 것은 이상한 일**이라는 것입니다. 6절에서 바울은 "그리스도의 은혜로

> **갈라디아서 1장 6절**
>
> 6그리스도의 은혜로 너희를 부르신 이를 이같이 속히 떠나 다른 복음을 따르는 것을 내가 이상하게 여기노라

너희를 부르신 이를 이같이 속히 떠나 다른 복음을 따르는 것을 내가 이상하게 여기노라"고 말합니다. 이 구절에는 다른 복음을 따르는 것이 이상한 이유 두 가지가 암시되어 있습니다.

첫째, 그것은 우리를 부르신 하나님을 떠나는 것입니다. "너희를 부르신 이를 이같이 속히 떠나." 그들은 단순히 교리나 사상만 버린 것이 아닙니다. 교리에 대한 관심이 비인격적인 것이라는 생각에 빠지지 마십시오. 복음은 매우 인격적인 것이며 하나님이 당신을 부르셨다는 좋은 소식입니다. 당신이 다른 복음을 따른다면 그것은 하나님을 떠나는 것입니다. 그러기에 그것은 이상한 일입니다.

다른 복음을 따르는 것이 이상한 두 번째 이유는, 그것이 은혜를 저버리는 일이기 때문입니다. 갈라디아서 5장 4절에서 바울은 그 상황

을 이와 같이 묘사합니다. "율법 안에서 의롭다 함을 얻으려 하는 너희는 그리스도에게서 끊어지고 은혜에서 떨어진 자로다." 바울은 그리스도께서 그들의 죄를 위해 십자가에 못 박히신 것을 그들에게 아름답게 묘사하자마자 그들이 다른 복음으로 돌아서기 시작했다는 사실에 아연실색하고 있습니다. 그는 3장 1절에서 이렇게 말합니다. "어리석도다 갈라디아 사람들아 예수 그리스도께서 십자가에 못 박히신 것이 너희 눈 앞에 밝히 보이거늘 누가 너희를 꾀더냐." 안디옥에 돌아온 바울이 갈라디아 교회들이 하나님을 떠나고 그리스도의 은혜를 버리고 있다는 보고를 듣고서 깜짝 놀라 아무 말도 못하고 있는 모습을 상상할 수 있습니다. 그는 두 손으로 머리를 움켜쥐며 자신이 한 일이 헛수고였던 것은 아닌지 생각합니다. 하나님이 완전하고 값없는 용서와 소망을 주신다는, 세상에서 가장 좋은 소식을 들은 사람들이 전혀 복음이 아닌 다른 복음을 따르는 것은 그때도 이상한 일이었고 지금도 이상한 일입니다.

복음을 버리면 하나님의 저주를 받는다

갈라디아서 1장 8-9절

[8]그러나 우리나 혹은 하늘로부터 온 천사라도 우리가 너희에게 전한 복음 외에 다른 복음을 전하면 저주를 받을지어다 [9]우리가 전에 말하였거니와 내가 지금 다시 말하노니 만일 누구든지 너희가 받은 것 외에 다른 복음을 전하면 저주를 받을지어다

다른 복음은 없다는 근본 진리에서 파생된 두 번째 진술은 **복음을 거부하면 하나님의 저주를 받게 된다**는 것입니다. 8절과 9절은 이렇게 말합니다. "그러나 우리나 혹은 하늘로부터 온 천사라도 우리가 너희에게 전한 복음 외에 다른 복음을 전하면

저주를 받을지어다 우리가 전에 말하였거니와 내가 지금 다시 말하노니 만일 누구든지 너희가 받은 것 외에 다른 복음을 전하면 저주를 받을지어다." 여기서 반복되는 단어는 '아나테마'(저주받은)입니다. 저주를 받는다는 것은 그리스도에게서 끊어지고(롬 9:3), 영원한 형벌을 받는 것입니다. 데살로니가후서 1장 9절에서 바울은 우리 주 예수의 복음에 복종하지 않는 자들은 "주의 얼굴과 그의 힘의 영광을 떠나 영원한 멸망의 형벌을 받으리로다"라고 말합니다. 어떤 사람이 복음을 거절하면, 그것은 하나님의 용서와 왕 되심의 값없고 은혜로운 선물을 거절하는 것이고, 그는 자신의 죄로 인해 하나님의 저주 아래 있게 됩니다. 그 고통이 끝도 없이 이어진다고 생각하면 참으로 끔찍한 일입니다. 이 구절에서 말하는 저주가 거짓 교사들뿐 아니라 복음을 거부하는 자들에게도 임한다고 말하는 이유는, 바울이 고린도전서 16장 22절에서 같은 단어를 사용하기 때문입니다. "만일 누구든지 주를 사랑하지 아니하면 저주를 받을지어다."

복음에 대한 바울의 염려는 솜사탕처럼 가벼운 것이 아닙니다. 그는 논란 속에서 달콤한 미소를 지어 보이며 "각자 알아서 하세요"라고 말하지 않습니다. 바울에게 그리스도의 복음은 하나님의 놀라운 생명과 이 죄 많고 더러운 세상이 접촉하는 지점입니다. 또한 우리같이 완전히 무가치한 피조물들에게 주어지는 영원한 은혜를 거부하거나 왜곡할 때, 어디선가 누군가는 그 가증스러운 죄에 대해 분노해야 마땅합니다. 오, 우리는 복음을 거절하는 것이 얼마나 무서운 일인지 생각해야 합니다. 사탄은 텔레비전과 라디오를 통해 우리 안에 하찮고, 시시하고, 별것 아닌 세속적인 정신을 심어주려고 최선을 다합니다. 그래서 우리의 영적인 감수성을 마비시켜 우리가 이 '아나테마'라는 단어 속에 얼마나 끔찍한 진리가 담겨 있는지를 느끼지 못하게 만드는 것입니다. 우리는 영생을 부인하는 쾌락의 홍수로부터 우리 자신을 지켜야 합니다. 순수한 영적 감수성과 상상력을 길러서, '아나테마'와 같은 단어를 들을 때 마치 어린아이가 처음으로 천둥소리를 듣거나 처음으로 지진을 느끼거나 처음으로 배에서 폭풍우를 만난 것 같은 충격을 받아야 합니다. 성경이 우리에게 하나님의 영원한 저주를 보여줄 때 우리는 하품을 하며 페이지를 넘길 수 없습니다. 하나님의 진노가 계시된 것은 불신자들을 혼미한 상태에서 흔들어 깨우고, 그리스도인들이 거만하게 걸으며 자만심에 찬 목소리로 말하지 못하게 하려는 것입니다. 8절과 9절을 대충 읽고 넘기지 마십시오. 이 구절에는 우리를 겸손하게 하고, 정신이 번쩍 들게 하고, 거룩하게 하는 것들이 많이 있습니다. 조용히 이 말씀을 깊이 생각해보십시오.

사람이 아니라 하나님을 기쁘시게 하라

갈라디아서 1장 10절

10 이제 내가 사람들에게 좋게 하랴 하나님께 좋게 하랴 사람들에게 기쁨을 구하랴 내가 지금까지 사람들의 기쁨을 구하였다면 그리스도의 종이 아니니라

마지막으로, 복음은 오직 하나라는 근본 진리에서 파생된 세 번째 진술은 복음의 종은 사람이 아니라 오직 하나님만 기쁘시게 하려고 노력한다는 것입니다. 10절은 이렇게 말합니다. "이제 내가 사람들에게 좋게 하랴 하나님께 좋게 하랴 사람들에게 기쁨을 구하랴 내가 지금까지 사람들의 기쁨을 구하였다면 그리스도의 종이 아니니라." 8절과 9절에서 바울이 말한 저주

선포는 많은 사람들이 좋아할 만한 말이 아닙니다. 영원한 형벌을 선고하는 말을 듣고, 좋아할 사람은 거의 없습니다. 그래서 바울은 10절에서 그가 왜 8절과 9절처럼 말했는지 알려줍니다. 그가 그렇게 말한 이유는 그리스도를 섬기는 것이 사람들을 기쁘게 하는 것보다 훨씬 더 소중하기 때문입니다. 복음이 왜곡될 때 두 가지가 위태로워집니다. 하나는 그리스도의 영광이고, 다른 하나는 죄인들의 구원입니다. 복음이 왜곡되면 그리스도의 사역의 충분성이 훼손되고, 죄인들을 위한 구원의 길이 막힙니다. 따라서 그리스도를 섬기기 위해(그분의 영광을 높이고 그분의 구원의 목적을 이루기 위해) 바울은 온 힘을 다해 복음의 왜곡에 반대해야 합니다. 그것이 사람들을 기쁘게 하든 말든 상관없이 말입니다. 그리스도의 영광을 위해, 또 아직 복음을 믿지 않은 사람들의 유익을 위해, 바울은 기꺼이 불쾌한 진리를 전하는 것입니다.

10절에서 배워야 할 교훈은, 더 많은 사람들을 기쁘지 않게 만들수록 더 영적인 사람이 된다는 것이 아닙니다. 바울의 목적은 사람들을 멀어지게 만드는 것이 아니었습니다. 그 반대로, 고린도전서 10장 31-33절에서 그는 이렇게 말합니다. "무엇을 하든지 다 하나님의 영광을 위하여 하라 유대인에게나 헬라인에게나 하나님의 교회에나 거치는 자가 되지 말고 나와 같이 모든 일에 모든 사람을 기쁘게 하여 자신의 유익을 구하지 아니하고 많은 사람의 유익을 구하여 그들로 구원을 받게 하라." 그리고 로마서 15장 2-3절에서는 "우리 각 사람이 이웃을 기쁘게 하되 선을 이루고 덕을 세우도록 할지니라 그리스도께서도 자기를 기쁘게 하지 아니하셨나니 기록된 바 주를 비방하는 자들의 비방이 내게 미쳤나이다 함과 같으니라"라고 말합니다. 다시 말해서,

사람들을 기쁘게 하는 것은 그들의 구원을 이루고 덕을 세우고 하나님께 영광을 돌리는 수단이 될 때에만 유익하다는 것입니다. 화를 내며 "화 있을진저 서기관과 바리새인들이여"라고 말할 때와 울면서 "예루살렘아 예루살렘아 암탉이 그 새끼를 날개 아래에 모음 같이 내가 네 자녀를 모으려 한 일이 몇 번이더냐 그러나 너희가 원하지 아니하였도다"라고 말할 때를 알려면 깊은 영적 지혜가 필요합니다. "너희 말을 항상 은혜 가운데서 소금으로 맛을 냄과 같이 하라 그리하면 각 사람에게 마땅히 대답할 것을 알리라"(골 4:6).

개인적으로 저를 가장 전율케 하는 10절의 의미는, 그리스도의 절대 주권에 복종하는 종 된 삶이 내게 영광스러운 자유를 가져다준다는 것입니다. 그런 삶은 더 이상 사람을 기쁘게 하는 일에 얽매이지 않습니다. 여기서 이 사람을 기쁘게 하고 저기서 또 다른 사람을 기쁘게 하는 것에 대해 걱정할 필요가 없습니다. 그것은 나의 삶에 통일성과 진실성을 가져다줍니다. 당신이 오직 한 분만을 기쁘게 하기 위해 살 때, 당신이 하는 모든 일들이 통일됩니다. 모든 것이 이 한 분과 결부되기 때문입니다. 내가 이 영화를 보러 갈까요? 이 책을 읽을까요? 이 물건을 살까요? 이 직업을 택할까요? 이 데이트에 나갈까요? 이 사람과 결혼할까요? 삶의 모든 결정에 있어서 기쁘게 해드려야 할 분이 오직 한 분이라는 걸 알 때 얼마나 자유로워지는지 모릅니다. 그분은 바로 예수님입니다. 때로는 그분을 기쁘시게 하는 것이 다른 사람들도 기쁘게 할 것입니다. 그러나 그렇지 않을 때도 있습니다. 사람들에게 상처를 줄 수도 있습니다. 하지만 마음이 한곳에 집중된 삶에서 오는 깊은 기쁨은 그 모든 것을 감수할 가치가 있습니다.

요약합니다. 이 본문의 근본 진리는 오직 하나의 복음이 존재한다는 것입니다. 그 복음을 버리는 것, 즉 우리를 부르신 하나님을 떠나고 그리스도 안에 있는 은혜를 버리는 것은 이상한 일입니다. 또한 그것은 이상할 뿐만 아니라 슬픈 일입니다. 복음을 거부하는 사람은 저주를 받고 하나님으로부터 끊어지기 때문입니다. 그러나 당신이 하나의 참된 복음을 받아들이면, 당신의 모든 죄가 용서받고 삶 속에서 놀라운 연합과 온전함과 자유를 누리게 됩니다. 당신이 기쁘게 할 이는 오직 한 분, 예수 그리스도입니다. 그분만 따르면 모든 것이 최선입니다. 그분은 당신에게 가장 좋은 것만을 주기 원하시는 분입니다.

3장
이것은 사람의 복음이 아니니라

갈라디아서 1:11-24

[11] 형제들아 내가 너희에게 알게 하노니 내가 전한 복음은 사람의 뜻을 따라 된 것이 아니니라 [12] 이는 내가 사람에게서 받은 것도 아니요 배운 것도 아니요 오직 예수 그리스도의 계시로 말미암은 것이라 [13] 내가 이전에 유대교에 있을 때에 행한 일을 너희가 들었거니와 하나님의 교회를 심히 박해하여 멸하고 [14] 내가 내 동족 중 여러 연갑자보다 유대교를 지나치게 믿어 내 조상의 전통에 대하여 더욱 열심이 있었으나 [15] 그러나 내 어머니의 태로부터 나를 택정하시고 그의 은혜로 나를 부르신 이가 [16] 그의 아들을 이방에 전하기 위하여 그를 내 속에 나타내시기를 기뻐하셨을 때에 내가 곧 혈육과 의논하지 아니하고 [17] 또 나보다 먼저 사도 된 자들을 만나려고 예루살렘으로 가지 아니하고 아라비아로 갔다가 다시 다메섹으로 돌아갔노라 [18] 그 후 삼 년 만에 내가 게바를 방문하려고 예루살렘에 올라가서 그와 함께 십오 일을 머무는 동안 [19] 주의 형제 야고보 외에 다른 사도들을 보지 못하였노라 [20] 보라 내가 너희에게 쓰는 것은 하나님 앞에서 거짓말이 아니로다 [21] 그 후에 내가 수리아와 길리기아 지방에 이르렀으나 [22] 그리스도 안에 있는 유대의 교회들이 나를 얼굴로는 알지 못하고 [23] 다만 우리를 박해하던

자가 전에 멸하려던 그 믿음을 지금 전한다 함을 듣고 [24] 나로 말미암아 하나님께 영광을 돌리니라

오늘 첫 번째로 주목할 것은 갈라디아서 1장 1절과 12절의 유사성입니다. 1절에서 바울은 자신의 사도직을 변호합니다. "사람들에게서 난 것도 아니요 사람으로 말미암은 것도 아니요 오직 예수 그리스도와 그를 죽은 자 가운데서 살리신 하나님 아버지로 말미암아 사도 된 바울"이라고 말합니다. 12절에서는 자신의 복음을 변호합니다. "이는 내가 사람에게서 받은 것도 아니요 배운 것도 아니요 오직 예수 그리스도의 계시로 말미암은 것이라." 바울의 사도직은 사람들에게서 난 것이 아닙니다. 마찬가지로 그의 복음도 사람에게서 받은 것이 아닙니다. 바울을 사도로 임명하고 복음을 계시해주신 분은 부활하신 그리스도입니다.

두 구절이 유사한 이유는 바울의 사도직의 진실성과 그의 메시지의 진실성은 그 운명을 같이하기 때문입니다. 만약 바울이 사도가 아니라면, 그의 권위와 함께 그의 메시지도 무너집니다. 마찬가지로, 그가 전하는 복음이 인간의 창작물로 밝혀진다면, 그는 사도라 불릴 자격이 없습니다.

사도직과 복음에 대한 바울의 변호

바울이 이처럼 방어적인 태도를 취하는 이유는 무엇일까요? 어떤 사람들이 갈라디아인들을 교란하여 그리스도의 복음을 변하게 하려 하

였습니다(7절). 그러나 그리스도의 복음을 변하게 하려면 먼저 바울이 전하는 복음에 대한 신뢰를 떨어뜨려야 했습니다. 바울은 갈라디아 교회들을 세운 사람이자 그들에게 복음을 가르친 사람입니다. 우리는 7절에 나오는 사람들이 바울의 사도직을 문제 삼고 있었다는 걸 익히 짐작할 수 있습니다. 그들은 할례(갈 5:2)와 구약의 의식법(갈 4:10)을 강조하고 있었습니다. 그로 미루어 보아 그들은 아마 (막연한 의미에서) 유대파 그리스도인들이었을 것입니다. 그들은 (갈 2:12에 나오는 사람들처럼) 예루살렘에서 왔고, 야고보와 베드로와 요한을 그들의 권위자로 삼고 있다고 주장하였습니다(갈 2:9 참고). 그들에게 바울은 그저 뒤늦게 사도의 무리에 합류한 사람일 뿐입니다. 바울은 예수님의 지상사역에 동행하지 않았습니다. 지금 그는 메시아의 이름으로 교회를 개척하고 있었지만, 이방인 신자들에게 할례를 받거나 절기를 지킬 필요가 없다고 말하고 있습니다.

따라서 이 사람들(앞으로 이들을 '유대주의자'라고 부를 것입니다)은 갈라디아 교회들을 바로잡기 위해 그곳에 간 것입니다. 그들은 이렇게 주장합니다. "바울이 자신을 사도라고 주장하지만 사실 그는 사도가 아니다. 그는 자신이 참된 복음을 전한다고 주장하지만 그는 그것을 진짜 사도들에게 전해 들었다. 바울의 복음에는 심각한 결함이 있다." 이런 상황을 고려하면 1장에 나오는 바울의 이중 변호(사도직에 대한 변호와 그가 전하는 복음에 대한 변호—편집주)를 이해할 수 있습니다. 그는 1절에서 사실상 이렇게 말하고 있습니다. "나는 베드로와 같은 사도다. 왜냐하면 나는 부활하신 그리스도를 보았고, 나를 보내어 그의 이름으로 복음을 전하게 하신 이는 사람이 아니라 그리스도이시기 때문이다." 12절에서는 이렇게 말합니다. "나의 복음은 베드로의 복음만큼 참되다. 나는 그것을 단지 사람에게 전해 들은 것이 아니라 최초의 사도들처럼 예수님에게서 직접 받았기 때문이다."

12절은 11절에 대한 논거입니다. "형제들아 내가 너희에게 알게 하노니 내가 전한 복음은 사람의 뜻을 따라 된 것이 아니니라 이는 내가 사람에게서 받은 것도 아니요 배운 것도 아니요 오직 예수 그리스도의 계시로 말미암은 것이라." 바울은 12절에서 그가 전하는 말씀이 진리임을 주장하고 있습니다. 그의 복음은 인간이 꾸며 낸 이야기가 아닙니다. 그것은 예루살렘 사도들에게서 간접적으로 전해 들은 것을 자신의 말로 설명한 것이 아닙니다. 11절은 그것이 "사람의 뜻을 따라" 된 것이 아니라고 말합니다. 그 말의 의미는 바울이 전한 복음이 사람에게서 비롯된 것이 아니라 하나님에게서 왔다는 뜻입니다. 그것은 바울의 머리에서 나온 것이 아니었고, 하나님의 마음에서 나온 것이었습니다.

로마서 1장 1절에서 바울은 자기 자신과 자신의 복음에 대해 이와 같이 밝힙니다. "예수 그리스도의 종 바울은 사도로 부르심을 받아 하나님의 복음을 위하여 택정함을 입었으니." 바울이 전한 복음은 사람이 아니라 하나님에게서 온 것입니다. 그러나 11절에서 바울이 전한 복음이 "사람의 뜻을 따라" 된 것이 아니라고 말한 것 안에는 그의 복음이 자연적인 인간의 욕망들에 맞지 않는다는 뜻도 포함되어 있었을 것입니다. 유대주의자들은 복음을 좀 더 그들 자신의 교만한 성향에 맞게 조정했습니다. 갈라디아서 6장 12절은 이렇게 말합니다. "무릇 육체의 모양을 내려 하는 자들이 억지로 너희에게 할례를 받게 함은 그들이 그리스도의 십자가로 말미암아 박해를 면하려 함뿐이라." 다시 말해, 유대주의자들의 복음은 사람의 뜻을 따르는 성향이 매우 강했습니다. 그들의 복음은 자기를 주장하고 보호하려는 육체의 열망에 부합하는 것이었습니다.

진리는 중요하다

이제 잠시 멈추고 여기서 벌어지고 있는 일들을 천천히 이해해봅시다. 여기서 중심이 되는 문제는 권위와 진리입니다. 바울의 메시지와 유대주의자들의 메시지, 이 두 메시지가 우리의 충성을 얻기 위해 경쟁하고 있습니다. 8절과 9절에 의하면, 이

> **갈라디아서 1장 8-9절**
>
> 8 그러나 우리나 혹은 하늘로부터 온 천사라도 우리가 너희에게 전한 복음 외에 다른 복음을 전하면 저주를 받을지어다 9 우리가 전에 말하였거니와 내가 지금 다시 말하노니 만일 누구든지 너희가 받은 것 외에 다른 복음을 전하면 저주를 받을지어다

것은 천국과 지옥이 걸린 문제입니다. 이 복음 중 오직 하나만 참된 복음입니다. 참된 복음을 믿는 것은 우리 모두에게 세상에서 가장 중요한 일입니다. 바울은 우리에게 진리의 문제를 강권하고 있습니다.

여기에 벌써 우리가 배워야 할 점이 있습니다. 우리는 진리를 중요시하는 사람이 되어야 합니다. 제가 이것을 강조하는 이유는 우리 문화가 정반대의 사실을 전달하고 있다고 생각하기 때문입니다. 미디어에서나 여러분의 개인적인 삶에서나, 사람들은 어디서나 자신의 의견을 표출하고 있습니다. 거의 모든 사람들이 다른 사람과 공유할 수 있

는 자기 나름의 복음을 가지고 있습니다. 예를 들면, "60세 이상의 성생활", "조깅의 즐거움", "유기농 식사의 기쁨", "위협과 자기 주장의 힘" 등이 될 수 있습니다. 세상은 행복한 삶에 관한 자기 나름의 의견들로 가득합니다.

그러나 이러한 여러 의견들의 근거에 관한 확고한 진술을 얼마나 자주 들을 수 있습니까? 근거 제시는 없고 의견들만 범람하는 현상은 사실상 진리가 중요하지 않다는 메시지를 전달하지 않습니까? 어느한 의견은 다른 의견만큼 좋은 것입니까? 어떤 사람이 현실에 대한 자신의 기본적인 이해를 명확히 하고, 이에 입각해서 자신의 확신을 타당하게 만들기 위해 노력하는 것을 마지막으로 본 것이 언제였습니까? 대부분의 사람들은, 충분한 근거에 입각한 진리에 대한 관심을 청소년기말에 몇 번의 철학 수업을 듣고 며칠 밤을 뜬눈으로 지새우고 나면 해결되는 지나가는 단계로 생각합니다. 실제 성인의 일상생활은 확고한 진리의 문제와 별로 관련이 없습니다. 대부분의 사람들은 미디어에서 복음으로 통용되는 수천 가지 검증되지 않은 의견들에 열광하지 않습니다.

하나님의 백성들 가운데는 그런 일이 없어야 합니다. 적어도 우리에게는 진리의 문제가 너무나도 중요한 것이어야 합니다. 자기 의견이 궁극적인 실재에 부합하므로 자기 말이 참되다는 걸 보이려는 의지 없이 그저 여러 의견들을 제시하는 현상을 우리는 절대 받아들여서는 안됩니다. 여러분은 삶의 모든 영역에서 진리에 신경 쓰기 때문에 세상의 빛입니다. 여러분은 세상의 소금입니다. 그리고 그 소금의 맛을 내는 것은 모래와 같은 의견들 대신에 반석 같은 진리에 기반을 둔 삶입니다.

이것이 지식적인 수준을 높이라는 말로 들리기 때문에 부담스럽게 들릴 수 있다는 걸 압니다. 마치 누군가가 당신의 믿음에 대해 질문을 할 때 모든 질문에 답을 해줄 수 있어야 한다는 말로 들릴 것입니다. 하지만 저는 여러분이 스스로가 생각하는 것보다 더 유리한 위치에 있다는 말로 여러분을 격려하고 싶습니다. 우리는 너무 오랫동안 세상이 우리를 위협하게 했습니다. 알다시피 세상은 우리 그리스도인들이 자신이 궁극적인 진리와 접촉하고 있다고 믿는다는 것을 압니다. 이것은 그들에게 매우 거슬리는 것입니다. 그래서 우리가 진리에 대해 주장하기 시작하면(아무리 겸손하게 말하더라도), 그들은 곧바로 자신들의 기존의 인생 철학으로는 평소에 절대로 하지 않을 어떤 일을 하기 시작합니다. 즉 우리에게 비판적인 질문을 던지기 시작합니다. 우리는 그 질문들에 대답하려고 노력해야 합니다.

하지만 여러분이 자신은 불확실한 것들로 가득한데 그들은 지적으로 모든 걸 이해하고 있는 것 같다는 느낌을 받지 않도록, 한 가지 제안을 하겠습니다. 그들이 여러분의 세계관을 꼼꼼히 살핀다면 여러분도 그들의 세계관을 살피십시오. 그들이 "당신의 관점이 옳은지 어떻게 압니까?"라고 물으면 여러분도 그들에게 "당신의 관점이 옳은지 어떻게 압니까?"라고 되물으십시오. 그러면 그리스도인인 여러분이 그들보다 더 포괄적이고 일관성 있게 현실을 이해하고 있다는 걸 알게 될 것입니다. 대부분의 불신자들은 (아주 작은 지적 하위문화를 제외하면) 궁극적인 삶의 문제들을 깊이 생각하여 자신의 생각과 행동을 주관하는 포괄적인 현실관을 만들어 낸 적이 없습니다. 뿐만 아니라 여러분은 통합적인 인생 철학을 가진 자들이 그에 대한 객관적인 증거를 자신은 제시하지 못하면서, 우리 그리스도인들에게는 그렇게 대담하게 객관적 증거를 요구한다는 걸 알게 될 것입니다.

제 요점은 이것입니다. 여러분의 비그리스도인 친구가 여러분과 공정한 게임을 하고 있는지 확인해보십시오. 불가지론과 무관심이라는 관람석에 앉아 타인의 가치체계를 향해 무차별적인 공격을 하는 것은 공정하지 않습니다. 그들도 경기장으로 내려오게 하십시오. 그들도 그들이 헌신하는 가치를 말하게 하십시오(오, 그들도 헌신하는 가치가 있습니다!). 그리고 그들이 자신들의 근본적인 세계관을 말하고 증거를 제시하게 하십시오. 당신만 겪는 어려움이라고 생각했던 일들이 사실은 진리의 문제에 대해 진지하게 생각하는 사람이라면 누구나 겪는 것임을 알게 될 것입니다. 사실은 그리스도인이 된 가장 좋은 이유가 불신자보다 모든 사실을 이해하는 데 훨씬 적은 수의 어려움을 갖기 때문이라는 걸 확인하게 될 것입니다. 그러므로 세상의 빛이 되십시오. 수많은 견해들이 어떤 문제를 어둡게 만들기 시작할 때 진리에 대한 질문을 제기하십시오.

바울의 예전 삶의 방식

이제 우리 본문에서 중요한 질문은 이것입니다. 바울은 단지 자신의 권위에만 의지해서 자신의 주장을 내세울까요, 아니면 증거를 제시하며 자신의 주장을 입증할까요? 제 생각에 13-24절은 바울이 자신의 사도직과 복음의 진실성을 주장하는 내용이 분명합니다. 나머지 시간

동안 바울의 주장을 살펴보겠습니다. 여러분은 바울의 주장이 여러분의 상황과도 관련이 있다는 걸 발견하실 겁니다.

12절은 복음이 그리스도의 계시를 통해 바울에게 전해졌다고 합니다. 바울은 부활하신 그리스도께서 자신에게 나타나서 복음을 전하도록 직접 명령하셨다는 사실에 근거하여 자신의 복음의 진리 됨을 주장합니다. 13-14절에서 바울은 회심 전에 집요하게 그리스도인을 대적했던 경험을 말하면서 논증을 시작합니다. "내가 이전에 유대교에 있을 때에 행한 일을 너희가 들었거니와 하나님의 교회를 심히 박해하

여 멸하고 내가 내 동족 중 여러 연갑자보다 유대교를 지나치게 믿어 내 조상의 전통에 대하여 더욱 열심이 있었으나." 바울은 교회를 황폐하게 만들었습니다(사도행전 9장 1절에 의하면, 그는 "위협과 살기가 등등하여" 사람들을 감옥에 집어넣었습니다). 그는 그 시대에 가장 철저한 바리새인 중 한 명이었습니다. 그 배후에는 조상들로부터 물려받은 바리새인의 전통에 대한 남다른 열정이 있었습니다. 기독교는 그리스도를 믿음으로써 구원을 받는다고 말했으며, 바울이 헌신했던 율법의 규정들을 상대적으로 만들었습니다. 예를 들면, 할례는 선택사항이었습니다. 그의 존재의 의미가 위태로워진 것입니다. 그래서 그는 온 힘을 다해 달려들었습니다.

그런데 바울은 왜 지금 이 이야기를 갈라디아인들에게 하는 걸까요? 바울의 추악했던 과거사의 단편에 담긴 요점은 무엇일까요? 13절이 이유를 설명하는 "for"로 시작한다는 점을 주목하십시오. 13절

과 14절은 바울의 복음이 사람에게서 오지 않고 그리스도에게서 왔다고 주장하는 문맥에 놓여 있습니다. 그 주장은 어떤 효과가 있을까요? 22-24절에 단서가 있습니다. "그리스도 안에 있는 유대의 교회들이 나를 얼굴로는 알지 못하고 다만 우리를 박해하던 자가 전에 멸하려던 그 믿음을 지금 전한다 함을 듣고 나로 말미암아 하나님께 영광을 돌리니라." 바울은 그의 회심이 얼마나 완전하고 놀라운 일인지를 지적함으로써 그 부분을 마무리합니다. 박해자에서 설교자로 변한 것입니다. 그리스도인들을 죽일 각오가 되어 있던 사람이 그리스도인으로서 죽을 각오를 한 사람이 되었습니다. 기독교의 메시지 안에서 자신이 옹호하는 모든 것을 위협하는 말을 듣던 사람이 이제는 그의 바리새주의를 산산조각 내는 복음에 대한 비전을 갖게 되었습니다. 무슨 일이 일어난 걸까요? 그 놀라운 반전을 어떻게 설명할 수 있을까요? 더 정확히 말하면, 복음이 바울의 삶에 혁신을 일으킨 것은 사람의 일이었을까요 하나님의 일이었을까요? 바울이 그리스도인들을 박해하던 중에 어쩌다가 예루살렘 사도들에게 매료되어, 그들의 말을 자신의 말로 바꾸어 그들의 메시지를 어설프게 짜깁기한 걸까요? 아니면 죽은 자 가운데서 살아나신 예수 그리스도께서 다메섹 도상에서 바울을 만나 그에게 복음의 진리를 보여주시고 사도로 섬기도록 명하신 걸까요?

바울이 회심 전의 삶을 묘사하는 이유는, 인간적인 면을 살펴보면 그가 사도들의 반열에 놓이는 것이 얼마나 있을 수 없는 일인지를 보여주기 위함입니다. 사도들은 그의 최대 적이었습니다. 바울은 어떻게 그가 자신이 미워하던 그리스도를 위해 삶을 헌신하게 되었고 바리새인의 교만으로 가득했던 자신의 삶 전체를 뒤집어놓은 복음을 전하게

되었는지 설명할 길은 오직 하나뿐이라고
주장합니다. 15-16절을 봅시다. "그러나
내 어머니의 태로부터 나를 택정하시고
그의 은혜로 나를 부르신 이가 그의 아들
을 이방에 전하기 위하여 그를 내 속에 나

갈라디아서 1장 15-16절

[15]그러나 내 어머니의 태로부터 나를 택정하시고 그의 은혜로 나를 부르신 이가 [16]그의 아들을 이방에 전하기 위하여 그를 내 속에 나타내시기를 기뻐하셨을 때에 내가 곧 혈육과 의논하지 아니하고

타내시기를 기뻐하셨을 때에…" 바울의 설명은 그리스도께서 그에게
나타나셨다는 것입니다. "사울아 사울아 네가 어찌하여 나를 박해하
느냐"(행 9:4). "일어나 너의 발로 서라 내가 네게 나타난 것은 곧 네가
나를 본 일과 장차 내가 네게 나타날 일에 너로 종과 증인을 삼으려 함
이니 이스라엘과 이방인들에게서 내가 너를 구원하여 그들에게 보내
어 그 눈을 뜨게 하여 어둠에서 빛으로, 사탄의 권세에서 하나님께로
돌아오게 하고 죄 사함과 나를 믿어 거룩하게 된 무리 가운데서 기업
을 얻게 하리라"(행 26:16-18).

세상 모든 일에는 원인이 있는 법입니다. 그리고 바울은 회심 전에
그리스도인을 박해하던 그 자신이 회심 후에 열정적으로 복음을 전하
게 된 것은 결코 인간의 일로 설명할 수 없다고 주장합니다. 바울은 자
신이 부활하신 그리스도를 보았고 복음을 전하도록 명령받았다는 것
을 알았습니다. 또한 다른 사람들에게 그 사실을 확인시켜줄 수 있는
방법은 그로 인한 삶의 놀라운 변화를 보게 하는 것뿐이었습니다. 사
실 모든 것을 종합적으로 고려해볼 때, 바울의 주장은 그의 복음이 "사
람의 뜻을 따라"(11절) 된 것이 아니라 계시에 의해 온 것임을 확신시켜
주기에 충분합니다.

바울은 혈육과 의논하지 않았다

그러나 그 주장을 더 강화하기 위해 바울은 16절부터 자신이 그리스도를 만난 후에 무엇을 했는지 설명합니다. 그리스도께서 환상 중에 나타나 "가서 사도들과 함께 공부해라"라고 말씀하셨을 거라고 생각해선 안 됩니다. 바울은 혈육과 의논하거나 사도들과 더불어 공부하러 가지 않았다고 말합니다. 그는 아라비아로 갔습니다. 이후에 다메섹으로 돌아왔던 바울은 3년이 지나 아마도 그의 복음이 명확한 형태를 갖추게 된 후에야 베드로를 만나기 위해 예루살렘으로 올라갔습니다. 예루살렘에 15일을 머무는 동안 그는 주의 형제 야고보 외에 다른 사도들을 만나지 않았습니다. 바울의 요점은 그가 그리스도로부터 계시를 받은 직후에 혼자서 묵상하고 사역하며 3년을 보냈고, 그 후 겨우 15일 동안 베드로를 방문한 것이 전부이므로, 그가 예루살렘 사도들에게서 배웠다고 말하는 유대주의자들의 주장은 뒷받침될 수 없다는 것입니다. 바울 자신은 독립적인 증인이었다는 것입니다.

갈라디아서 1장 22절

²²그리스도 안에 있는 유대의 교회들이 나를 얼굴로는 알지 못하고

뿐만 아니라 22절에서 유대의 교회들이 바울 자신을 개인적으로 알지 못한다고 말합니다. 만일 바울이 예루살렘에 있던 사도들의 대역으로 사역을 했다면, 십중팔구 유대의 교회들을 대상으로 사역했을 것입니다. 그러나 유대의 교회들은 바울을 개인적으로 알지 못합니다. 따라서 바울의 독립적인 사도직을 부정하려는 유대주의자들의 시도는 모두 실패로 돌아갑니다. 바울은 갈라디아인들이 확인해볼 수 있는 증거를 토대로, 박해

자에서 사도가 된 자신의 놀라운 변화가 오직 예수 그리스도의 계시와 명령으로만 설명될 수 있다는 납득할 만한 주장을 펼칩니다. 따라서 바울의 사도직은 (1절에서 말하듯이) "사람들에게서 난 것도 아니요 사람으로 말미암은 것도 아"닙니다. 그리고 그의 복음은 (12절에서 말하듯이) "사람에게서 받은 것도 아니요 배운 것도 아니요 오직 예수 그리스도의 계시로 말미암은 것"입니다. 그러므로 "내가 전한 복음은 사람의 뜻을 따라 된 것이 아니"라는 11절의 요점은 분명합니다. 그것은 사람의 복음이 아니라는 것입니다. 그것은 하나님의 복음입니다. 즉 하나님으로부터 온 좋은 소식이며, 하나님의 거룩하심과 하나님의 사랑이라는 위대한 성품과 일치하는 것입니다.

이제 예수 그리스도의 생애에 관한 이야기(마 21:23-27)로 마무리하려 합니다. 예루살렘에서의 마지막 주에 대제사장들과 백성의 장로들이 예수님께 다가와 "네가 무슨 권위로 이런 일을 하느냐 또 누가 이 권위를 주었느냐"(마 21:23b)라고 물었습니다. 그러자 예수님은 "나도 한 말을 너희에게 물으리니 너희가 대답하면 나도 무슨 권위로 이런 일을 하는지 이르리라 요한의 세례가 어디로부터 왔느냐 하늘로부터냐 사람으로부터냐"(마 21:24-25a)라고 반문하셨습니다. 오늘 아침에 예수님은 그것을 이런 식으로 말씀하십니다. "바울이 전하는 복음이 하늘로부터 온 것이냐 사람들로부터 온 것이냐." 예수님은 마치 이곳에서 예수님과 당신만 있는 것처럼 당신에게 개인적으로 그 질문을 던지고 계십니다.

대제사장들과 장로들은 "만일 하늘로부터라 하면 어찌하여 그를 믿지 아니하였느냐 할 것이요 만일 사람으로부터라 하면 모든 사람이 요한을 선지자로 여기니 백성이 무섭다"(마 21:25b-26)라고 하면서 서로 의논했습니다. 그리고 "우리가 알지 못하노라"(마 21:27a)라고 대답했습니다. 그러자 예수님은 그들에게 "나도 무슨 권위로 이런 일을 하는지 너희에게 이르지 아니하리라"(마 21:27b)라고 말씀하셨습니다.

어떤 사람들은 자신의 질문에 하나님이 먼저 대답해주셔야 하기 때문에 그리스도께 나아오지 않는다고 합니다. 그러나 불가지론과 무관심의 관람석에 앉아서 하나님을 재촉해서는 안 됩니다. 이 아침에 하나님은 이렇게 말씀하십니다. "경기장으로 내려오라. 나와 진지한 대화를 나누자. 내가 너에게 물을 것이 있다. 네가 내 질문에 대답하면 나도 네 질문에 대답해주겠다. 바울이 전하는 복음(하나님의 영광을 위해 그리스도를 믿음으로써 은혜로 구원받는다는 복음)은 하늘로부터 온 것이냐 사람들로부터 온 것이냐?"

4장
복음의 진리가 항상
너희 가운데 있게 하려 함이라

갈라디아서 2:1-10

[1] 십사 년 후에 내가 바나바와 함께 디도를 데리고 다시 예루살렘에 올라갔나니 [2] 계시를 따라 올라가 내가 이방 가운데서 전파하는 복음을 그들에게 제시하되 유력한 자들에게 사사로이 한 것은 내가 달음질하는 것이나 달음질한 것이 헛되지 않게 하려 함이라 [3] 그러나 나와 함께 있는 헬라인 디도까지도 억지로 할례를 받게 하지 아니하였으니 [4] 이는 가만히 들어온 거짓 형제들 때문이라 그들이 가만히 들어온 것은 그리스도 예수 안에서 우리가 가진 자유를 엿보고 우리를 종으로 삼고자 함이로되 [5] 그들에게 우리가 한시도 복종하지 아니하였으니 이는 복음의 진리가 항상 너희 가운데 있게 하려 함이라 [6] 유력하다는 이들 중에 (본래 어떤 이들이든지 내게 상관이 없으며 하나님은 사람을 외모로 취하지 아니하시나니) 저 유력한 이들은 내게 의무를 더하여 준 것이 없고 [7] 도리어 그들은 내가 무할례자에게 복음 전함을 맡은 것이 베드로가 할례자에게 맡음과 같은 것을 보았고 [8] 베드로에게 역사하사 그를 할례자의 사도로 삼으신 이가 또한 내게 역사하사 나를 이방인의 사도로 삼으셨느니라 [9] 또 기둥 같이 여기는 야고보와 게바와 요한도 내게 주신 은혜를 알므로 나와 바나바에게 친교의 악수를 하

였으니 우리는 이방인에게로, 그들은 할례자에게로 가게 하려 함이라 [10] 다만 우리에게 가난한 자들을 기억하도록 부탁하였으니 이것은 나도 본래부터 힘써 행하여 왔노라

바울이 갈라디아 지역에 교회들을 세우고 얼마 지나지 않아 다른 교사들이 그 교회들을 방문해서 다른 복음을 전했습니다. 바울은 1장 7절에서 그것은 복음이 아니라 진리를 왜곡한 것이라고 말합니다. 우리는 지난 시간에 이 다른 교사들을 유대주의자라고 부르기로 했습니다. 그들은 이방인들이 의롭다 함을 받고 온전한 그리스도인이 되기 원한다면, 할례를 받고(6:12, 5:2) 유대인의 절기를 지켜야 한다고(4:10) 주장했습니다. 유대주의자들은 오직 은혜, 오직 믿음으로 의롭다 함을 받는다는 바울의 복음이 적절하지 않다고 생각했습니다. 그래서 그들은 믿음에 더하여 다른 요구조건들을 덧붙였습니다. 하지만 그들의 복음을 받아들이게 만들려면 바울의 복음에 대한 신뢰를 떨어뜨려야만 했으며, 그래서 그들은 바울의 사도직에 이의를 제기했습니다. 바울은 간접적으로 복음을 전해 들은 사람에 불과하다고 말하면서 바울의 권위에 도전한 것입니다. 바울은 예수님의 생애 동안 예수님과 동행했던 열두 사도 중 한 사람이 아니었습니다. 따라서 유대주의자들은 바울이 기껏해야 예루살렘의 사도들로부터 복음을 전해 들었을 뿐이고, 그것을 불법으로 각색했다고 주장했습니다. 바울의 권위는 하나님이 아니라 단지 사람에게서 온 것이기 때문에 절대적인 구속력이 없다고 주장했습니다.

갈라디아서의 처음 두 장은 이런 비난들에 대한 바울의 변호입니다.

1장 1절은 그의 사도적 권위가 "사람들에게서 난 것도 아니요 사람으로 말미암은 것도 아니요 오직 예수 그리스도와 그를 죽은 자 가운데서 살리신 하나님 아버지로 말미암은" 것이라고 주장합니다. 1장 12절은 그의 복음 메시지가 "사람에게서 받은 것도 아니요 배운 것도 아니요 오직 예수 그리스도의 계시로 말미암은" 것이라고 주장합니다.

1장 11-24절의 요점은 바울 자신이 복음을 간접적으로 전해 들은 것이 아니라고 주장하는 것입니다. 그는 사도들의 그룹에 새로 들어온 신참이 아니었습니다. 바울은 그리스도를 만나기 전후의 자신의 삶이 공적으로 충분히 알려졌기 때문에 아무도 합리적으로 그를 간접적인 제자라 주장할 수 없다고 말합니다.

그는 자신의 사도직과 복음을 예루살렘 사도들과 상관없이 받았으며, 자신이 그리스도 앞에서 베드로, 야고보, 요한과 동등한 위치에 서 있다고 설득력 있게 주장합니다.

사도의 증언에 모순이 있는가

여러분이 갈라디아 신자들의 입장이라고 생각해보십시오. 바울은 강력한 주장을 했고, 자신이 충분히 신뢰할 수 있는 사람임을 밝혔습니다. 그러나 몇몇 질문이 제기됩니다. 그렇다면 사도들 간에 서로 일치하지 않는 부분이 있는가? 동등한 권위를 가진 사람들이 서로 다른 두 복음을 전하는가? 유대주의자들은 자신들이 예루살렘 사도들을 대표한다고 주장했지만, 그들의 메시지는 바울의 메시지와 일치하지 않았습니다. 따라서 바울의 권위에 대한 문제가 해결되더라도, 다른 심각한 질문이 대두됩니다. "사도들 간에 분열이 있는가?"라는 질문입니다. 만약 한 사도가 어떤 복음을 전하고 다른 사도가 다른 복음을 전한다면, 교회의 터(엡 2:20)에 균열이 발생하며, 결국은 건물 전체가 무너질 것입니다.

따라서 갈라디아서 2장 1-10절에서 바울은 이 심각한 문제를 다루고 있습니다. 그는 매우 조심스럽고도 철저히 통일적인 방식으로 그 일을 해야만 했습니다. 한편으로는 간접적인 사도라는 비난으로부터 자신을 보호하기 위해 자신이 예루살렘 사도들로부터 독립된 자임을 주장해야 했습니다. 다른 한편으로는 그가 전하는 복음과 예루살렘 사도들이 전하는 복음이 같은 복음이라는 것을 보여주어야 했습니다. 게다가 그가 말하는 모든 것은 공개적으로 대중의 검증을 받습니다.

바울이 사도들 간의 분열 가능성에 대한 문제를 다루는 방법은 다음과 같이 정리할 수 있습니다. (1) 2장 1-2절에서 그는 언제, 누구와 함께, 왜 예루살렘으로 올라갔는지를 말합니다. (2) 2장 3-5절에서는 몇몇 거짓 형제들과의 만남을 설명하며, 그들을 반대하는 입장을 고수합니다(이를 통해 자신의 독립성을 강조합니다). (3) 2장 6-10절에서 바울은 사도들과의 만남을 설명하고, 그들이 어떻게 자신의 사역을 전적으로 지지해주었는지(복음의 통일성 유지) 설명합니다. 이 단락의 두 가지 요점은 6절 마지막 부분인 "저 유력한 이들은 내게 의무를 더하여 준 것이 없고"와 9절의 "또 기둥 같이 여기는 야고보와 게바와 요한도 내게 주신 은혜를 알므로 나와 바나바에게 친교의 악수를 하였으니 우리는 이방인에게로, 그들은 할례자에게로 가게 하려 함이라"에서 발견됩니다. 다시 말해서, 바울의 요지는 이것입니다. 14년이 지난 후에 내가 마침

내 사도들과 의논을 했고, 그들은 나의 복음에 아무것도 더하지 않았다(나는 독립적인 권위를 유지하고 있다). 오히려 그들은 나의 사역을 인정해주고 나를 축복해주었다(오직 하나의 동일한 복음이 있다). 갈라디아인들은 유대주의자들이 실제로 예루살렘 사도들을 대표하지 않는다는 것을 알아야 했습니다. 유대주의자들은 바울이 반대했고 예루살렘 사도들의 지지를 받지 못했던 2장 4절의 거짓 형제들에 속합니다. 그러므로 갈라디아인들은 복음의 놀라운 자유 안에 굳게 서서, 유대주의자들이 요구하는 율법주의의 노예가 되지 말아야 합니다.

이것이 2장 1-10절의 핵심입니다. 이제 이 부분을 좀 더 자세히 살펴보고, 바울이 어떻게 자신의 목적을 달성하는지, 그것이 우리에게 어떻게 적용되는지 알아보겠습니다.

예루살렘으로 가는 여행

첫째, 1절과 2절은 이렇게 말합니다. "십사 년 후에 내가 바나바와 함께 디도를 데리고 다시 예루살렘에 올라갔나니 계시를 따라 올라가 내가 이방 가운데서 전파하는 복음을 그들에게 제시하되 유력한 자들에게 사사로이 한 것은 내가 달음질하

> **갈라디아서 2장 1-2절**
>
> [1] 십사 년 후에 내가 바나바와 함께 디도를 데리고 다시 예루살렘에 올라갔나니 [2] 계시를 따라 올라가 내가 이방 가운데서 전파하는 복음을 그들에게 제시하되 유력한 자들에게 사사로이 한 것은 내가 달음질하는 것이나 달음질한 것이 헛되지 않게 하려 함이라

는 것이나 달음질한 것이 헛되지 않게 하려 함이라." 이 구절들을 명확히 하기 위해 네 가지 요점을 제시합니다.

① 바울은 자신의 복음에 대해 재고해보고 그것이 참인지 확인하고

싫어서 예루살렘으로 간 것이 아닙니다. 그랬다면 유대주의자들의 계략에 빠졌을 것입니다. 그는 "계시를 따라 올라갔"습니다(2절). 바울은 예수님의 계시를 통해 그가 전하는 복음을 받았습니다(갈 1:12). 뿐만 아니라 14년 후에 그는 살아 계신 하나님의 계시를 통해 걸음을 인도받았습니다.

② 바울은 왜 디도를 데리고 간 것을 언급했을까요? 그가 가상의 이야기를 하는 것이 아니기 때문입니다. 그의 복음은 실제 사람들에게 영향을 미쳤습니다. 디도는 바울의 복음전도의 증거물 1호가 될 것입니다. 디도는 헬라인이며 구약성경의 율법에서 명하는 할례를 받지 않았습니다. 그러나 그는 믿음으로 그리스도 안에서 한 형제입니다. 이것이 바울이 주장하는 자유입니다. 그리고 디도는 바울의 최적의 예가 됩니다. 디도가 예루살렘 사도들로부터 할례를 받으라는 지시를 받을까요, 그렇지 않을까요? 실제적인 문제를 다루는 데 있어 실제 사람을 예로 드는 것보다 더 좋은 방법은 없었을 것입니다.

③ "유력한 자들"(2절)이란 사도들, 특히 베드로와 야고보(예수님의 형제)와 요한을 가리킵니다. 이 세 사람을 "기둥 같이" 여긴다는 표현도 나옵니다(9절). 2절에서 바울은 그 사도들과의 사적인 만남에 대해 말하고 있습니다. 4절과 5절을 보면 사적인 만남이 왜 필요했는지 알 수 있습니다. 디도에게 할례 받을 것을 요구했던 거짓 형제들은 주의 깊게 들으려 하지 않았습니다. 때로는 지휘관들끼리 상의한 후에 소란스러운 사람들에게 지휘관들의 통일된 생각을 전해주어야 합니다.

④ 바울이 예루살렘으로 올라간 목적은 그가 달음질한 것이 헛되지 않도록 하기 위함이었습니다(2절). 만일 유대주의자들이 옳았다면 바

울의 사역은 헛된 일이었을 것입니다. 즉 예루살렘의 사도들이 바울의 생각에 동의하지 않고 이방인 신자들에게 할례를 요구했다면 말입니다. 이것은 그리스도의 사도들이 서로 상반된 메시지를 갖고 있다는 뜻이고, 그런 균열된 기반 위에서는 어떠한 교회도 세워질 수 없었을 것입니다. 바울은 자신의 복음을 확증할 필요가 없었지만, 다른 사도들이 동의하는지 확인할 필요가 있었고, 확인해본 결과 그들은 서로 일치했습니다.

이 두 구절에서 우리를 위한 두 가지 의미를 끌어내 보겠습니다. 첫째, 바울이 계시를 따라 예루살렘으로 올라갔다는 사실은 그리스도께서 우리가 의견 충돌을 회피하지 않길 원하신다는 것을 가르쳐줍니다. 성경적인 사람이 되려면 정면으로 부딪히는 사람들이 되어야 합니다. 어떤 사람이 잘못하고 있는 것 같거나 혹은 교회의 사역이 위태로워질 것 같으면, 우리는 그 사람에게 가서 그들 앞에서 우리의 입장을 제시할 수 있도록 하나님의 은혜를 구해야 합니다. 그런 일을 자연스럽게 할 수 있는 사람은 거의 없습니다. 긴장감이 생기고, 차라리 피하고 싶기도 합니다.

그러나 개인적 안락함에 대한 사랑이나 갈등에 대한 두려움은 사랑 안에서 맞서고 권면하는 일을 방해합니다. 그것은 믿음에서 나오는 것이 아니며, 성령의 열매가 아닌 육체의 산물입니다. 우리가 자기 자신의 능력의 한계를 초월하는 능력의 원천을 그리스도에게서 찾지 않을 때 우리는 갈등을 회피하고 안락함에 안주합니다. 하지만 바울은 갈라디아서 5장 24절에서 "그리스도 예수의 사람들은 육체와 함께 그 정욕과 탐심을 십자가에 못 박았느니라"라고 말합니다. 우리의 믿음을 그리스도께 두고 성령의 능력을 의지함으로써 우리는 안락함에 대한 사랑이나 갈등에 대한 두려움의 노예가 되지 않을 수 있습니다. 또한 바울이 했던 것처럼 갈등에 정면으로 맞설 수 있는 자유를 경험할 수 있습니다. 우리가 개인적인 관계에서나 교회 또는 교단 총회에서 필요한 충돌을 회피함으로써 유지하는 평화는 피상적이고 영적으로 비생산적인 평화일 것입니다. 또한 그런 평화는 장기적으로 우리를 연약하게 만들 것입니다. 왜냐하면 그것은 우리가 성령으로 행하지 않고 육체로 행하고 있음을 뜻하기 때문입니다. 1절과 2절에 함축된 첫 번째 교훈은, 그리스도께서 우리가 꼭 필요한 갈등을 회피하지 않길 원하신다는 것입니다.

1절과 2절에 함축된 두 번째 교훈은, 우리가 특히 중요한 점들에 관한 교리적 일치에 관심을 가져야 한다는 것입니다. 중요한 교리들에 대해 교회 안에 분열이 있으면 우리는 괴로워해야 합니다. 하나님의 백성이 중요한 믿음의 문제들에 관하여 서로 분열되면 우리는 더욱더 기도하고 성경을 읽어야 합니다. 자칫 분열이 해롭지 않다고 생각하거나 심지어 가치가 있다고 생각하게 되지는 않을까 두렵습니다. 예를 들어, 학계에서 새로 등장한 단어가 바로 "풍성함"이라는 단어입니다. 여러 신앙 전통들에서 "풍성함"이라는 단어는 "다양성"을 나타내며, "다양성"은 종종 "모순"을 완곡하게 표현하는 말입니다. 오늘날 진리의 통일성과 일관성을 지지하고 찬양하는 사람은 거의 없습니다. 또한 학자들로부터 우리같이 평범한 사람들에게 흘러오는 추세는 분열과 불일치를 그저 당연시하는 것입니다. 상대주의는 겸손과 동일시됩니다. 잘못에 대한 무관심은 타인에 대한 존중과 동일시됩니다. 우리는 목숨을 걸 만큼 확실하고 명확한 교리를 상상하기 어렵습니다. 여기서 바울의 예는, 신앙의 중요한 교리들에 관한 일치 여부가 매우 중요하다는 것을 보여주고 있습니다.

거짓 형제들

이제 3-5절에서 바울은 예루살렘에서 거짓 형제들을 만난 이야기를 합니다. "그러나 나와 함께 있는 헬라인 디도까지도 억지로 할례를 받게 하지 아니하였으니 이는 가만히 들어온 거짓 형제들 때문이라 그들이 가만히 들어온 것은 그리스도 예수 안에서 우리가 가진 자유를 엿보고 우리를 종으로 삼고자 함이로되 그들에게 우리가 한시도 복종하지 아니하였으니 이는 복음의 진리가 항상 너희 가운데 있게 하려 함이라." 그와 사도들의 의견 일치를 보여주는 것이 주된 요점이라면, 바울은 왜 굳이 이 사건을 기록하고 있습니까? 그는 3-5절을 생략하고 2절에서 6절로 곧바로 넘어가서 좀 더 강력하게 주장을 펼칠 수 있었습니다. 디도가 할례를 받을 필요가 없었다는 걸 보여주는 것만이 이유라고 생각하지 않습니다. 그것은 한 문장으로 말할 수도 있었을 것입니다. 바울이 3-5절을 기록한 진짜 이유는 거짓 형제들의 존재를 갈라디아의 그리스도인들에게 알려주기 위함입니다. 그들은 예루살렘에서 왔으며, 구원을 위해 할례를 받아야 한다고 주장하며(행 15:1), 가장 중요하

> **갈라디아서 2장 3-5절**
>
> [3] 그러나 나와 함께 있는 헬라인 디도까지도 억지로 할례를 받게 하지 아니하였으니 [4] 이는 가만히 들어온 거짓 형제들 때문이라 그들이 가만히 들어온 것은 그리스도 예수 안에서 우리가 가진 자유를 엿보고 우리를 종으로 삼고자 함이로되 [5] 그들에게 우리가 한시도 복종하지 아니하였으니 이는 복음의 진리가 항상 너희 가운데 있게 하려 함이라

게는 베드로와 야고보와 요한의 입장을 대변하지 않습니다.

5절에서 바울은 "복음의 진리가 항상 너희 가운데 있게 하"기 위해 이 거짓 형제들에게 복종하지 않았다고 말합니다. 만일 바울이 거짓 형제들의 요구에 굴복했다면 복음은 말살되었을 것입니다. 바울이 할례의 요구에 굴복했다면 복음은 없었을 것입니다. 세상을 향한 복음은 오로지 그리스도께서 갈보리에서 죽으심으로 우리가 하나님 앞에 설 수 있고 오직 그를 믿음으로 그 기쁨을 누릴 수 있다는 것입니다. 그리스도의 행위 대신에 우리의 행위를 의지하게 만드는 어떤 요구조건이 붙으면 복음은 사라집니다.

따라서 3-5절에서 바울은 갈라디아인들에게 유대주의자들의 정체를 알려주고 있습니다. 또한 그들의 요구에 무엇이 달려 있는지(복음의 진리) 알려주고 있습니다. 그들 가운데 있는 이 거짓 선생들은 예루살렘에서 왔을지는 모르지만 예루살렘의 사도들을 대표하지는 않습니다. 그들은 거짓 형제들이며, 할례를 받고 절기를 지켜야 한다는 그들의 요구는 전혀 복음이 아닙니다. 그것은 다른 복음입니다(갈 1:7).

사도들과의 만남

갈라디아서 2장 6절

⁶유력하다는 이들 중에 (본래 어떤 이들이든지 내게 상관이 없으며 하나님은 사람을 외모로 취하지 아니하시나니) 저 유력한 이들은 내게 의무를 더하여 준 것이 없고

마지막으로, 6-10절에서 바울은 사도들을 직접 만난 것에 대해 말합니다. 6절에는 바울이 줄곧 유지해 온 중요한 부정적 진술이 나옵니다. "저 유력한 이들은 내게 의무를 더하여 준 것이 없고." 1장 12절을

다시 돌아봅시다. "이는 내가 사람에게서 받은 것도 아니요 배운 것도 아니요 오직 예수 그리스도의 계시로 말미암은 것이라." 바울은 회심한 후 많은 세월이 지난 후에야 예루살렘의 사도들 앞에서 자신의 복음을 제시합니다. 하지만 사도들은 바울이 전하는 복음에 무엇을 더해야 할 필요성을 느끼지 못했습니다.

그러나 이보다 더 중요한 것은 7-10절에 나오는 긍정적 진술입니다. 9절을 보면, "야고보와 게바와 요한도…나와 바나바에게 친교의 악수를 하였으니 우리는 이방인에게로, 그들은 할례자에게로 가게 하려 함이라"고 합니다. 바울이 갈망하던 일치가 바로 거기에 있었습니다. 그가 달음질한 것은 헛되지 않았습니다. 유대주의자들은 예루살렘 사도들을 대표하지 않았습니다. 사도의 증언, 교회의 기초는 결코 분열되지 않았습니다. 그것은 확고하고 견고했습니다. 두 가지 큰 사명을 위한 강하고 통일된 기반이 있었습니다. 하나는 유대인을 위한 사역이고, 다른 하나는 이방인들을 위한 사역이었습니다. 그날은 선교적으로 중요한 날이었습니다. 우리 이방인들에게 중요한 날이었습니다. 바울은 "복음의 진리가 항상 너희 가운데 있게 하려 함이라"라는 입장을 고수했습니다(5절). 우리는 이 위대한 하나님의 사람을 마음에 품어야 합니다. 그보다 앞서가신 주님처럼, 바울 역시 우리로 하여금 복음을 듣고 구원을 얻게 하기 위해 살았고 이를 위해 죽었습니다.

하지만 사람 덕분에 여러분에게 복음이 주어졌다고 생각하지는 마십시오. 그것은 하나님의 은혜입니다. 하나님은 창세 전에 복음을 마음에 품으셨고(엡 1:4), 그 아들을 보내어 우리 죄를 위해 죽게 하시고 죽은 자 가운데 살아나게 하심으로써 복음을 완성하셨으며, 사도들

을 택하여 따로 세우시고 그들을 통해 복
음이 전파되게 하셨습니다. 8절은 예루살
렘 사도들이 바울을 사도로 인정할 수 있
었던 이유가 베드로에게 역사하셨던 하나

님이 바울에게도 역사하셨기 때문이라고 말합니다. 바울이 태어날 때
부터 하나님이 역사하고 계셨습니다(갈 1:15). 바울이 사도로 부르심을
받았을 때도 하나님이 역사하고 계셨습니다(갈 1:16). 바울이 말씀을 전
할 때에도 하나님이 역사하고 계셨습니다(고후 5:20; 고전 15:10). 그리고 바
울이 거짓 형제들에게 굴복하기를 거절했을 때에도 하나님이 역사하
고 계셨습니다. "이는 복음의 진리가 항상 너희 가운데 있게 하려 함이
라."

저는 다음의 질문들로 마치려 합니다. 만약 하나님이 "복음의 진리
가 항상 너희 가운데 있게 하려고" 창세 전에, 예수님의 죽음과 부활
속에서, 예루살렘 공회에서, 지난 2천여 년 동안 역사하셨고, 또한 지
금 저의 메시지 안에서 역사하신다면, 그분은 당신을 사랑하시는 분이
시고 당신의 믿음과 순종을 받기에 합당하신 분이지 않습니까? 복음
이 필요한 사람들을 위해 복음의 진리를 보존하려고 하나님이 이런 식
으로 역사해 오셨다면, 그 복음을 전하는 일에 당신의 삶을 드리는 일
은 여전히 최고의 도전이 아닙니까? 그리고 하나님이 변하지 않으셨
다면, 당신이 다른 사람들을 위해 그리스도의 복음을 보존하고 전하는
일에 착수할 때 전능하신 하나님이 당신 안에서, 또 당신을 위해 역사
하실 것이라 말하지 않을 수 있겠습니까? 균열이 생긴 진리의 터가 아
니라 역사상 가장 위대한 사건들(하나님의 아들이 우리의 죄를 위해 죽으셨고, 장

사되셨고, 그를 믿는 자들을 영원히 구원하기 위해 3일 만에 다시 살아나신 사건)에 대한 사도들의 통일되고 거룩한 영감을 받은 증언이 여러분의 든든한 터가 되어줄 것입니다.

5장
복음의 진리를 따라

갈라디아서 2:11-14

[11] 게바가 안디옥에 이르렀을 때에 책망 받을 일이 있기로 내가 그를 대면하여 책망하였노라 [12] 야고보에게서 온 어떤 이들이 이르기 전에 게바가 이방인과 함께 먹다가 그들이 오매 그가 할례자들을 두려워하여 떠나 물러가매 [13] 남은 유대인들도 그와 같이 외식하므로 바나바도 그들의 외식에 유혹되었느니라 [14] 그러므로 나는 그들이 복음의 진리를 따라 바르게 행하지 아니함을 보고 모든 자 앞에서 게바에게 이르되 네가 유대인으로서 이방인을 따르고 유대인답게 살지 아니하면서 어찌하여 억지로 이방인을 유대인답게 살게 하려느냐 하였노라

지난주에 우리는 갈라디아서 2장 4-5절에서 예루살렘에 있는 자칭 유대파 그리스도인들이 헬라파 그리스도인인 디도에게 할례를 강요하려 했다는 걸 살펴보았습니다. 사도 바울은 이 압력에 굴복하지 않았습니다. 5절에 제시된 이유는 "복음의 진리가 항상 너희 가운데 있게 하려 함이라"는 것입니다. 만일 바울이 그런 상황에서 디도가 할례를

받아야 한다는 요구에 굴복했다면 아마 복음의 진리는 훼손되었을 것입니다. 그러면, 이방인 선교는 끝장났을 것이고, 그리스도의 죽음이 헛되게 되었을 것이며, 우리는 모두 여전히 우리의 죄 가운데 하나님의 진노 아래 있었을 것입니다.

복음은 그리스도께서 우리의 죄를 위해 죽으시고 다시 살아나심으로써 우리의 죗값을 다 치르시고, 하나님과의 올바른 관계를 회복할 수 있게 하셨으며, 이 특권을 누리는 유일한 길은 우리를 사랑하시고 우리를 위해 자신을 내어주신 하나님의 아들을 믿는 믿음 안에서 사는 것이라는 좋은 소식입니다. 여기에 다른 조건들을 덧붙여 사람들이 자신의 의지력이나 행위를 의지하도록 부추기면, 그것은 복음을 망치는 것입니다. 만일 칭의와 성화가 믿음으로 이루어지지 않는다면 칭의와 성화는 불가능할 것이며, 그렇다면 그리스도께서는 헛되이 죽으신 것이 될 것입니다. 그러므로 바울은 단호하게 자신의 입장을 밝혔습니다. 그는 디도에게 할례를 강요하지 않을 것이며, 복음의 진리를 보존할 것입니다.

복음의 진리와 바울의 사도직

이제 2장 11-14절에서 "복음의 진리"가 또다시 위험에 처합니다. 또다시 이방인들이 유대인처럼 살도록 강요를 당했습니다. 예루살렘에서의 주요 화제는 할례였습니다. 안디옥에서의 주요 화제는 유대인의 음식 규례입니다. 디도의 일과 안디옥 사건의 연관성을 명확하게 보여주는 두 단어가 있습니다. 첫 번째는 "억지로"라는 단어입니다. 3절에서 바울은 "디도까지도 **억지로** 할례를 받게 하지 아니하였으니"라고 말합니다. 그리고 14절에서 그는 안디옥에서 게바에게 "네가 유대인으로서 이방인을 따르고 유대인답게 살지 아니하면서 어찌하여 **억지로** 이방인을 유대인답게 살게 하려느냐"고 말합니다. 두 번째 단어는 "복음의 진리"입니다. 5절에서 바울은 "그들에게 우리가 한시도 복종하지 아니하였으니 이는 **복음의 진리**가 항상 너희 가운데 있게 하려 함이라"라고 말합니다. 그리고 14절에서는 "나는 그들이 **복음의 진리**를 따라 바르게 행하지 아니함을 보고…"라고 말합니다. 따라서 11-14절에서 바울은 우리가 할례를 요구하는 것뿐만 아니라 다른 의식적인 행위들을 요구함으로써 우리의 삶 속에서 복음을 부정할 수 있음을 가르치는 것입니다.

그러나 바울은 복음의 순수성을 증명하는 일과 더불어 자신의 사도권을 변호하는 일도 계속해야 했습니다. 갈라디아의 거짓 교사들이 바울의 독립적인 사도권에 대한 신임을 떨어뜨림으로써 그의 복음에 대적했던 것을 기억하십시오.

그래서 바울은 1장에서 자신의 사도직과 복음이 사람에게서 비롯된 것이 아니라 그리스도의 계시로 말미암은 것이라고 주장했습니다(1:1, 12). 바울은 복음을 간접적으로 전해 들은 사람이 아닙니다. 그는 예루살렘의 사도들에게 의존하지 않습니다. 이어서 바울은 그의 사도직과 복음을 베드로를 비롯한 예루살렘의 사도들에게 인정받았음을 보여줍니다(2:1-10). 이렇게 하나의 통일된 사도적 복음을 가진 교회는 균열로 흔들리는 일을 피할 수 있습니다.

바울과 베드로의 대립

2장 11-14절에서 바울은 다시 한 번 예루살렘의 사도들로부터의 독립성을 입증할 기회를 갖게 됩니다. 예루살렘 공회 이후로 바울이 오로지 베드로, 야고보, 요한의 후원과 지도 아래 활동했다고 생각하는 사람이 있었다면, 2장 11-14절을 보는 즉시 그 생각이 사라질 것입니다. 바울은 베드로의 지도를 받을 뿐만 아니라 베드로를 지도하기도 합니다. "게바가 안디옥에 이르렀을 때에 책망 받을 일이 있기로 내가 그를 대면하여 책망하였노라." 따라서 바울은 자신이 공회 이후로도 독립되어 있었다고 강력히 주장합니다. 그는 자신이 다른 누구의 대사가 아니라 그리스도의 대사임을 확실히 인식하고 있었습니다.

어떤 학자들은 2장 11-14절에서 바울이 베드로와의 불일치에 대해 너무 많은 것을 말함으로써 통일성에 대한 자신의 주장을 스스로 무너뜨렸다고 생각합니다. 그들은 이 구절들이 바울과 베드로 간의 깊은 갈등을 드러내므로 통일성 주장과 모순된다고 주장합니다. 저는 다음의 세 가지 이유로 인해 이러한 관점을 지지할 수 없습니다.

① 안디옥에서 일어난 이 갈등 이후에 베드로와 바울이 서로 적수가 되었다거나 복음의 진리에 대해 서로 생각이 달랐다는 설득력 있는 증거가 없습니다. 오히려 반대로, 나중에 쓰여진 베드로의 첫 번째 서신을 보면 베드로가 이방인들에 대해 바울과 같은 태도를 가지고 있음을 볼 수 있습니다.

② 2장 11-14절에 나오는 갈등은 원론적으로 깊은 차이에 의한 것이 아니라 베드로의 일시적인 모순적 행동 때문인 것으로 보입니다.

③ 만일 바울과 베드로가 복음의 진리에 대해 서로 의견이 맞지 않는다고 널리 알려져 있었다면, 바울이 2장 1-10절을 기록한 것이 무의미했을 것입니다. 유대주의자들이 갈라디아의 그리스도인들에게 "물론 베드로와 바울은 예루살렘에서는 서로 뜻이 맞았다. 하지만 사도들이 바울의 행동을 보자마자 그들은 함께 어울리지 않았고 그 후로 계속 마음이 맞지 않았다."라고 말하면서 베드로와 바울의 교착된 관계를 지적했다면, 왜 바울이 2장 1-10절의 이야기를 했겠습니까? 바울이 2장 1-10절을 기록한 이유는 안디옥에서 갈등이 있은 후로도 연합이 계속 유지되었기 때문이라고 보는 것이 훨씬 더 합리적입니다. 안디옥에서의 갈등은 근본적인 신학적 차이에 기인한 것이 아니었습니다. 그것은 베드로와 바나바의 마음속에 있는 일시적인 신앙적 부주의를 드러낸 것이었고, 바울은 그것이 복음에 어긋나며 그들의 신념에도 어긋난다고("외식"이라는 단어를 사용했으므로) 말한 것입니다. 그리고 지금 우리는 그들과 같은 실수를 하지 않기 위해 그때 일어난 일을 자세히 살펴보는 것이 좋을 것입니다.

안디옥에서의 갈등은 일곱 단계로 전개됩니다. 첫째, 게바(베드로)가 안디옥에 와서 이방인 그리스도인들과 함께 식사를 하기 시작합니다(11a, 12b절). 둘째, 야고보에게서 온 어떤 이들이 안디옥에 왔습니다(12a절). 셋째, 베드로가 이 무리를 두려워하게 됩니다(12절 끝부분). 넷째, 그는 두려움 때문에 물러가서 이방인 그리스도인들과 떨어져 있습니다(12c절). 다섯째, 나머지 유대인들과 바울의 동역자인 바나바까지 물러가서 같이 외식을 했습니다(13절). 여섯째, 그러므로 베드로는 비난받을 일, 즉 그릇되게 행동하는 죄를 범했습니다(11절). 일곱째, 바울은 그를 대면하여 책망합니다(11절). 14절은 그 상황에 대한 바울의 평가와 그가 책망한 내용을 보여줍니다. 베드로가 한 행동은 복음에 부합하지 않으며 베드로 자신의 삶의 헌신과도 일치하지 않는다는 것입니다. 이제 다시 돌아가서, 어떻게 하면 우리가 계속 복음과 일치하는 삶을 살 수 있는가 하는 매우 절박하고 실제적인 질문을 앞에 놓고 이 일곱 단계를 좀 더 살펴보겠습니다.

베드로와 이방 신자들의 교제

먼저 12절은 이렇게 말합니다. "야고보에게서 온 어떤 이들이 이르기 전에 게바가 이방인과 함께 먹다가." 게바는 유대인이었으나 이방인처럼 살면서 복음의 자유를 누리고 있었습니다(14절). 그는 이방 신자들에게 유대인이 될 것을 (또한 할례를 받고 절기법을 지킬 것을) 요구하지 않았을 뿐만 아니라, 유대인인 자신도 그리스도 안에서 이방인처럼 될 자유가 있다는 걸 알았습니다.

베드로가 이렇게 급진적인 자유에 이르게 된 과정을 살펴볼 필요가 있습니다.

사도행전 10장으로 가봅시다. (베드로의 삶 속에서 이 사건은 갈라디아서 2장 1-10절에 기록된 예루살렘 공회 전에 일어난 일입니다.) 가이사랴에 고넬료라는 이방인이 있었는데, 하나님은 베드로가 그에게 복음을 전하기를 원하셨습니다. 유대인인 베드로가 이방인 고넬료의 집에 찾아가도록 하기 위해, 하나님은 사도행전 10장 11-14절의 환상을 베드로에게 보여주셨습니다. 하늘에서 보자기 같은 그릇이 내려왔는데 그 안에는 구약성경에서 부정하다고 선언한 각종 짐승들이 있었습니다(레 11장). 그리고 "베드로야 일어나 잡아 먹어라"라는 음성이 들립니다. 그러나 베드로는 이렇게 대답합니다. "주여 그럴 수 없나이다 속되고 깨끗하지 아니한 것을 내가 결코 먹지 아니하였나이다." 그러자 다시 음성이 들립니다. "하나님께서 깨끗하게 하신 것을 네가 속되다 하지 말라."

이것은 베드로에게, 그리고 교회의 사명과 세계 역사에 있어서 굉장히 중요한 전환점이라고 할 수 있습니다. 하나님은 이렇게 말씀하고 계셨습니다. "베드로야, 구원 역사의 새 시대가 열렸다. 메시아가 와서 구약성경의 제사와 절기에 관한 율법은 준비 단계의 일을 마쳤다. 이제 그것들을 버려라(막 7:19 참조). 내가 고넬료의 집에서 네게 중요한 것을 보여줄 것이다." 그래서 명령을 받은 베드로는 고넬료의 집으로 갑니다. 28절은 그가 환상을 어떻게 이해했는지를 보여줍니다. 그는 그곳에서 이방인들에게 이렇게 말합니다. "유대인으로서 이방인과 교제하며 가까이 하는 것이 위법인 줄은 너희도 알거니와 하나님께서 내게 지시하사 아무도 속되다 하거나 깨끗하지 않다 하지 말라 하시기로." 그것은 이방인들이 죄인이 아니라는 뜻이 아닙니다. 유대인이 이방인의 구원을 위해 이방인과 함께 있는 것을 피하게 할 어떤 것도 이방인 안에 없다는 뜻입니다. 따라서 베드로는 그들에게 복음을 전했고, 그가 설교할 때 성령께서 그들에게 임하셨습니다. 할례 받지 않고 유대인의 절기법을 하나도 지키지 않는 이방인들이 단지 믿음으로 복음을 들음으로써 성령을 받을 수 있다는 사실은 유대인들에게 너무나 놀라운 것이었습니다.

그러나 이제 베드로는 예루살렘에서 곤경에 처했습니다. "베드로가 예루살렘에 올라갔을 때에 할례자들이(갈 2:12 참조) 비난하여 이르되 네가 무할례자의 집에 들어가 함께 먹었다 하니"(행 11:2-3). 그들은 안디옥에 왔던 이들과 같은 무리였고, 아마 안디옥에서도 똑같은 질문을 던졌을 것입니다. 베드로는 그들의 비난에 맞서 자신을 변호합니다. 그는 자신이 환상을 본 일과 이방인들에게 성령께서 임하신 일에 대해 이야기한 후, "그런즉 하나님이 우리가 주 예수 그리스도를 믿을 때에 주신 것과 같은 선물을 그들에게도 주셨으니 내가 누구이기에 하나님을 능히 막겠느냐"라고 말합니다(행 11:17).

　이것은 베드로의 삶을 완전히 변화시키는 경험이었습니다. 그는 분명 그 경험으로부터 이방인들이 유대인 그리스도인들과 똑같은 영적 축복을 받기 위해 구약의 할례법이나 절기법을 지킬 필요가 없다는 추론을 했을 뿐만 아니라, 유대인인 자신도 그러한 율법에서 자유롭다고 생각했을 것입니다. 베드로와 바울은 독립적으로 계시를 받았습니다만, 천천히 그러나 확실하게 복음의 진리에 대한 동일한 이해에 이르게 되었습니다. 성령을 받고 성령의 모든 은혜를 누리는 조건은 예수 그리스도에 대한 살아 있는 믿음이 전부입니다(갈 3:2 참조). 그것이 복음입니다. 그러므로 베드로가 안디옥에서 이방인 형제자매들과 함께 식사할 때, 그는 복음의 진리를 따르고 있었습니다. 그는 자유 안에 굳게 서 있었고, 믿음 안에서 그리스도의 넉넉한 은혜를 찬양했으며, 사랑으로 행하고 있었습니다.

베드로가 복음에서 멀어지다

그러나 그때 야고보에게서 온 할례자들이 안디옥에 도착합니다(12절). 우리는 그들이 야고보와 어떤 관계였는지, 왜 왔는지, 무슨 말을 했는지 정확히 모릅니다. 그저 추측만 해볼 수 있습니다. 하지만 명확한 것은, 베드로가 그들을 두려워했다는 것입니다(12절). 이유가 무엇일까요? 어쩌면 그들이 폭력을 행사할 수 있었을 것입니다. 아니면 자신의 자유에 대한 근거를 충분히 설명할 수 없어서 그들에게 어리석게 보일까봐 두려웠을 수도 있습니다. 혹은 예루살렘의 보수적인 신자들의 눈밖에 나서 지도자로서의 높은 위상을 잃어버릴까봐 두려웠는지도 모릅니다. 그가 두려워한 이유는 기록되어 있지 않습니다. 그러나 그는 두려워했습니다. 그리고 그 연약한 순간에 그는 이방인 형제자매들과의 교제를 중단합니다. 지도자인 그가 그렇게 하자, 바나바를 비롯해 다른 모든 유대인들도 그렇게 했습니다. 안디옥의 이방인 그리스도인들에게 그 상황이 어떠했을지 상상해보십시오.

14절에서 바울은 베드로와 바나바를 포함하여 다른 유대인들이 "복음의 진리를 따라 바르게 행하지 않았다"고 말합니다. 그들은 복음의 진리를 따라 바르게 행하지 않았습니다. 그들은 복음의 길에서 벗어났습니다. 이것이 무엇을 의미하는지 아십니까? 복음의 유익은 율법의 행위가 아니라 오직 하나님의 아들에 대한 살아 있는 믿음으로만 얻을 수 있습니다. 믿음으로 복음을 받을 때, 당신의 삶은 변화됩니다. 복음의 북소리를 듣고 믿을 때, 당신의 발걸음도 달라집니다. 복음의 장단에 맞춰 걷는 것입니다. 복음을 따르는 삶이 있고, 복음에서 벗어난 삶이 있습니다. 당신이 자신의 삶에 약간의 도덕적 정화 작업을 한다고 해서 복음의 은혜를 누릴 수 있는 것이 아닙니다. 당신을 사랑하셔서 당신을 위해 자신을 내어주신 예수 그리스도를 날마다 의지할 때에만, 당신은 용서와 기쁨, 평안과 능력을 얻을 수 있습니다. 참된 믿음은 복음의 진리와 일치하는 삶의 리듬을 만들어 냅니다.

마지막으로 우리는 이 본문에서 복음의 북소리에 어긋나는 세 가지 요소를 발견합니다. 그 세 가지는 두려움, 외식, 율법주의입니다.

사람에 대한 두려움은 복음과 일치하지 않는다

베드로는 할례자들을 두려워했습니다. 이것은 복음과 일치하지 않는 태도입니다. 복음은 두려움을 낳지 않습니다. 복음은 확신과 소망과 담대함을 가져다줍니다. "하나님이 우리에게 주신 것은 두려워하는 마음이 아니요 오직 능력과 사랑과 절제하는 마음이니"(딤후 1:7). 만약 어떤 일이 잘못될 것 같은 막연한 두려움이나 불안감 때문에 긴장되고 우울한 마음을 가지고 있는 분이 계시다면, 당신에게 가장 필요한 것은 복음을 다시 바라보는 것입니다. 잠시 멈추어 서서, 하나님이 당신을 위해 아들을 죽게 하신 사건이 당신을 향한 하나님의 뜻에 관하여 무엇을 의미하는지 잘 생각해보십시오. 하나님을 신뢰하는 당신에게, 복음은 전능하신 하나님이 당신 편이며 당신을 대적하지 않으신다는 것을 말해줍니다.

"그런즉 이 일에 대하여 우리가 무슨 말 하리요 만일 하나님이 우리를 위하시면 누가 우리를 대적하리요 자기 아들을 아끼지 아니하시고 우리 모든 사람을 위하여 내주신 이가 어찌 그 아들과 함께 모든 것을 우리에게 주시지 아니하겠느냐 누가 능히 하나님께서 택하신 자들을 고발하리요 의롭다 하신 이는 하나님이시니 누가 정죄하리요 죽으실 뿐 아니라 다시 살아나신 이는 그리스도 예수시니 그는 하나님 우편에 계신 자요 우리를 위하여 간구하시는 자시니라"(롬 8:31-34).

이 복음을 믿는 사람은 "주는 나를 돕는 이시니 내가 무서워하지 아니하겠노라 사람이 내게 어찌하리요"(히 13:6)라고 말합니다.

우리는 베드로처럼 일시적인 실수를 범합니다. 하지만 하나님은 잘못을 행하는 자녀들을 은혜롭게 대하십니다. 하나님은 바울을 베드로에게 보내셔서 베드로가 다시 복음에 합당하게 행하도록 만드셨고, 저를 여러분에게 보내어 우리의 위대한 복음을 믿는 자는 어떤 사람도 두려워할 필요가 없음을 상기시켜주십니다.

외식은 복음과 일치하지 않는다

13절은 베드로와 함께 "남은 유대인들도 그와 같이 외식하므로 바나바도 그들의 외식에 유혹되었느니라"라고 말합니다.

갈라디아서 2장 13절
¹³남은 유대인들도 그와 같이 외식하므로 바나바도 그들의 외식에 유혹되었느니라

베드로, 바나바, 그리고 다른 유대인들이 이방인 그리스도인들과 함께 먹다가 물러간 것은 위선적인 행동이었습니다. 그들의 행동은 그들의 신념과 일치하지 않았습니다. 그들은 자신들의 원칙을 버리면서까지

할례자들의 비난을 피하려 했습니다. 그들은 사람을 두려워했고, 그래서 외식했습니다. 모든 위선의 뿌리는 두려움 내지 불안감입니다(눅 12:1-4 참조).

그럼 감정은 복음에 합당하지 않습니다. 불안감은 복음에 부합하지 않습니다. 여러분이 불안감과 두려움을 느껴서, 외식하고 싶어지고 자신이 옳다고 믿는 바를 말하는 일을 회피하고 싶어질 때, 여러분이 싸워야 할 싸움은 복음을 믿기 위한 싸움입니다. 복음은 그리스도의 죽음이 우리에게 하나님의 사랑을 보증해주고, 그것이 우리의 삶에 깊은 뿌리와 안정감을 준다고 말합니다. 그러나 그보다 더한 것이 있습니다. 외식하지 아니하시고 나를 위해 고난을 택하신 그리스도의 결심이 지닌 순전한 아름다움과 능력을 볼 때, 사람을 두려워하고 쉽게 위선을 행하는 자신을 부끄러워하게 됩니다. 여러분의 삶의 중심에 예수님의 복음이 있으면, 위선의 뿌리가 절단될 것입니다.

율법주의는 복음과 일치하지 않는다

갈라디아서 2장 14절

14 그러므로 나는 그들이 복음의 진리를 따라 바르게 행하지 아니함을 보고 모든 자 앞에서 게바에게 이르되 네가 유대인으로서 이방인을 따르고 유대인답게 살지 아니하면서 어찌하여 억지로 이방인을 유대인답게 살게 하려느냐 하였노라

바울은 14절에서 베드로에게 이렇게 묻습니다. "네가 유대인으로서 이방인을 따르고 유대인답게 살지 아니하면서 어찌하여 억지로 이방인을 유대인답게 살게 하려느냐?" 이때 베드로가 만약 "억지로라니. 나는 그들에게 유대인처럼 살아야 한다고 말한 적이 없다네."라고 대답했다면 바울은 이렇게 말했을 것입니다. "너

의 행동이 네 말보다 더 큰소리로 말한다. 네가 사도로서 이방인 형제 자매들이 음식 규례를 지키지 않는다는 이유로 그들과 식탁 교제를 하지 않고, 바나바와 다른 모든 유대인들도 너와 같이 한다면, 이방인들은 자신들이 유대인이 되지 않으면 온전한 그리스도인이 될 수 없다고 생각할 것이다. 따라서 그것은 강요나 다름없는 것이다." 누군가에게 하나님과 교회의 인정을 받기 위한 율법의 행위들을 요구하는 것이 율법주의입니다. 그리고 율법주의는 복음에 부합하지 않습니다. 2장 21절을 주목하십시오. "내가 하나님의 은혜를 폐하지 아니하노니 만일 의롭게 되는 것이 율법으로 말미암으면 그리스도께서 헛되이 죽으셨느니라."

만일 디도가 예루살렘에서 받아들여지기 위해 할례를 받아야 했다면, 또는 안디옥의 이방인 그리스도인들이 그리스도의 몸 안에서 온전한 교제를 누리기 위해 유대인의 음식 규례를 지켜야 했다면, 은혜는 무효가 되고 그리스도는 헛되이 죽으신 것입니다.

그럼 이제 세 가지를 권고하면서 메시지를 마치겠습니다.

① 그리스도의 위대한 복음을 믿고 사람을 두려워하지 마십시오.

② 그리스도의 위대한 복음을 믿고 위선적으로 행동하지 마십시오. 성경의 원칙들을 지키고 그 결과를 기꺼이 감수하십시오. 복음 안에 큰 평안과 안정이 있습니다.

③ 그리스도의 위대한 복음을 믿고 하나님의 은혜를 폐하지 마십시오. "너희는 그 은혜에 의하여 믿음으로 말미암아 구원을 받았으니 이것은 너희에게서 난 것이 아니요 하나님의 선물이라 행위에서 난 것이 아니니 이는 누구든지 자랑하지 못하게 함이라"(엡 2:8-9).

여러분이 하는 모든 일들 속에서 인간적 성취보다 하나님의 주권적이고 값없는 은혜를 드러내는 것을 목표로 삼으십시오. 그러면 여러분은 복음의 진리를 따라 살아가게 될 것입니다.

6장
내가 하나님의 은혜를 폐하지 아니하노니

갈라디아서 2:15-21

[15] 우리는 본래 유대인이요 이방 죄인이 아니로되 [16] 사람이 의롭게 되는 것은 율법의 행위로 말미암음이 아니요 오직 예수 그리스도를 믿음으로 말미암는 줄 알므로 우리도 그리스도 예수를 믿나니 이는 우리가 율법의 행위로써가 아니고 그리스도를 믿음으로써 의롭다 함을 얻으려 함이라 율법의 행위로써는 의롭다 함을 얻을 육체가 없느니라 [17] 만일 우리가 그리스도 안에서 의롭게 되려 하다가 죄인으로 드러나면 그리스도께서 죄를 짓게 하는 자냐 결코 그럴 수 없느니라 [18] 만일 내가 헐었던 것을 다시 세우면 내가 나를 범법한 자로 만드는 것이라 [19] 내가 율법으로 말미암아 율법에 대하여 죽었나니 이는 하나님에 대하여 살려 함이라 [20] 내가 그리스도와 함께 십자가에 못 박혔나니 그런즉 이제는 내가 사는 것이 아니요 오직 내 안에 그리스도께서 사시는 것이라 이제 내가 육체 가운데 사는 것은 나를 사랑하사 나를 위하여 자기 자신을 버리신 하나님의 아들을 믿는 믿음 안에서 사는 것이라 [21] 내가 하나님의 은혜를 폐하지 아니하노니 만일 의롭게 되는 것이 율법으로 말미암으면 그리스도께서 헛되이 죽으셨느니라

베드로와 바나바와 다른 유대인들이 안디옥에서 이방인들과 식사 교제를 하다가 야고보에게서 온 유대인들을 두려워하며 물러났습니다. 유대인의 음식 규례를 지키지 않는다는 비난을 두려워한 것입니다. 그러자 바울이 베드로를 공개적으로 책망했습니다. 베드로의 행위는 이방인들에게 하나님과 교회에게 온전히 받아들여지기 위해 유대인의 법을 지키도록 강요하는 것이나 마찬가지라고 말해주었습니다. 그것은 복음에 합당한 행동이 아니었고 베드로 자신의 깊은 확신과도 일치하지 않는 것이었습니다.

공통된 신학과 믿음

갈라디아서 2장 15-16절

[15]우리는 본래 유대인이요 이방 죄인이 아니로되 [16]사람이 의롭게 되는 것은 율법의 행위로 말미암음이 아니요 오직 예수 그리스도를 믿음으로 말미암는 줄 알므로 우리도 그리스도 예수를 믿나니 이는 우리가 율법의 행위로써가 아니고 그리스도를 믿음으로써 의롭다 함을 얻으려 함이라 율법의 행위로써는 의롭다 함을 얻을 육체가 없느니라

15절과 16절에서 바울은 계속해서 베드로와 변론을 합니다. 바울은 베드로가 식사 자리에서 물러나는 행위를 통해 이방인들(또는 유대인들)이 그리스도와 온전한 교제를 나누려면 음식 규례를 지켜야 한다는 메시지를 실질적으로 전한 것은 그의 신학과 모순이라고 말합니다. "우리는 본래 유대인이요 이방 죄인이 아니로되 사람이 의롭게 되는 것은 율법의 행위로 말미암음이 아니요 오직 예수 그리스도를 믿음으로 말미암는 줄 알므로…" 바울은 베드로에게 이렇게 말하는 셈입니다. "베드로 사도여, 당신과 나는 둘 다 우리가 하나님을 위해 어떤 일을 행함으로써 의롭다 함을 받는 것이 아니라, 우리

를 대가 없이 의롭다 해주시는 그리스도를 믿을 때 의롭게 된다는 것을 알고 동의합니다. 그러니 마치 이방인들이 하나님과 올바른 관계를 맺으려면 하나님을 위해 어떤 일을 해야 하는 것처럼 행동하지 마십시오."

17절까지 읽게 되면, 16절에서 별로 중요하지 않던 점이 매우 중요해질 것입니다. 15절에서는 "죄인"이라는 단어가 한정된 의미로 사용됩니다. 바울의 말은 유대인들은 죄인이 아니고 이방인들만 죄인이라는 뜻이 아닙니다. 바울은 유대인인 자신과 베드로는 유대인의 음식 규례를 노골적이고 지속적으로 위반하는 죄를 범하지 않았다고 말하고 있는 것입니다. 반면에 이방인들은 유대인의 엄격한 율법적 요구들을 알지도 못했고 지키지도 않았다는 점에서 모두 자동적으로 "죄인"의 범주에 들어갔습니다. 17절에서는 "죄인"이라는 용어가 (눅 7:34, 37; 15:1, 2; 24:7; 막 14:41에서와 같이) 실제로 잘못을 범한 사람들을 가리키지 않는다는 걸 기억하는 것이

> **갈라디아서 2장 17절**
>
> 17 만일 우리가 그리스도 안에서 의롭게 되려 하다가 죄인으로 드러나면 그리스도께서 죄를 짓게 하는 자냐 결코 그럴 수 없느니라

매우 중요합니다. 유대인의 율법 중 많은 것들이 더 이상 시행되고 있지 않기 때문입니다. 따라서 바울이 16절의 첫부분에서 말하는 것은 자신과 베드로가 율법을 무시하는 이방인이 아니라 율법을 지키는 유대인으로 자랐지만, 지금은 자신과 베드로 둘 다 아무도 율법을 지키는 노력에 근거하여 하나님 앞에 설 수 없다는 걸 "알게" 되었다는 것입니다. 반대로, 하나님이 자신의 아들을 보내셔서 갈보리에서 우리의 죄를 위해 죽게 하심으로 우리가 의롭다 함을 받게 하셨습니다. 16절 상반절에 따르면, 그것이 베드로와 바울의 공통된 신학입니다.

16절의 나머지 부분은 베드로와 바울이 신학뿐 아니라 믿음도 같다는 걸 보여줍니다. "…우리도 그리스도 예수를 믿나니 이는 우리가 율법의 행위로써가 아니고 그리스도를 믿음으로써 의롭다 함을 얻으려 함이라 율법의 행위로써는 의롭다 함을 얻을 육체가 없느니라." 핵심은 이것입니다. 비록 우리가(베드로와 바울) 이방 "죄인"이 아니라 본래 율법을 지키는 유대인이지만, 그럼에도 우리 둘 다 예수 그리스도께 일생을 걸게 되었다. 우리는 그분을 믿었다. 스스로 천국에 가려고 하면 실패한다는 것을 우리의 삶이 증거한다. "율법의 행위로써는 의롭다 함을 얻을 육체가 없느니라."

우리는 자신에게 소망을 두지 않게 되었습니다. 우리 안에서 칭의의 근거를 찾지 않습니다. 하나님이 그리스도 안에서 모든 것을 이루셨습니다. 그리고 우리는 그것을 믿습니다. 우리는 자신을 신뢰하지 않습니다. 우리는 자신의 행위 대신 그리스도를 신뢰합니다. 그러므로 16절에 함축된 의미는 다음과 같습니다.

"베드로 사도여, 우리는 이 영광스러운 신학을 갖고 있고 믿음으로 그것을 고백하니, 이방인들에게 유대인처럼 살라고 강요해선 안 되오. 음식 규례를 지키는 행위로 자신을 하나님 앞에서 더 가치 있는 존재로 내세울 수 있는 것처럼 행동해서는 안 되오."

그리스도께서 죄를 짓게 하는 자냐

이제 17절에서 우리는 유대주의자들, 즉 야고보에게서 온 이들(12절)의 주장을 반복해서 들을 수 있습니다. 그들은 아마 이렇게 말했을 것입니다. "당신은 유대인으로 하여금 하나님의 율법(예를 들면, 베드로가 이방인 들과 함께 음식을 먹을 때 무시했던 율법들)을 무시하고 이방 죄인들처럼 행동하 도록 부추기고 있군요. 그것은 그리스도를 죄를 짓게 하는 자로 만드 는 잘못을 범하는 것이오."

바울은 17절에서 이렇게 대답합니다. "만일 우리가 그리스도 안에 서 의롭게 되려 하다가 죄인으로 드러나면 그리스도께서 죄를 짓게 하 는 자냐 결코 그럴 수 없느니라."

여기서 바울이 무엇을 인정하고 무엇을 부인하는지 아는 것이 중요 합니다. 첫째, 바울은 자신과 베드로 등 유대인 그리스도인들이 율법 의 행위 안에서가 아니라 오직 그리스도 안에서 의롭다 함을 받으려 한다는 걸 인정합니다. 둘째, 그 와중에 그들이 "죄인"으로 드러나는 걸 인정합니다. 여기서 우리는 15절에 나오는 "죄인"의 제한된 의미 를 기억해야 합니다. 바울은 어떤 유대인이 의롭다 함을 받기 위해 그 리스도를 신뢰할 때, 그는 유대인의 전례 규정에서 자유로우며, 이방 인 형제자매들과 함께 먹기 위해 음식 규례를 무시할 수 있다고 말합 니다. 그러나 그렇게 사는 사람들은 유대주의자들로부터 "죄인"이라 불립니다. 바울은 그러한 제한된 의미로 그 용어를 받아들이는 것입니 다. 물론 우리도 이런 의미에서 "죄인"입니다. 그것이 그가 인정하는 것입니다.

그러나 이것이 그리스도를 죄짓게 하는 자로 만든다는 것은 단호히 부인합니다. 왜일까요? 앞에서 말한 의미에서의 "죄인"이 되는 것은 실제적인 죄와는 무관하기 때문입니다. 이방 그리스도인들에게 사랑 으로 행하기 위해 유대인의 전례 규정을 지키지 않는 것은 죄가 아닙니다. 행위에 의존하지 않는 것은 죄가 아닙니다.

따라서 그리스도는 죄를 짓게 하는 분이 아닙니다. 이것이 유대주의
자들에 대한 바울의 대답입니다. 그리스도는 우리를 율법의 행위에서
자유롭게 해주십니다. 그러나 그로 인해 그분이 죄를 짓게 하는 분이
되는 것은 아닙니다.

바울이 헐었던 것

갈라디아서 2장 18절

¹⁸만일 내가 헐었던 것을 다시 세
우면 내가 나를 범법한 자로 만
드는 것이라

18-20절에서 바울은 자신의 대답에 대해
부연 설명합니다. 18절은 헬라어로 "왜냐
하면"이라는 말로 시작됩니다(RSV는 "그러

나", NIV는 생략됨, NASB와 KJV는 "왜냐하면"으로 번역함). 바울은 그리스도께서 우
리를 율법의 행위에서 자유하게 해주시는 것이 우리로 죄를 짓게 하는
것이 아닌 이유를 설명합니다. "(왜냐하면) 만일 내가 헐었던 것을 다시
세우면 내가 나를 범법한 자로 만드는 것이(기 때문이)라"(18절). 바울이
헐었던 것이란 무엇을 말합니까? 바울은 그리스도 안에서 의롭다 함
을 받기 위한 수단으로서의 율법을 헐었습니다. 그러나 모세의 율법은
결코 행위로 의롭다 함을 받는다고 가르치지 않았습니다. 바울이 헐은
것은 모세가 가르쳤던 율법이 아니라, 바리새인들 다수가 사용했던 율
법이었습니다.

그림을 그려보는 것이 약간의 도움이 될 것입니다. 하나님은 본래
이스라엘을 순종으로 이끌기 위한 철로로서 율법을 주셨습니다. 그 철
로길을 따라 사람을 이끌어 가는 기관차는 하나님의 은혜요 성령의 능

력이었습니다. 그리고 기관차와 객차(우리)를 연결하는 연결고리는 믿음이었습니다. 신약성경과 마찬가지로 구약성경에서도 구원은 은혜로 주어지며, 믿음으로 말미암으며, 순종(또는 성화)의 길을 따라 이루어졌습니다.

그러나 이 구원의 길은 인간의 교만한 자아에게는 매우 모욕적입니다. 우리 스스로 할 수 있는 것은 아무것도 없고, 하나님이 우리를 위해 모든 것을 다 하셔야 하기 때문입니다. 그래서 이 길은 별로 인기가 없었습니다. 바리새인들 및 그들과 함께한 다른 많은 유대인들은 (오늘날의 많은 사람들과 마찬가지로) 그 철로를 수직으로 들어 올려 하늘 문에 기대어 놓으려고 했습니다. 그것을 위로 올라가는 사다리로 만들어 버린 것입니다. 이것이 율법주의의 본질입니다. 율법을 천국에 들어갈 도덕적 자격을 입증하는 긴 목록으로 만드는 것입니다. 철로가 땅 위에 있을 때는 레일 아래에서 의식 규정의 철사들을 몇 개 빼내어도 철로가 망가지지 않습니다. 그러나 사다리 역할을 할 땐 모든 가로대 하나하나가 다 중요합니다. 하나라도 없으면 다음 계단에 오르지 못할 테니 말입니다.

바울이 허문 것은 바로 이 사다리입니다. 그는 율법주의적인 율법의 오용을 허물었습니다. 그리고 "만일 내가 헐었던 것을 다시 세우면 내가 나를 범법한 자로 만드는 것이라"(18절)라고 말합니다. 당신이 율법을 천국에 올라가는 사다리로 세우고, 그것으로 당신이 구원받을 도덕적 자격이 있음을 증명하려 할 때, 그것은 하나님의 법을 어기는 것입니다.

그러므로 17절과 18절을 연결하면 이와 같습니다. 그리스도께서 우리가 의롭다 함을 받기 위해 우리 자신의 율법적인 노력을 신뢰하는 대신 그분을 신뢰하도록 이끄실 때, 그분은 죄를 짓게 만드시는 것이 아닙니다. 어떤 사람을 진짜 범법자로 만드는 것은 의식에 관한 규정을 무시하는 것이 아니라 하나님의 법을 추잡하게 이용하는 것입니다. 하나님의 율법을 은혜의 철로가 아닌 행위의 사다리로 만드는 것입니다. 당신이 스스로 도덕의 사다리를 올라 그의 은총에 도달할 수 있을 거라고 주제넘게 생각하는 것은 하나님을 거스르는 범법입니다.

갈라디아서 2장 19절

¹⁹ 내가 율법으로 말미암아 율법에 대하여 죽었나니 이는 하나님에 대하여 살려 함이라

19절은 추가로 18절을 뒷받침합니다. "내가 율법으로 말미암아 율법에 대하여 죽었나니 이는 하나님에 대하여 살려 함이라." 하나님에 대하여 살기 위해 율법에 대하여 죽어야 한다면, 율법을 다시 세우는 것은 분명 죄를 범하는 것입니다. 이것이 18절과 19절의 연결고리입니다. 19절은 율법의 행위를 의지하여 하나님께 나아가는 자는 하나님과 친밀한 관계를 가질 수 없다고 말합니다. 행위를 통해 하나님께 가까이 다가가려는 자는 하나님에게서 더 멀어질 것입니다. 신앙에는 두 가지 가능성이 있습니다. 하나는 당신의 능력, 하나님의 요구, 율법의 사다리이고, 다른 하나는 당신의 무능력, 하나님의 요구, 그리고 믿음으로 의롭다 함을 받는 값없는 선물입니다. 바울은 율법에 대한 오랜 경험을 통해, 하나님과 친밀한 교제 가운데 살고 그분의 능력을 소유하려면 율법주의를 버리고 율법에 대하여 죽어야 한다는 걸 배웠습니다. 사다리를 오를 수 있는 능력을 자랑하기 좋아하는 옛 자아는 죽어야 합니다.

율법에 대해 죽은 후의 삶

20절은 율법에 대해 죽고 하나님에 대하여 사는 것이 어떤 경험인지 설명합니다. "내가 그리스도와 함께 십자가에 못 박혔나니 그런즉 이제는 내가 사는 것이 아니요 오직 내 안에 그리스도께서 사시는 것이라 이제 내가 육체 가운데 사는 것은 나

갈라디아서 2장 20절

20 내가 그리스도와 함께 십자가에 못 박혔나니 그런즉 이제는 내가 사는 것이 아니요 오직 내 안에 그리스도께서 사시는 것이라 이제 내가 육체 가운데 사는 것은 나를 사랑하사 나를 위하여 자기 자신을 버리신 하나님의 아들을 믿는 믿음 안에서 사는 것이라

를 사랑하사 나를 위하여 자기 자신을 버리신 하나님의 아들을 믿는 믿음 안에서 사는 것이라." 그리스도와 함께 십자가에 못 박힌다는 것은 무엇을 의미합니까? 제가 생각하기에 그 의미는 이렇습니다. 첫째, 영광스럽고 순결하고 사랑이 많으신 하나님의 아들께서 나의 죄를 위해 끔찍한 죽음을 당하신 사실에서 나의 절망적인 상태가 가장 철저히 드러납니다. 예수님이 십자가에 못 박히신 사건은 나의 극악한 본성을 공개적으로 드러냅니다. 둘째, 그것을 보고 그분이 정말로 나를 위해 죽으셨다고 믿을 때, 도덕과 지성과 아름다움과 용기의 사다리를 오르면서 자신의 능력을 드러내기 좋아하던 나의 교만한 옛 자아가 죽는 것입니다. 자기 의존과 자기 확신은 십자가 밑에서 살 수 없습니다. 그러므로 그리스도께서 죽으실 때 나도 죽은 것입니다.

그러면 무엇이 남습니까? 20절은 그것을 두 가지로 표현합니다. 첫째, 내 안에 그리스도께서 사십니다. 그리스도께서 남았습니다. 그분은 죽음에서 부활하셨고, 교만한 삶과 자기 주도의 삶이 사라진 자리를 차지하셨습니다. 위대하고 놀라운 복음의 비밀은 "너희 안에 계신 그

리스도시니 곧 영광의 소망"입니다(골 1:27). 형제자매들이여, 이것이 회심입니다. 그리스도인은 성경의 가르침들을 단지 머리로 믿는 사람이 아닙니다. 사탄도 성경의 가르침들을 머리로 믿습니다! 그리스도인은 그리스도와 함께 죽었고, 뻣뻣한 목이 꺾였으며, 뻔뻔한 이마가 산산조각 났고, 돌 같은 마음이 깨졌고, 교만이 말살되었고, 이제는 예수 그리스도께서 그 삶을 주관하시는 사람입니다. "이제는 내가 사는 것이 아니요 오직 내 안에 그리스도께서 사시는 것이라!"

20절은 그것을 또 다르게 표현합니다. "이제 내가 육체 가운데 사는 것은 나를 사랑하사 나를 위하여 자기 자신을 버리신 하나님의 아들을 믿는 믿음 안에서 사는 것이라." 이제 새로운 "나"가 존재합니다. 내가 여전히 살아 있는 것입니다. 그러나 그것은 더 이상 자신을 믿거나 자기 주도하에 살거나 자기를 높이려 하는 "나"가 아닙니다. 이 새로운 "나"는 자아에서 눈을 돌려 하나님의 아들을 의지합니다. 그분의 사랑과 능력은 갈보리에서 입증되었습니다. 아침에 일어날 때부터 밤에 잠에 들 때까지 이 새로운 믿음의 "나"는 자신에게 실망하고 그리스도를 바라보며, 그분에게서 보호, 동기 부여, 용기, 인도하심, 기쁨, 평안, 의를 얻습니다. 얼마나 훌륭한 생명의 길입니까!

유대주의자들은 바울이 율법의 사다리를 허무는 것을 보고 그리스도를 죄짓게 하는 자로 만든다고 비난하였습니다. 이에 대해 바울은 이렇게 대답합니다. "그리스도의 명예를 그렇게나 걱정하는 너희는 율법을 의롭다 함을 받기 위한 사다리로 이용함으로써 그분의 십자가를 어떻게 만들고 있는가?" "만일 의롭게 되는 것이 율법으로 말미암으면 그리스도께서 헛되이 죽으셨느니라"(21절). "내가 그리스도를 죄

짓게 하는 자로 만드는 것이 아니라, 너희가 그분을 어리석은 자로 만드는 것이다. 나는 예수님의 십자가 아래 있다. 나는 하나님의 은혜를 폐하지 않는다."

7장
성령으로 시작하였다가 육체로 마칠 수 있는가

갈라디아서 3:1-5

[1]어리석도다 갈라디아 사람들아 예수 그리스도께서 십자가에 못 박히신 것이 너희 눈 앞에 밝히 보이거늘 누가 너희를 꾀더냐 [2]내가 너희에게서 다만 이것을 알려 하노니 너희가 성령을 받은 것이 율법의 행위로냐 혹은 듣고 믿음으로냐 [3]너희가 이같이 어리석으냐 성령으로 시작하였다가 이제는 육체로 마치겠느냐 [4]너희가 이같이 많은 괴로움을 헛되이 받았느냐 과연 헛되냐 [5]너희에게 성령을 주시고 너희 가운데서 능력을 행하시는 이의 일이 율법의 행위에서냐 혹은 듣고 믿음에서냐

우리는 갈라디아서 1장과 2장에서 적어도 네 가지를 배웠습니다. 갈라디아서의 본론에 들어가기 전에 그것을 마음에 잘 새겨둘 필요가 있습니다. (1) 갈라디아 교회에는 거짓 교사들이 있는데, 바울은 이들이 다른 복음을 전하고 있다고 말합니다(1:6). 그것은 결코 복음이 아닙니다. (2) 바울의 반대자들은 바울의 사도권을 부정함으로써 그가 전하는 메시지를 믿지 못하게 합니다. 그들은 바울의 복음과 사도직이 간

접적인 것이며, 진정한 권위자들은 예루살렘의 사도들이라고 말합니다. (3) 바울은 자신이 직접 경험한 사건들을 말함으로써 그의 복음과 권위가 단지 사람에게서 온 것이 아니라 예수 그리스도의 계시에서 왔다는 것을 확고히 합니다. 뿐만 아니라 바울과 예루살렘 사도들이 서로 독립적이지만, 그들의 신학과 신앙에는 깊은 통일성이 있음을 보입니다. (4) 바울이 자신의 권위와 복음을 변호하는 모습은 갈라디아 교회들을 위협하고 있던 거짓 교훈이 무엇이었는지를 보여줍니다. 자신들이 야고보와 한편이라고 주장하는 자칭 그리스도인 유대주의자들(2:12)은 단지 그리스도를 믿는 것만으로는 의롭게 될 수 없다고 가르치고 있었던 것으로 보입니다. 그들은 믿음에만 의존하는 사람들은 "이방 죄인"이 되며 그것은 그리스도를 죄짓게 하는 자로 만드는 것이라고(2:17) 말했습니다.

유대주의자들은 믿음이 "율법의 행위"에 의해 보완되어야 한다고 말합니다. 그리스도께서 우리를 위해 하신 일을 믿는 것만으로는 부족하며 우리가 그리스도를 위해 무언가를 해야 한다는 것입니다. 하나님의 일에 자신의 일을 더하여야 비로소 의롭다 함을 받게 된다고 합니다. 따라서 그들은 할례(2:3), 음식 규례(2:12-13), 절기와 성일을 지킬 것(4:10) 등을 요구했고, 적어도 그런 행위들이 갈라디아인들의 칭의에 기여할 수 있다고 생각했습니다.

그러나 바울의 말에 따르면, 이렇게 믿음과 행위의 혼합을 믿는 것은 하나님의 은혜를 폐하는 것이며(2:21), 복음의 진리를 따라 바르게 행하지 않는 것이며(2:14), 십자가의 걸림돌을 제거하는 것입니다(5:11). 그런 거짓 주장은 비록 진리와 큰 차이 없는 것 같고 사도들과도 관련이 있는 것 같더라도, 실은 그것은 완전히 다른 복음이며, 결코 복음이 아닙니다(1:7). 그리고 그것을 따르는 자들은 저주를 받고 그리스도로부터 멀어질 것입니다(1:8-9).

드라이버샷을 어떻게 치는지가 중요한 게 아니라 홀에 어떻게 도착하는지가 중요하다

갈라디아서 3장 1-5절에서, 우리는 이 문제의 중요성과 적실성이 참으로 크다는 것을 보게 됩니다. 이 본문에서, 우리는 유대주의자들의 이단 사상이 우리에게 미치는 영향의 범위를 봅니다. 이것은 그리스도인으로서의 삶의 시작과 관련될 뿐 아니라, 그리스도인으로서의 삶을 지속적으로 영위해 나가는 것과 관련되어 있음을 분명히 알 수 있습니다. "그래. 나는 오직 믿음으로 그리스도인으로서의 삶을 시작했어. 그러니 나에게는 갈라디아서의 경고가 더 이상 적용되지 않아"라고 말하는 사람은 갈라디아서 3장 1-5절을 오해한 것입니다. 아버지께서는 제가 골프장의 첫 번째 티에서 아버지보다 50야드를 더 멀리 치면 늘 이렇게 말씀하시곤 했습니다. "드라이버샷을 어떻게 치느냐가 중요한 게 아니라, 홀에 어떻게 도착하느냐가 중요한 것이란다." 그 말이 옳았습니다.

바울은 2장 11절과 14절 이하에서 베드로를 책망했던 것처럼 갈라디아인들을 정면으로 대면하여 그들의 어리석고 일관성 없는 행동을 지적합니다(3:1-5). 그들은 유대주의자들에게 속아 넘어가기 시작했습니다. 그래서 바울은 그들의 행동이 그리스도의 십자가와 모순되며 그들의 삶 속에서 역사하시는 성령의 사역과도 모순된다는 것을 알려줍니다. 그가 어떻게 논지를 전개하는지 살펴봅시다. 미리 요점을 알고 싶으면 5장 5절을 보시면 됩니다. 갈라디아서 3장 1-5절에서는 곧바로 요점을 이야기하지 않고 수사적인 질문들을 던집니다. 그러나 5장 5절은 "우리가 성령으로 믿음을 따라 의의 소망을 기다리노니"라고 요점을 분명히 말합니다. 모든 그리스도인의 소망과 확신은 세상 끝날에 우주의 심판자 앞에서 "의롭다"는 판결을 듣는 것입니다. 그리고 이 구절의 핵심은 그런 판결을 듣는 유일한 길은 육체가 아니라 성령으로, 그리고 행위가 아니라 믿음을 따라 의의 소망을 기다리는 것임을 말해줍니다. 그것이 3장 1-5절의 요점이고, 사실상 갈라디아서 전체의 요점입니다. 그러므로 3장 1-5절의 말씀을 주의 깊게 들읍시다. 육신으로 행위를 따라 살지 않고 성령으로 믿음을 따라 사는 법을 주님께 배웁시다. 로마서 8장 13절에서 말하듯이 "육신대로 살면 반드시 죽을 것"이기 때문입니다.

어리석은 갈라디아인들

바울은 두 번이나 갈라디아인들을 어리석다고 말합니다. "어리석도다 갈라디아 사람들아"(1절), "너희가 이같이 어리석으냐"(3절). 1절의 나머지 문장은 그가 어떤 의미로 어리석다고 말하는지 설명해줍니다. "누가 너희를 꾀더냐?" 그들이 마치 누군가에게 홀린 것처럼 행동하고 있다는 뜻입니다. 최면에 걸린 것처럼 그들은 비이성적이었고, 현실과 동떨어져 있었으며, 정신적으로 무언가에 도취되어 있었습니다.

이 말씀에 담긴 두 가지 작은 의미들을 끌어내보겠습니다. 첫째, 이들은 그리스도라는 현실을 고려하지 않고 꿈 속에 빠져 있었습니다. 진짜 비현실적인 이야기는 성육신, 죽음, 부활이 아니라 신이 없다는 환상입니다. 가장 심각하게 홀린 사람들은 마귀의 존재를 믿지 않는 사람들입니다. 세상에서 가장 혼미한 상태는 세속주의라는 마취제 때문에 발생합니다. 그리스도께서 실제로 계신다면 그분을 따르는 자들은 결코 어리석은 자들이 아닙니다.

둘째, 갈라디아인들이 비록 넋이 나가고, 비이성적이고, 현실과 동떨어져 있었어도, 바울은 마법을 풀기 위해 여전히 매우 합리적이고 논리적인 편지를 씁니다. 어떤 사람들은 이렇게 말합니다. "사람들이 죄로 죽고(엡 2:1) 이 세상의 신에 의해 마음이 혼미해지면(고후 4:4) 그들에게 논리적으로 설명해봐야 소용없다. 오직 성령만이 그들의 눈을 뜨게 하실 수 있다." 갈라디아인들은 꾐을 당하고 있다고 표현될 정도로 착각에 빠져 있었습니다. 그러나 바울은 여섯 장에 걸쳐 그들을 설득하고 있습니다. 그 이유는 성령님이 아무것도 없이 역사하시지 않기 때문입니다. 성령님은 말씀을 사용하셔서 혼란과 불신의 마법을 푸십니다. 당신의 지인들이 무분별하다고 해서 복음의 부요함을 전하는 일을 멈추지 마십시오. 하나님은 그들이 회개하고 진리를 알게 하셔서 마귀의 올무에서 벗어나게 해주실 것입니다(딤후 2:25-26).

그리스도의 사역을 부정함

3장 1-5절에서 바울은 갈라디아인의 행동이 어리석은 이유 두 가지를 보여주고 있습니다. 먼저 그들은 그리스도의 십자가 사역을 부정하고 있으며 나아가 그들의 삶 속에서 역사하는 성령의 사역을 부정하고 있

갈라디아서 3장 1절

¹어리석도다 갈라디아 사람들아 예수 그리스도께서 십자가에 못 박히신 것이 너희 눈 앞에 밝히 보이거늘 누가 너희를 꾀더냐

었습니다. 1절은 이렇게 말합니다. "어리석도다 갈라디아 사람들아 예수 그리스도께서 십자가에 못 박히신 것이 너희 눈 앞에 밝히 보이거늘 누가 너희를 꾀더냐."

복음 안에서 그리스도께서 십자가에 못 박히신 것을 본 사람이 율법주의에 빠진다는 것은 바울에게 믿기지 않는 일이었습니다. 우리의 죄때문에 그리스도께서 죽으셨다는 사실은 우리가 정말 가망 없이 잃어버려진 자들이며, 스스로는 자신의 구원에 아무런 기여를 할 수 없다는 것을 보여줍니다. 십자가가 사람들에게 걸림돌이 되는 이유가 무엇입니까? 십자가의 복음은 우리 자신을 무력한 존재로(롬 5:6) 드러냅니다. 스스로의 힘으로는 칭의나 성화를 증진시킬 수 없다는 것입니다. 바울은 5장 11절에서 "내가 지금까지 할례를 전한다면…십자가의 걸림돌이 제거되었으리니"라고 말합니다. 우리가 할례를 받거나 다른 어떤 행위(십일조 헌금, 교회 출석, 주일학교 교사로 봉사하기)를 함으로써 그리스도의 일에 보탬이 될 수 있다고 믿는다면, 우리는 미혹을 당한 것이고 복음을 이해하지 못한 것입니다.

우리의 죄를 위한 그리스도의 죽음은, 우리가 얼마나 절망적인 상태에 놓여 있는지를 보여줄 뿐 아니라, 하나님이 우리 죄를 위해 그리스도 안에서 이루신 대속이 얼마나 충분한지 보여줍니다. 그리스도의 죽음은 우리의 교만한 자아의 사망을 알리는 사건일 뿐 아니라, 우리의 소망을 알리는 여명이기도 합니다. 우리 죄를 대속하기 위해 하나

님의 아들께서 죽으셔야 했다는 사실만 생각하면 우리는 영원히 입을 다물고 생을 끝내야 마땅합니다. 그러나 바로 그 하나님의 아들께서 나를 사랑하여 나를 위해 자신을 주셨다는 사실(2:20)은 믿음과 소망의 새 생명을 깨웁니다. 십자가는 독립적이고, 자신을 의지하며, 반항하는 나를 죽이고 그리스도의 풍성함 안에서 오직 믿음으로 살며 자신에게 어떤 능력이나 미덕도 기대하지 않는 새로운 나를 깨웁니다. 그러므로 갈라디아인들이 유대주의자들을 따르고, 율법을 하늘로 올라가는 사다리로 세우며, 그것으로 우리의 의지나 노력의 힘을 증명하려 할 때, 그들은 하나님의 은혜를 폐하는 것입니다(2:21). 그것은 십자가의 걸림돌을 제거하는(5:11) 행위입니다. 그것은 우리의 미혹됨과 어리석음을 드러냅니다(3:1, 3). 그래서 바울은 갈라디아인들의 행동을 보고 어리석다고 말한 것입니다. 그들의 행동이 그리스도의 십자가 사역을 부정하기 때문입니다.

성령의 사역을 부정함

바울이 갈라디아인들에게 어리석다고 한 두 번째 이유는, 그들의 행동이 그들의 삶 속에서 역사하는 성령의 사역을 부정하기 때문입니다. 여러분 중 몇 분이 갈라디아서 2장 20절의 실천적 의미에 대해 더 배우고자 하는 특별한 관심을 표했습니다. "이제는 내가 사는 것이 아니요 오직 내 안에 그리스도께서 사시는 것이라 이제 내가 육체 가운데 사는 것은 나를 사랑하사 나를 위하여 자기 자신을 버리신 하나님의 아들을 믿는 믿음 안에서 사는 것이라"(2:20b). 제 생각에 3장 2-5절은 이 구절에 대한 해설입니다. 다만 바울은 우리 안에 계신 그리스도에 대해 말하는 대신 성령에 대해 말합니다. 4장 6절은 하나님이 그 아들

갈라디아서 3장 2-3절

²내가 너희에게서 다만 이것을 알려 하노니 너희가 성령을 받은 것이 율법의 행위로냐 혹은 듣고 믿음으로냐 ³너희가 이같이 어리 석으냐 성령으로 시작하였다가 이제는 육체로 마치겠느냐

의 영을 보내신다고 말하므로 갈 2:20과 갈 3:2-3은 같은 경험을 말하고 있는 것입니다. 그리스도와 성령은 하나입니다. 그리스도는 그의 성령 안에서 우리에게 오십니다. 그러므로 3장 2-5절을 보는 것과 같은 관점으로 2장 20절을 보십시오.

바울은 갈라디아 사람들의 행동이 어떻게 성령의 사역을 부정하는 지를 보입니다. 먼저 그들이 그리스도인으로서의 삶을 처음 시작할 때 어떻게 성령을 받았는지를 일깨워줍니다. 2절을 봅시다. "내가 너희에 게서 다만 이것을 알려 하노니 너희가 성령을 받은 것이 율법의 행위로냐 혹은 듣고 믿음으로냐." 이 구절은 세 가지 질문을 제기합니다. (1) 그리스도인이 되는 것과 성령을 받는 것은 어떤 관계가 있는가? (2) 성령이 당신의 삶 속에 계신다는 증거는 무엇인가? (3) 당신은 어떻게 성령을 받는가?

그리스도인이 되는 것과 성령을 받는 것

첫 번째 질문에 대한 답은 이러합니다. 그리스도인이 되는 것은 곧 그리스도의 영을 받는 것을 의미합니다. 바울은 이 구절에서 모든 그리스도인들이 성령을 받았다고 가정합니다. 성령을 받는 것은 그리스도인이 된 후 나중에 일어나는 일이 아닙니다. 로마서 8장 9절은 이것을 매우 명확히 밝힙니다. "누구든지 그리스도의 영이 없으면 그리스

도의 사람이 아니라." 이것이 기독교를 단순히 신념의 변화나 하나님 앞에서의 신분의 변화에 국한해서 생각할 수 없는 이유입니다. 그리스도인이 되는 것은 그리스도의 영께서 오셔서 신자 안에 거하시며 역사하시는 것을 항상 포함합니다. 2장 20절이 말하듯, 옛 자아는 그리스도와 함께 죽고, 그 대신 부활하신 그리스도께서 살기 위해 오십니다. 그리스도인으로서 당신은 더 이상 당신의 것이 아닙니다. 그리스도께서 당신을 사셨고, 그분의 성령께서 당신을 소유하고 계십니다.

성령께서 계시는 증거

두 번째 질문입니다. 당신의 삶 속에 성령께서 계시는 증거는 무엇입니까? 신약성경은 세 가지의 증거를 가르치는데, 모두 갈라디아서에 언급되어 있습니다. 첫 번째 증거는 3장 5절에 나옵니다. "너희에게 성령을 주시고 너희 가운데서 능력을 행하시는 이의 일이 율법의 행위에서냐 혹은 듣고 믿음에

> **갈라디아서 3장 5절**
>
> 5 너희에게 성령을 주시고 너희 가운데서 능력을 행하시는 이의 일이 율법의 행위에서냐 혹은 듣고 믿음에서냐

서냐." 첫 번째 증거는 그들 가운데 계신 성령에 의해 하나님이 행하고 계셨던 기적들이었습니다. 저는 이것이 예수님이 행하신 기적과 관련이 있다고 생각합니다. 왜냐하면 마태복음 14장 2절에서 예수님의 기적들을 묘사할 때 사용된 단어와 고린도전서 12장 6절에서 기적의 은사를 묘사할 때 사용된 단어가 매우 유사하기 때문입니다. 즉, 병 고침과 귀신 쫓기, 기도를 통한 중요한 환경의 변화 같은 강력한 역사들이 갈라디아 신자들에게 성령이 부어졌다는 증거입니다. 그러나 바울은 물리적인 기적들 자체가 성령의 역사를 절대적으로 입증하는 것은 아

님을 압니다. 데살로니가후서 2장 9절에 따르면 사탄도 강력한 표적과 기적을 보여줄 수 있기 때문입니다.

따라서 그리스도인의 삶 속에 있는 성령의 두 번째 증거를 고려하는 것이 중요합니다. 그것은 하나님이 우리의 아버지시며 우리가 그분의 자녀라는 깊은 확신입니다. 갈라디아서 4장 6절은 이렇게 말합니다. "너희가 아들이므로 하나님이 그 아들의 영을 우리 마음 가운데 보내사 아빠 아버지라 부르게 하셨느니라." 당신이 심령 중심에서 하나님을 사랑의 아버지라고 부를 수 있을 때 그것이 바로 당신 안에 양자의 영이 계시다는 증거입니다. 바울은 로마서 8장 15-16절에서 그것을 이렇게 표현합니다. "양자의 영을 받았으므로 우리가 아빠 아버지라고 부르짖느니라 성령이 친히 우리의 영과 더불어 우리가 하나님의 자녀인 것을 증언하시나니." 그러므로 우리 삶 속에 성령이 계신다는 두 번째 증거는 하나님이 우리의 아버지시며 우리가 영광의 그리스도와 함께한 상속자라는 확신입니다. (또한 고린도전서 12장 3절을 참고하십시오. "성령으로 아니하고는 누구든지 예수를 주시라 할 수 없느니라.")

그러나 이러한 확신도 우리를 속일 수 있습니다. 예수님은, 스스로 그분의 제자라고 생각했으나 삶의 변화가 없는 자들에 대해 언급하시면서 그들이 천국에 들어가지 못할 것이라고 말씀하십니다(마 7:21-23). 따라서 성령의 임재를 나타내는 세 번째 증거가 추가되어야 하는데, 그것은 곧 진실한 사랑입니다. 갈라디아서 5장 22절은 "성령의 열매는 사랑"이라고 말합니다. 결국 성령을 받은 여부의 시험은 사랑의 시험입니다. 대부분의 사람들에게는 이것과 다른 증거들(데살로니가전서 1장 6절에 나오는 환난 가운데서의 기쁨, 사도행전 4장 31절에서 말하는 담대한 증거 등)이 결합하여 삶 속에 성령이 계심을 나타냅니다.

어떻게 성령을 받는가

이제 2절이 제기하는 (그리고 대답하는) 세 번째 질문은 우리가 어떻게 성령을 받느냐는 것입니다. "너희가 성령을 받은 것이 율법의 행위로냐 혹은 듣고 믿음으로냐?" 정답은 듣고 믿음으로 받는다는 것입니다. 바울은 그들에게 묻습니다. "내가 회당과 거리에서 말씀 전하던 때를 기억하느냐? 나는 구약성경으로부터 예수님이 그리스도이심을 도출해내고 있었다. 나는 모든 사람이 죄인이며, 예수님이 죄를 위해 죽었다가 다시 살아나셨기에, 누구든지 그분을 믿는 자는 용서와 소망을 가질 수 있다고 주장했다…그리고 너희는 내 메시지를 들을 때 믿음을 갖게 되었다."

여러분은 그것을 계획하지 않았고, 억지로 만들어 내지도 않았습니다. 그것은 어두운 도시에 날이 밝아오는 것처럼 여러분에게 찾아온 것입니다. 그리고 그와 함께 (먼저인지 나중인지는 분간할 수 없더라도) 성령께서 오셨습니다. 여러분은 마음속에서 "아빠! 아버지!"(갈 4:6), "예수님은 주님이다"(고전 12:3)라고 부르짖는 것을 느꼈습니다. 여러분은 아무 일도 하지 않았습니다. 그런데 여러분에게 어떤 일이 일어난 것입니다. 하나님의 말씀은 "좌우에 날선 어떤 검보다도 예리하여"(히 4:12) 여러분의 모든 방어를 뚫고 여러분의 비참하고 가련한 상태와 이에 대해 하나님이 마련하신 것을 밝히 드러냈습니다. "그리스도의 영광의 복음의 광채"가 불신의 어두움을 쫓아냈습니다. 여러분은 자신이 어린아이처럼 무력하지만 예수님의 사랑 안에서 완전히 안전하다는 걸 알았습니다. 그분은 말씀으로 당신에게 오셨습니다. 그 말씀은 믿음을 낳았고, 반항하던 옛 자아가 죽었습니다. 그리스도의 영이 당신의 마음속에 들어오셨습니다. 갈라디아인들이여, 당신들이 하나님을 위해 무언가를 행함으로써 성령을 받고 그리스도인이 된 것이 아닙니다. 하나님이 당신을 위해 무언가를 행하셨을 때 당신이 성령을 받은 것입니다. 야고보서 1장 18절은 이렇게 말합니다. "그가…자기의 뜻을 따라 진리의 말씀으로 우리를 낳으셨느니라."

그러므로 2절의 질문은 갈라디아인들의 행위가 왜 그들의 삶 속에서 역사하는 성령의 사역을 부정하는 것이 되는지 보여주는 첫 단계입니다. 바울은 그들이 그리스도인으로서의 삶을 어떻게 시작하게 되었는지를 상기시켜주었습니다.

그리고 3절은 두 번째 단계로서, 그들이 시작했던 대로 똑같이 계속 나아가야 한다고 말합니다. "너희가 이같이 어리석으냐 성령으로 시작하였다가 이제는 육체로 마치겠느냐?" 분명히 그럴 수 없다는 것입니다. 만일 당신이 그렇게 하려고 시도한다면 그리스도인으로서의 삶을 망치게 될 것입니다(롬 8:13). 그러므로 우리는 여기서 갈라디아인들이 하려고 했던 일이 무엇인지 분명히 알아야 합니다. 그래야 역병을 피하듯이 그것을 피할 수 있을 것입니다.

성령이냐 육체냐

2절과 3절 사이에 용어가 달라진 것을 주목하십시오. 2절에서는 '율법의 행위'와 '듣고 믿음'이 대조되고 있습니다. 3절에서는 '성령으로 시작하는 것'과 '육체로 마치려 하는 것'이 서로 대조됩니다. 우리는 성령에 대해 이야기해 왔습니다. 그런데 이 "육체"는 무엇입니까? 그것은 물리적인 몸을 말하는 것이 아니라, 독립성과 자기 주장을 소중히 여기는 '옛 자아'를 가리킵니다. 로마서 8장 7절은 "육신의 생각은 하나님과 원수가 되나니 이는 하나님의 법에 굴복하지 아니할 뿐 아니라 할 수도 없음이라"라고 말합니다. 육체는 자주적인autonomous (자기 스스로 자신의 주인이 되려는 자치적 경향을 의미함—편집주) 자아이며, 따라서 개인적인 자기 결정의 힘을 신봉하여 하나님의 절대적 권위에 복종하지 않고 복종할 수도 없습니다. 그러나 육체의 활동이 항상 겉모습 그 자체로 악하게 보인다고는 생각하지 마십시오. 비종교적인 형태로 나타날 때 육체는 항상 부도덕, 우상숭배, 시기, 술 취함 등으로 하나님께 복종하지 않는 정신을 과시합니다. 바울이 갈라디아서 5장 19절에서 묘사하는 육체의 일들처럼 말입니다. 그러나 육체가 종교적인 형태로 나타날 수도 있습니다. 그때, 육체의 자기 결정의 성향과 복종하지 않는 정신은 믿음으로 시작한 사람들에게 자기 행위로 성장하도록 부추기는 기독교 성장 철학의 형태로 나타날 수 있습니다.

3절을 주의 깊게 살펴봅시다. 3절은 아직 그리스도인의 삶을 시작하지 않은 사람들을 향한 말씀이 아닙니다. 얼마 전에 신앙생활을 시작해서 지금 은혜를 폐하고 멸망으로 향하는 삶을 살려고 하는 중대한 위험에 빠진 이들을 위해 쓰여진 글입니다. 이 구절의 핵심은 처음 시작했을 때와 똑같은 길로 신앙생활을 계속해 나가야 한다는 것입니다. 우리는 성령의 일로 시작했으니 계속 성령을 의지해야 합니다. 갈라디아 교회를 위협한 이단의 본질은 신앙생활의 시작은 믿음으로 하지만 그 이후의 성장은 행위로 한다는 가르침입니다. 즉 스스로의 힘에 의존하여 자신의 구원에 기여하기 위해 노력하라는 것입니다. 현대적인 이단의 한 형태는 이것입니다. "하나님은 스스로 돕는 자들을 도우신다." 당신이 그러한 철학에 기반하여 신앙의 성장을 추구한다면, 믿음이 있어야 할 곳에 행위를 두는 것입니다. 믿음은 성령께서 우리 안에서, 우리를 통해 일하시도록 자리를 내어드리는 유일한 반응입니다. 반면에 육체는 복종하기 싫어하고 스스로 결정하려 하는 자아로서, 이 자아가 종교적인 사람들 안에서는 성령을 의지하지 않고 자기 자신을 의지함으로 하나님의 말씀에 반응하려는 태도로 발휘됩니다. 이것은 매우 엄격한 도덕성을 낳을 수는 있지만, 은혜를 폐하고 십자가의 걸림돌을 제거하는 것입니다.

그리스도인이라는 본질적인 표지는 얼마나 많이 성화되었느냐가 아니라, 성화되기 위해 무엇에 의존하고 있느냐는 것입니다. 당신은 행위로 성화를 이루려 하고 있습니까? 아니면 믿음으로 성화를 이루려 하고 있습니까? (3절의 주제는 성화입니다.) 당신은 성령의 능력으로 사랑의 삶에서 성장하고 있습니까? 아니면 육체의 힘으로, 즉 당신 자신의 노력으로 사랑하려고 노력하고 있습니까?

실제적 조언

마지막으로 "내가 아니라 그리스도께서 산다"고 말할 수 있는 그리스도인의 삶을 살기 위한 저의 노력을 매우 실제적으로 이야기해보겠습니다. 육체가 아니라 성령에 의한 삶을 살기 위해, 저는 두문자어

"APTAT"를 사용합니다. 저는 이 말로 하루를 시작하고, 이 말을 따라 하루 중에 옳게 행하기 위해 노력합니다. 제가 의도적으로 이런 노력을 기울이는 이유는 그런 사고방식이 익숙해지고 자연스러워지게 함으로써, 모든 삶에 이런 식으로 접근하기 위함입니다.

"A"는 '인정하기'(Acknowledge)입니다. 저는 그리스도를 떠나서는 제가 영원한 가치를 갖는 일을 할 수 없다는 걸 먼저 인정합니다(요 15:5). 로마서 7장 18절의 바울처럼 "내 속 곧 내 육신에 선한 것이 거하지 아니하는 줄을 아노니"라고 인정합니다. 이 사실을 부인하고 싶어 했던 예전의 "나"는 그리스도와 함께 십자가에 못 박혔음을 인정합니다.

"P"는 '기도하기'(Pray)입니다. 저는 기도합니다. 데살로니가전서 3장 12절의 바울처럼 그리스도께서 저에게 사랑이 넘치게 해주시기를 기도합니다. 저의 삶 속에서 의로 말미암아 은혜가 왕 노릇하기를 기도합니다(롬 5:21). 하나님이 요구하시는 순종이 제 안에 생겨나기를 기도합니다(히 13:21; 살후 1:11).

"T"는 '신뢰하기'(Trust)입니다. 저는 신뢰합니다. 이것이 중요한 이유는 갈라디아서 3장 5절이 "너희에게 성령을 주시고 너희 가운데서 능력을 행하시는 이의 일이 율법의 행위에서냐 혹은 듣고 믿음에서냐"라고 말하기 때문입니다. 다시 말해서, 우리가 하나님의 약속을 신뢰할 때에만 우리로 마땅히 사랑할 수 있게 해주는 성령의 역사가 계속 일어나는 것입니다(갈 5:6). 따라서 저는 믿음으로 이사야 41장 10절 같은 약속을 붙잡습니다. "두려워하지 말라 내가 너와 함께 함이라 놀라지 말라 나는 네 하나님이 됨이라 내가 너를 굳세게 하리라 참으로 너를 도와 주리라 참으로 나의 의로운 오른손으로 너를 붙들리라." 제가 행동할 때 제가 아니라 제 안에 있는 그리스도의 능력이 역사할 것이며, 저는 오직 믿음으로 그분을 붙잡고 있다는 것을 신뢰합니다.

"A"는 '행동하기'(Act)입니다. 저는 하나님의 말씀에 순종하며 행합니다. 그러나 그러한 행위는 바울이 율법의 행위라고 부르는 것과 얼마나 다릅니까? 제가 무력하다는 것을 인정하고, 하나님의 능력을 구하며 기도하고, 그리스도께서 나의 도움이요 힘이 되심을 믿는 것이 바탕을 이룹니다. 그래서 성령의 능력으로서 나오는 행동은 육신의 일이 아니라 성령의 열매가 되는 것입니다.

"T"는 '감사하기'(Thank)입니다. 마지막으로, 저는 할 일을 마치고 하루를 마무리할 때 제 삶에서 이루어진 모든 선한 일들에 대하여 하나님께 감사합니다(골 1:3-5). 적어도 어느 정도는 주께서 저의 이기심과 교만을 정복해주신 것에 대해 감사합니다. 하나님께 영광을 돌립니다(벧전 4:11).

두문자어 APTAT를 기억하십시오. Acknowledge-당신 스스로 선한 일을 할 수 없음을 인정하십시오. Pray-하나님의 능력을 입도록 기도하십시오. Trust-도움과 힘과 인도를 받기 위해 하나님의 약속을 신뢰하십시오. Act-하나님의 말씀에 순종하며 행하십시오. Thank-모든 선한 일들이 이루어지는 것에 대해 하나님께 감사하십시오. APTAT를 행하는 것이 당신을 너무 경시하고 하나님을 너무 중시하는 것처럼 느껴진다면, 고린도전서 15장 10절에 비추어보십시오. "내가 모든 사도보다 더 많이 수고하였으나 내가 한 것이 아니요 오직 나와 함께 하신 하나님의 은혜로라." 그리고 로마서 15장 18절은 이렇게 말합니다. "그리스도께서…나를 통하여 역사하신 것 외에는 내가 감히 말하지 아니하노라." 따라서 우리는 갈라디아서 5장 5절에서 명백히 규정하고 있는 3장 1-5절의 요점으로 돌아가야 합니다. 육체가 아니라 성령을 통해, 행위가 아니라 듣고 믿음으로, 우리는 의의 소망을 기다립니다. 이때 비로소 우리는 이렇게 말할 수 있습니다. "너희 안에서 착한 일을 시작하신 이가 그리스도 예수의 날까지 이루실 줄을 우리는 확신하노라"(빌 1:6).

8장
믿음이 있는 자들은 아브라함의 자손이다

갈라디아서 3:6-9

⁶ 아브라함이 하나님을 믿으매 그것을 그에게 의로 정하셨다 함과 같으니라 ⁷ 그런즉 믿음으로 말미암은 자들은 아브라함의 자손인 줄 알지어다 ⁸ 또 하나님이 이방을 믿음으로 말미암아 의로 정하실 것을 성경이 미리 알고 먼저 아브라함에게 복음을 전하되 모든 이방인이 너로 말미암아 복을 받으리라 하였느니라 ⁹ 그러므로 믿음으로 말미암은 자는 믿음이 있는 아브라함과 함께 복을 받느니라

당신은 아브라함의 자녀가 될 수 있는가

하나님이 오늘의 본문을 통해 우리에게 주시는 말씀은 누구나(즉 유대인이든 이방인이든, 부자든 가난한 자든, 남자든 여자든, 백인이든 흑인이든 황인이든, 두뇌 회전이 빠르든 느리든, 나이가 많든 적든) 믿음으로 살면 아브라함의 자녀가 될 수 있고, 아브라함의 자손들에게 약속된 축복을 유업으로 받을 수 있다는 것입니다.

본문의 구조는 단순합니다. 본문에는 두 가지 요점이 제시되어 있는데, 하나는 7절에, 하나는 9절에 나옵니다. 그리고 각 구절에 앞서 그것을 뒷받침해주는 구약의 말씀이 나옵니다. 6절은 창세기 15장 6절을 인용합니다. "아브람이 여호와를 믿으니 여호와께서 이를 그의 의로 여기시고"(창 15:6). 그리고 7절은 5-6절에서 일반적인 추론을 이끌어 냅니다. "그런즉 믿음으로 말미암은 자들은 아브라함의 자손인 줄 알지어다"(7절). 어떤 사람을 "아브라함의 자손"이 되게 하는 것은 바로 믿음입니다.

8절은 창세기 12장 3절(그리고 18장 18절)을 인용합니다. "모든 이방인이 너로 말미암아 복을 받으리라"(8절). 그리고 9절은 8절로부터 "믿음으로 말미암은 자는 믿음이 있는 아브라함과 함께 복을 받"는다는 추론을 이끌어 냅니다. 아브라함의 복을 받을 수 있게 해주는 것은 믿음입니다. 그러므로 오늘의 요점은(7절과 9절) 누구나 믿음으로 살면 아브라함의 자녀이며 아브라함의 복을 받게 된다는 것입니다.

저는 대부분의 현대인들이 이 소식에 의아해하는 이유를 적어도 두 가지 생각해낼 수 있습니다. 하나는 그들이 아브라함의 자손이 되는 것의 의미와 아브라함의 자손에게 약속된 축복의 엄청난 가치를 모르기 때문입니다. 다른 하나는 몸 안에 유대인의 세포가 없는 사람이 어떻게 아브라함의 자손이라 불릴 수 있는지 이해할 수 없기 때문입니다. 따라서, 갈라디아서 3장 6-9절의 약속이 우리의 믿음을 강화하고 우리의 기쁨을 증대시키려면, 우리는 그것이 무엇을 의미하는지, 그것이 구약성경에 어떻게 기반을 두고 있는지 살펴보아야 합니다. 제 목표는 여러분의 믿음의 진보와 기쁨입니다(빌 1:25). 진실한 믿음은 사랑으로써 역사하기(갈 5:6) 때문입니다. 저는 많은 사람들이 하나님의 백성의 희생적인 사랑을 보고 이에 감동을 받아 하나님께 영광을 돌리기 원합니다(마 5:16). 그러므로 우리의 믿음과 사랑을 위해, 그리고 궁극적으로 하나님의 영광을 위해, 바울이 어떻게 구약성경에서 7절과 9절을 이끌어 내는지, 그리고 그것이 오늘날 우리에게 어떤 의미가 있는지 살펴봅시다.

육체적 혈통에 달려 있지 않다

이 구절에서 아브라함의 자손이 무엇을 의미하느냐에 많은 것이 달려 있습니다. 그러므로 먼저 그 질문에 답해봅시다. 제일 먼저 말해야 할 것은 바울은 자녀의 신분이 육체적 혈통에 달려 있지 않다고 생각한다는 것입니다. 예를 들어, 3장 28-29절에서 그는 이렇게 말합니다. "너희는 유대인이나 헬라인이나 종이나 자유인이나 남자나 여자나 다 그리스도 예수 안에서 하나이니라 너희가 그리스도의 것이면 곧 아브라함의 자손이요 약속대로 유업을 이을 자니라." 따라서 유대인이든 비유대인이든 이에 상관없이 아브라함의 자손이 될 수 있다는 것입니다. 자녀의 신분은 육체적 혈통에 달려 있지 않습니다. 로마서 9장 6-7절은 이것을 확증합니다. "이스라엘에게서 난 그들이 다 이스라엘이 아니요 또한 아브라함의 씨가 다 그의 자녀가 아니라."

우리는 본문 안에서 이것을 알 수 있습니다. 7절과 9절이 같은 부류의 사람들을 가리키고 있지 않습니까? 7절은 "믿음으로 말미암은 자들은 아브라함의 자손인 줄 알지어다"라고 말하고, 9절은 "믿음으로 말미암은 자는 믿음이 있는 아브라함과 함께 복을 받느니라"라고 말합니다. 이들은 아브라함의 자손들로서 아브라함과 그의 자손들에게 약속된 축복을 누릴 것입니다. 그러나 8절과 9절을 연결해서 보면 이 사람들 안에 이방인들이 포함되어 있다는 걸 분명히 알 수 있습니다. 8절은 창세기 12장 3절을 인용하여, 단지 유대인만이 아니라 "땅의 모든 족속이(이방인들까지) 너로 말미암아 복을 얻을 것이라"고 말합니다. 그리고 그로부터 바울은 9절을 도출해 냅니다. "그러므로 믿음으로 말미암은 자는…복을 받느니라." 9절의 믿는 자들 안에는 이방인들도 포함되어야 합니다. 이들은 7절에서 아브라함의 자손이라 불리는 신자들과 같은 사람들이므로 아브라함의 자손에는 이방인들이 포함됩니다. 아브라함의 자손이 되는 것에 관한 첫 번째 사실은, 아브라함의 자손이 아브라함의 육체적 후손을 말하는 것이 아니라는 것입니다.

이것이 우리에게 생소하게 들릴 줄 압니다. 하지만 이것은 복음의 핵심에 매우 가깝습니다. 백인 개신교도들이 아브라함의 자손이 될 수 있습니다. 라틴아메리카인과 라오스인과 캄보디아인도 아브라함의 자손이 될 수 있습니다. 아프리카 흑인 무슬림들도 아브라함의 자손이 될 수 있습니다. 반유대주의적이고 극우적인 나치당원들도 아브라함의 자손이 될 수 있습니다. 히틀러도 아브라함의 자손이 될 수 있었습니다.

바울의 관점은 성경적이었나

아브라함의 자손이 되는 것이 무엇을 의미하는지와 그것이 왜 좋은 소식인지 묻기 전에, 아브라함의 자손에 대한 바울의 관점이 구약성경의 관점과 같은지를 먼저 질문해보아야 합니다. 창세기 12장 1-3절을 보겠습니다. 여기에는 유대 민족을 위한 근본적인 약속이 있습니다.

> "여호와께서 아브람에게 이르시되 너는 너의 고향과 친척과 아버지의 집을 떠나 내가 네게 보여 줄 땅으로 가라 내가 너로 큰 민족을 이루고 네게 복을 주어 네 이름을 창대하게 하리니 너는 복이 될지라 너를 축복하는 자에게는 내가 복을 내리고 너를 저주하는 자에게는 내가 저주하리니 땅의 모든 족속이 너로 말미암아 복을 얻을 것이라 하신지라."

여기 하나님이 새로운 나라를 세우기 위해 아브라함을 택하시는 장면이 나옵니다. 그때 하나님은 세상을 위해 유대 민족을 특별히 구분하고 계십니다. 유대인들의 사명은 "복이 되는 것"입니다. 그들의 운명은 열방을 섬기는 것입니다. (창세기 18장 18절도 같은 것을 말하고 있습니다. 다만 "땅의 모든 족속" 대신 "천하 만민"이라는 단어를 사용합니다.) 바울은 갈라디아서 3장 8절에서 이 본문을 인용합니다. "모든 이방인이 너로 말미암아 복을 받으리라."

그러나 이 만민이 받는 복이 아브라함의 자손이 되는 것과 같은 것을 가리킬까요? 만민이 아브라함의 자손이 되어 아브라함 안에서 복을 받을 것이라는 진술이 창세기에 있나요? 그렇습니다. 바로 창세기 17장에 있습니다. 하나님은 언약의 조건에 대해 설명하시면서 이렇게 말씀하십니다.

"보라 내 언약이 너와 함께 있으니 너는 **여러 민족의 아버지**가 될지라 이

제 후로는 네 이름을 아브람이라 하지 아니하고 아브라함이라 하리니 이

는 내가 너를 **여러 민족의 아버지**가 되게 함이니라"(창 17:4-5).

어떤 이들은 여기서 "여러 민족의 아버지"가 된다는 것을 이스마엘 족속 및 에돔 족속과 연관시키려 했습니다. 그들은 육체적으로 아브라함에게서 기원합니다. 그러나 분명 창세기 17장 4-5절에 나오는 "여러"라는 단어는 상당히 많은 수를 의미합니다. 하나님은 창세기 12장 3절과 18장 18절의 "땅의 모든 족속"을 염두에 두신 것이 분명합니다.

다시 말해, 창세기 17장 4절에서 창세기 12장 3절과 18장 18절의 민족들이 어떻게 복을 받을지 설명하고 있습니다. 아브라함이 그들의 아버지가 되고 그들은 아브라함의 자손이 됨으로써 복을 받을 것입니다. 따라서 이방인들도 아브라함의 자손들이 될 수 있다는 바울의 가르침은 구약성경을 왜곡한 것이 아닙니다. 그것이 아브라함의 자손에 대해 우리가 제일 먼저 알아야 할 사항입니다. 즉, 아브라함의 자손에는 유대인만 포함되는 것이 아닙니다. 여러분과 저도 그들 중에 포함될 수 있습니다. (로마서 4장 16-17절을 보면 이방인의 자녀 됨에 관한 바울의 사상 배후에 창세기 17장 4절이 자리 잡고 있다는 것을 확인할 수 있습니다.)

아브라함처럼 되어야 한다

아브라함의 자손이 되는 것에 관한 두 번째 주목할 사실은 그것이 아브라함처럼 되는 것을 의미한다는 것입니다. 요한복음 8장 39절에서

유대인들은 예수님의 비판에 대해 "우리 아버지는 아브라함이라"고 자신들을 변호합니다. 이에 예수님은 "너희가 아브라함의 자손이면 아브라함이 행한 일들을 할 것이거늘"이라고 말씀하십니다. 예수님의 대답은 우리에게 두 가지를 보여줍니다. 첫째, 그들은 유대인이지만 아브라함의 자손은 아니었습니다. 또한 이를 통해 우리의 첫 번째 요점, 즉 아브라함의 자녀 됨과 유대인 됨이 같지 않다는 것을 확증해줍니다. 주님이 보여주시는 두 번째 사실은, 아브라함의 자녀가 되는 것은 곧 아브라함처럼 된다는 것을 의미한다는 것입니다. 즉 아브라함이 한 일을 행하는 것입니다. "너희가 아브라함의 자손이면 아브라함이 행한 일들을 할 것이거늘"(요 8:39b). 갈라디아서 3장 6절에서 말하는 아브라함이 행한 일은 하나님을 믿는 것이었습니다. "아브람이 여호와를 믿으니 여호와께서 이를 그의 의로 여기시고"(창 15:6). 이로부터 바울은 7절에서 다음과 같은 내용을 도출해 냅니다. "그런즉 믿음으로 말미암은 자들은 아브라함의 자손인 줄 알지어다."

> **갈라디아서 3장 6-7절**
> 6아브라함이 하나님을 믿으매 그것을 그에게 의로 정하셨다 함과 같으니라 7그런즉 믿음으로 말미암은 자들은 아브라함의 자손인 줄 알지어다

아브라함은 믿음의 사람이었습니다. 따라서 당신이 아브라함이 행한 일을 행하고 믿음이 있다면, 당신은 그의 자녀일 것입니다.

우리가 아브라함의 자녀 됨에 관하여 제일 먼저 말한 것은 그것이 육체적인 후손과 같지 않다는 것입니다. 누구든지 아브라함의 자녀가 될 수 있습니다. 그리고 우리가 말한 두 번째 사실은 아브라함의 자손이라면 그가 행한 일들을 한다는 것입니다. 물론 모든 면에서 그렇다는 것이 아니라, 본질적인 면에서, 예를 들면 하나님의 약속을 믿는다는 점

에서 그렇다는 것입니다. 아브라함은 하나님의 약속을 믿었습니다. 그러므로 믿음이 있는 자들은 아브라함의 자손들입니다.

아브라함의 축복을 상속받는 자들

아브라함의 자손에 관하여 세 번째로 이야기할 것은 그들이 아브라함과 그의 후손들에게 주어진 복의 상속자들이라는 것입니다. 갈라디아서 3장 29절은 이것을 특히 명확하게 보여줍니다. "너희가 그리스도의 것이면 곧 아브라함의 자손이요 약속대로 유업을 이을 자니라." 이 말씀은 바울이 남자와 여자, 종과 자유인, 유대인과 헬라인에 대해 말한 28절 바로 뒤에 나옵니다. 29절에서 주장하는 가장 놀라운 사실은 헬라인들, 즉 할례 받지 못한 이방인들이 아브라함에게 주어진 약속의 상속자라는 것입니다. 여러분과 저도 아브라함의 믿음을 가지고 예수 그리스도께 속하면, 아브라함에게 주어진 하나님의 약속들의 수혜자가 될 수 있습니다. (로마서 4장 16-17절에서도 이방인들이 믿음으로 인해 "약속"의 상속자가 된다는 것을 보여줍니다. 또한 갈라디아서 3장 14절과 4장 30절을 참고하십시오.)

이상에서 아브라함의 자녀 됨에 관하여 세 가지 사실을 말했습니다. (1) 그것은 혈통적 유대인 됨 같지 않다. 이방인도 포함될 수 있다. (2) 그것은 아브라함처럼 되는 것, 아브라함처럼 하나님의 약속들을 믿는 것을 의미한다. (3) 그것은 아브라함에게 약속된 복을 유업으로 받는 것을 의미한다.

따라서 지금 대답해야 할 질문은 이것입니다. 아브라함에게 약속된 복은 도대체 무엇인가? 그 유업 안에 오늘날의 사업가, 주부, 학생, 전문직 종사자, 노동자, 십 대, 노인들의 관심을 끄는 것이 있습니까? 저는 있다고 생각합니다. 그중 두 가지를 이야기해보겠습니다. 이 두 가지 복은 당신이 가진(또는 가져야 할) 두려움을 없애주기 위해 약속된 것입니다. 첫째는 당신의 모든 죄를 짊어지고서 무한히 거룩하신 하나님을 만나는 것에 대한 두려움이요. 둘째는 죽음에 대한 두려움입니다.

칭의를 약속받음

첫째, 당신이 아브라함의 자녀가 되면 받게 될 유업 가운데 하나는 칭의의 유업입니다. 오직 칭의만이 하나님을 만나는 것에 대한 두려움을 없애줄 수 있습니다. 갈라디아서 3장 8절은 "또 하나님이 이방을

> **갈라디아서 3장 8절**
>
> 8또 하나님이 이방을 믿음으로 말미암아 의로 정하실 것을 성경이 미리 알고 먼저 아브라함에게 복음을 전하되 모든 이방인이 너로 말미암아 복을 받으리라 하였느니라

믿음으로 말미암아 의로 정하실 것을 성경이 미리 알고 먼저 아브라함에게 복음을 전하되 모든 이방인이 너로 말미암아 복을 받으리라 하였느니라." 이 구절은 성경이 아브라함을 통해 여러 민족에게 복을 약속하는 이유가 하나님께서 모든 나라의 백성들을 의롭게 하기 원하셨기 때문임을 가르쳐줍니다. "하나님이 이방인들을 의로 정하실 것을 성경이 알았으므로…성경은 아브라함을 통해 이방인들에게 복을 약속한 것입니다." 따라서 아브라함에게 약속된 복은 칭의를 포함해야 합니다. 또한 당신은 창세기 12장 3절과 17장 4절을 서로 연관시킴으로써 열방이 복을 받는 이유가 아브라함이 그들의 아버지가 되기 때문이라는 걸 생각해 낼 수 있습니다. 그들은 아브라함의 자손이 됩니다. 따

라서 칭의는 우리가 아브라함의 자녀로서 받는 유업의 일부입니다. 당신이 그의 자녀가 되면, 그때서야 의롭다 함을 받는 것입니다.

칭의는 당신의 모든 죄에도 불구하고 하나님이 당신을 의롭게 여기시는 것을 의미합니다. 당신이 아브라함의 자녀라면, 당신이 잘못한 일이나 앞으로 잘못할 일들까지 모두 그리스도로 인해 용서받으며, 하나님은 당신의 죄 때문에 당신을 비난하지 않으십니다. 지난 2천 년 동안 일어난 어떠한 문화적, 지적, 기술적 변화도 우리에게 이 유산을 덜 필요하게 하지 못합니다. 오직 이것만이 무한히 거룩하신 하나님을 만나는 두려움을 없애줄 수 있습니다. 그러므로 우리가 아브라함의 자녀로서 하나님으로부터 상속받는 첫 번째 유업은 칭의입니다. 이것이 다른 모든 축복의 기초입니다!

성령을 약속받음

둘째, 아브라함의 자녀는 영생의 상속자로 인치는 하나님의 영을 유업으로 받습니다. 오직 성령님만이 죽음과 지옥에 대한 두려움을 없애고, 영생의 소망을 주실 수 있습니다. 이것을 명백히 보여주는 갈라디아서의 두 핵심 본문에 주목하십시오. 갈라디아서 3장 14절은 "그리스도 예수 안에서 아브라함의 복이 이방인에게 미치게 하고 또 우리로 하여금 믿음으로 말미암아 성령의 약속을 받게 하려"고 그리스도께서 우리를 위해 저주를 받으셨다고 말합니다. 이 구절은 우리 이방인들이 상속받을 아브라함의 복 중 하나가 성령을 받는 것이라고 가르칩니다. 아브라함의 자녀임을 나타내는 표시 중 하나는 그리스도의 영의 내주입니다(갈 2:20; 4:6, 29).

성령을 받는 것과 영생은 어떤 관계가 있을까요? "자기의 육체를 위하여 심는 자는 육체로부터 썩어질 것을 거두고 성령을 위하여 심는 자는 성령으로부터 영생을 거두리라"(갈 6:8). 영생을 거둘 수 있는 땅은 성령의 땅뿐입니다. 당신이 육체를 위하여 씨를 심고, 이 세상에서 성취하고 누릴 수 있는 것들에 의존한다면, 당신은 썩어질 것과 죽음과 지옥을 거두게 될 것입니다. 그것은 성령 안에서 당신에게 자신을 내어주신 하나님께 헤아릴 수 없는 모욕이 되기 때문입니다. 그러나 당신이 성령을 위하여 씨를 심고, 그분이 당신을 통해, 당신을 위해 하실 수 있는 일에 의존한다면, 당신은 영생을 거둘 것입니다. 그러므로 갈라디아서 3장 14절에서 아브라함의 자녀가 성령을 유업으로 받을 것이라고 말할 때, 그것은 오직 아브라함의 자녀들만이 영생을 누리게 될 것이라는 뜻을 함축하고 있습니다. 또한 그것은 죽음과 지옥에 대한 두려움을 없애줍니다. 그 두려움은 과거와 같이 오늘날에도 똑같이 실제적이고 끔찍한 것입니다. (추가 설명 : 창세기에서는 명시적으로 아브라함에게 성령이 약속되지 않습니다. 그것은 요엘 2장과 에스겔 36장에서 하나님의 백성들에게 약속됩니다. 여기서 바울이 가정하는 것은, 아브라함의 자녀들을 거룩하게 만드는 데 사용되는 모든 것은 하나님이 아브라함에게 약속을 주실 때 의도하셨던 것의 성취라는 것입니다. 창세기 17장 7절을 보십시오.)

요약하면, 우리는 아브라함의 자녀가 되는 것의 의미에 대해 다섯 가지를 살펴보았습니다. (1) 그것은 아브라함의 육체적인 후손이 되는 것과 같지 않다. 20세기의 이방인들도 아브라함의 아들들이 될 수 있다. (2) 그것은 아브라함과 같이 되는 것, 특히 믿음에 있어서 아브라함을 쏙 빼닮는 것을 의미한다. (3) 아브라함의 자녀는 아브라함의 복을 유업으로 받는다. 그는 하나님이 아브라함의 자녀들에게 주신 약속의 수혜자가 된다. 그것은 (4) 당신이 의롭다 함을 받고, 당신을 대신한 그리스도의 죽음에 근거하여 모든 죄에 대해 하나님께 무죄 선고를 받게 되는 것을 의미한다. 그리고 마지막으로 (5) 당신이 아브라함의 자녀라면, 당신은 당신을 영생으로 인도하실 성령을 소유하고 있다.

믿음과 자손 됨

오늘, 당신의 삶의 가장 큰 관심사는 자신이 아브라함의 자손임을 확신하는 것이라 말해도 결코 과장이 아닐 것입니다. 그러므로 저는 본문의 관찰과 실례로 마무리를 하려 합니다.

본문은 아브라함의 자손이 되는 유일한 길은 믿음으로 사는 것임을 명백히 밝힙니다. 문자 그대로, 갈라디아서 3장 7절은 "그런즉 믿음으로 말미암은 자들은 아브라함의 자손인 줄 알지어다"라고 말합니다. 당신 자신이 믿음의 사람인지 알아보는 방법은 당신이 과거의 어느 시점에 믿기로 결단을 했는지 회상해보는 것이 아닙니다. 당신은 지금 당신의 삶이 믿음의 삶인지를 따져 보아야 합니다. 아브라함의 자녀는 진실하게 이렇게 말할 수 있습니다. "내가 그리스도와 함께 십자가에 못 박혔나니 그런즉 이제는 내가 사는 것이 아니요 오직 내 안에 그리스도께서 사시는 것이라 이제 내가 육체 가운데 사는 것은 나를 사랑하사 나를 위하여 자기 자신을 버리신 하나님의 아들을 믿는 믿음 안에서 사는 것이라"(갈 2:20). 그리스도 안에 집약되어 있는 하나님의 약속을 믿는 믿음으로 사는 자는 아브라함의 자녀입니다.

끝으로 예를 하나 들어 보겠습니다. 천국을 콘서트홀로, 교향곡을 하나님의 영광으로 상상해보십시오. 여기 있는 모든 사람은 믿음이 그 홀에 들어가 음악을 즐기기 위한 전제조건이라는 것을 압니다. 그러나 저는 여러분 가운데 그리스도를 믿는 것을 마치 단회적으로 콘서트홀의 입장권을 사는 것과 같다고 생각하는 사람이 있을까 두렵습니다. 그래서, 이 세상의 음악에 대한 애착에 사로잡혀 있으면서도, 이 입장권을 주머니에 넣고 있으면 언젠가 천국에 들어갈 수 있을 거라고 생각하는 것입니다. 그것은 구원 얻는 믿음에 대한 성경적 관점이 아닙니다. 그것은 망상입니다.

믿음은 입장권을 얻었다는 의미가 아니라 천국의 음악을 듣는 귀를 얻었다는 의미입니다. 그것은 하나님의 영광의 교향곡을 즐기기 위한 전제조건입니다. 영원히 천국의 음악을 즐기기 위한 진짜 전제조건은 하나님께 속한 것들을 기뻐하는 새 마음입니다. 이 세상의 기쁨에 사로잡혀 있으면서도 양심을 달래기 위해 '나는 믿기로 결정했어'라는 결신 카드를 주머니에 넣고 다녀봤자 아무 소용이 없습니다.

9장
그리스도께서 율법의 저주에서
우리를 속량하셨다

갈라디아서 3:10-14

[10]무릇 율법 행위에 속한 자들은 저주 아래에 있나니 기록된 바 누구든지 율법 책에 기록된 대로 모든 일을 항상 행하지 아니하는 자는 저주 아래에 있는 자라 하였음이라 [11]또 하나님 앞에서 아무도 율법으로 말미암아 의롭게 되지 못할 것이 분명하니 이는 의인은 믿음으로 살리라 하였음이라 [12]율법은 믿음에서 난 것이 아니니 율법을 행하는 자는 그 가운데서 살리라 하였느니라 [13]그리스도께서 우리를 위하여 저주를 받은 바 되사 율법의 저주에서 우리를 속량하셨으니 기록된 바 나무에 달린 자마다 저주 아래에 있는 자라 하였음이라 [14]이는 그리스도 예수 안에서 아브라함의 복이 이방인에게 미치게 하고 또 우리로 하여금 믿음으로 말미암아 성령의 약속을 받게 하려 함이라

바울이 10절에서 "무릇 율법 행위에 속한 자들은 저주 아래에 있나니"라고 말할 때, 그것은 1장 7-8절 말씀을 상기시켜줍니다. 거기서 바울은 "어떤 사람들이 너희를 교란하여 그리스도의 복음을 변하게 하려 함이라 그러나 우리나 혹은 하늘로부터 온 천사라도 우리가 너희

에게 전한 복음 외에 다른 복음을 전하면 저주를 받을지어다."라고 말합니다. 분명 바울은 갈라디아 교회들 사이에, 사람들에게 파괴적이고 하나님께 모욕이 되므로 마땅히 하나님의 저주를 받을 만한 가르침이 있다고 믿었습니다. 그것은 아덴의 세속적인 인본주의자들에게서 나온 가르침이 아니었습니다. 하나님을 두려워하는 유대 "그리스도인" 교회로부터 방문한 사람들이 가져온 가르침이었습니다. 갈라디아서가 삶을 뿌리부터 변화시키는 메시지를 담고 있는 이유는 무신론자나 불가지론자와 같은 외부인이 아니라 자칭 그리스도인이라 하면서 하나님의 은혜를 깎아내리고 자신을 자랑하려 하는 자들에게 저주를 선언하기 때문입니다.

잘못된 구원의 확신의 위험

갈라디아서는 우리가 잘못된 구원의 확신에 빠질 끊임없는 위험에 처해 있다는 것을 상기시켜줍니다. 사탄은 끊임없이 잘못된 구원의 확신으로 우리를 유혹합니다. 우리가 신앙적인 대화를 나누고, 교회에 출석하고, 식사 시간에 기도하고, 중대한 죄들을 범하지 않는다는 이유로 자신이 하나님의 축복 아래 있다고 생각하게 만듭니다. 그러나 갈라디아서는 이 모든 일을 다 하면서도 하나님의 저주 아래 놓여 있는 사람들(일명 유대주의자들)에 대해 말합니다.

우리 중 누구도 철저하게 파헤치는 갈라디아서의 말씀 앞에서 마음 편히 앉아 있어서는 안 됩니다. 갈라디아서는 하나님의 축복과 하나님의 저주의 문제를 다룹니다. 이 둘의 구분은 교회에 다니는 사람과 다니지 않는 사람을 나누는 것이 아닙니다. 예수님을 "주"로 부르는 사람과 그렇지 않은 사람을 나누는 것도 아닙니다. 한편에는 그리스도와 함께 십자가에 못 박혀 지금 계속해서 살아 계신 그리스도께 의존하여 가난한 마음으로 사는 사람들이 있고, 다른 한편에는 실제로 자기 의존에 대해 죽지 않은 사람들이 있습니다. 그들의 종교적 행위는 비록 도덕적이고 열정적이더라도 그것은 자기 개혁 활동에 불과합니다. 한 그룹은 오직 그리스도의 십자가만을 자랑합니다. 그들은 십자가에 의해 하나님 외에 다른 모든 것에 대해 죽었습니다. 그러나 다른 그룹은 자신의 힘과 잠재력을 칭송하며 하나님의 은혜(2:21)와 그리스도의 십자가(5:11)를 폄하합니다. 교인들 중에도 한 그룹은 아브라함과 그의 후손들에게 약속된 하나님의 축복 안에서 기뻐하고, 다른 한 그룹은 하나님의 저주 아래 있습니다.

그러므로 갈라디아서 3장 10-14절이 전하는 메시지를 올바로 들으려면 냉정하게 자기 자신을 성찰해야 합니다. 고린도후서 13장 5절은 이렇게 말합니다.

> "너희는 믿음 안에 있는가 너희 자신을 시험하고 너희 자신을 확증하라 예수 그리스도께서 너희 안에 계신 줄을 너희가 스스로 알지 못하느냐 그렇지 않으면 너희는 버림 받은 자니라."

하나님의 말씀이 신실하게 전해질 때마다 여러분에게는 자신을 시험할 기준이 주어지는 것입니다. 그것은 여러분의 삶 속에서 그리스도께서 역사하신다는 사실을 확증해주고 여러분에게 새로운 힘과 기쁨을 줄 것입니다. 또는 여러분의 양심을 찔러 기도와 회개로 인도할 수도 있습니다. 그러나 하나님은 여러분이 갈라디아서의 메시지를 불신자들에게만 적용되는 것으로 여기거나 천국에서 여러분이 받게 될 축복의 양에만 관련된 것쯤으로 분류하지 못하게 하십니다. 갈라디아서는 교회를 위해 쓰여진 말씀이며, 하나님의 축복과 하나님의 저주를 나누는 문제를 다룹니다.

갈라디아서 3장 10-14절은 세 가지 중대한 진술을 합니다. 그것은 마치 러시아가 이 나라를 향해 80기의 핵탄두를 발사했다는 소식을 듣는 것처럼 당신에게 중대하게 들려야 합니다. 첫 번째 진술입니다. "무릇 율법 행위에 속한 자들은 저주 아래에 있나니"(10절). 두 번째 진술입니다. "그리스도께서…율법의 저주에서 우리를 속량하셨으니"(13절). 세 번째 진술은 두 번째 진술의 목적과 결과를 제시해줍니다. "우리로 하여금 믿음으로 말미암아 성령의 약속을 받게 하려 함이라"(14절). 이것들을 하나씩 이해하고 우리 자신에게 적용해 봅시다.

율법 행위

갈라디아서 3장 10절

10 무릇 율법 행위에 속한 자들은 저주 아래에 있나니 기록된 바 누구든지 율법 책에 기록된 대로 모든 일을 항상 행하지 아니하는 자는 저주 아래에 있는 자라 하였음이라

첫째, "율법 행위에 속한 자들은 저주 아래에 있나니"(10절). 저주의 반대는 축복입니다. 13절과 14절에서는 우리가 아브라함의 축복을 받도록 그리스도께서 우리를 위해 저주가 되셨다고 말합니다. 그리고 축복은 (14절에 의하면) 성령을 받는 것이며, 저주는 적어도 성령의 부

재일 것입니다. 그래서 10절에서 율법 행위에 속한 자들은 저주 아래에 있다고 말할 때, 그것은 그들에게 성령이 없다는 의미입니다(3장 5절이 말하듯이). 그리고 그것은 그들이 하나님으로부터 분리되어 있고 하나님의 진노가 그들 위에 머물러 있다는 뜻입니다. 그러므로 율법 행위에 의존하는 자가 되지 않는 것이 얼마나 중요한 일인지 알 수 있습니다. 그렇다면 "율법 행위"란 무엇을 의미합니까?

율법주의라는 단어에 해당하는 헬라어 단어는 없습니다. 바울이 모세의 가르침을 율법주의적으로 오용하는 것을 언급하려 할 때 그는 "율법"이라는 용어를 사용하면서, 그것이 문맥상 명확하게 "율법의 오용"이라는 의미로 전달될 것이라 믿어야 했습니다. 또는 "율법 행위"와 같은 문구를 사용해야 했는데 "율법 행위"는 바울에게 항상 부정적이고 율법주의적인 의미를 갖는 말이었습니다. 우리는 2장 18절의 문맥을 통해 바울이 실제로 모세가 가르친 것과 유대주의자들이 모세의 가르침을 가지고 행한 일을 구분했음을 알 수 있습니다.

하나님이 본래 의도하신 율법과 율법주의로서의 율법은 차이가 있습니다. 이방인들과 함께 식사를 하고 있던 베드로가 유대주의자들의 압박에 의해 어떻게 물러났는지 기억할 것입니다(갈 2:12). 그는 음식 규례에서 자유로웠으나 다시 그것들을 따르기 시작합니다. 그런 행동은 이방인들에게 이것을 행해야 온전한 그리스도인이 될 수 있다는 메시지를 은연 중에 던지는 행동입니다. 바울은 이것을 복음의 진리를 따르지 않는 것으로 보았고(2:14), 또한 율법 자체에도 반대되는 것으로 여겼습니다. 바울은 2장 18절에서 이렇게 말합니다. "만일 내가 헐었던 것을 다시 세우면 내가 나를 범법한 자로 만드는 것이라." 즉, 우리가 하나님께 우리의 가치를 드러내기 위해 "율법 행위"에 의존하는 것을 그만두었다가 다시 그곳으로 돌아가면, 우리 자신이 범법한 자임을 드러내는 것입니다. 무엇을 위반한 것입니까? 율법을 위반한 것입니다! 율법 자체는 하나님께 우리의 가치를 증명하고 하나님의 축복을 받기 위해 율법의 계명들을 이용하는 것을 비난합니다. 바울은 이렇게 율법을 율법주의적으로 오용하는 것을 "율법 행위"라고 지칭합니다.

따라서 3장 10절에 나오는 "율법 행위"는 믿음에서 나오는 순종을 의미하지 않고, 자기 의존적인 순종의 노력을 뜻합니다. 이것은 믿음과 정반대되는 것입니다. 5절에서 "율법의 행위"를 믿음과 대조시키는 이유가 거기에 있습니다. "너희에게 성령을 주시고 너희 가운데서 능력을 행하시는 이의 일이 율법의 행위에서냐 혹은 듣고 믿음에서냐." "율법 행위"는 그리스도인이 성령의 능력에 의존하여 행하는 "선한 일"이 아닙니다. 그것은 하나님과 사람에게 자신의 가치를 증명하려는 자기 의존적인 노력입니다. 따라서 "율법 행위"라는 문구는 율법주의와 동의어입니다. 그리고 2장 18절에서 본 것처럼, 모세의 율법 자체가 율법주의를 비난합니다.

철로가 들어 올려져서 하늘에 이르는 사다리가 되는 장면을 기억하십니까? 하나님이 율법을 주신 것은 우리가 믿음으로 성령을 따를 때 성령의 기관차가 우리를 끌고 가줄 천국으로 가는 길을 우리에게 보여 주시기 위함이었습니다. 그러나 유대주의자들, 그리고 그리스도와 연합된 삶에 대해 전혀 알지 못하는 오늘날의 많은 종교적인 사람들은 그 율법의 철로를 수직으로 들어 올려 사다리로 만들고 자신의 도덕적 결단력으로 그 사다리를 올라 천국에 이르려고 했습니다. 어디서든 그런 일이 일어나면 그것은 율법주의, 또는 바울의 말처럼 "율법 행위"를 가진 것입니다.

믿음 vs "율법 행위"

이제 10절이 무엇을 꾸짖고 있는지 알 수 있기를 바랍니다. 1-5절에서 유대주의자들은 갈라디아의 그리스도인들에게 그리스도인의 삶을 시작하는 것은 믿음으로 시작하는 게 맞지만, 그후에는 스스로 무언가를 해야 한다고 말했습니다. 즉, 당신은 성령의 능력 안에서 믿음으로 시작했지만, 이제는 육체의 능력 안에서 행위로 자신을 완성해야 한다는 것입니다. 그러나 이에 대한 바울의 대답은 그럴 수 없다는 것입니다. 계속해서 성령을 주시고 신자들 안에서 기적을 행하시는 하나님은 율법의 행위가 아니라 오직 믿음에 의해 그렇게 해주시는 것입니다. 10절은 냉혹한 말로 이것을 확증해줍니다. 만일 당신이 믿음으로 시작했다가 "율법의 행위"로 전환한다면, 당신은 저주 아래 있게 될 것입니다.

주의하십시오. 10절에서 말하는 저주는 당신이 율법의 행위를 하지 못하기 때문에 받는 것이 아닙니다. 그것은 당신이 그 행위들을 하기 때문에 오는 것입니다. "율법의 행위"로 믿음을 보완하라는 유대주의자들의 충고는 의도와 정반대의 결과를 가져옵니다. 축복이 아니라 저주를 가져오는 것입니다. 베드로가 음식 규례를 지키기 시작했을 때, 바울은 그가 복음을 따르지 않고 율법을 어기고 있다고 말했습니다. 2장 3절에서 유대주의자들이 디도에게 할례를 받게 하려고 했을 때, 바울은 그들이 복음의 진리를 타협하려 한다고 했습니다. 유대주의자들의 문제는 그들이 율법의 자세한 규정들을 따르지 못하는 것이 아니라, 더 큰 율법의 교훈을 놓친 것에 있었습니다. 즉 새 마음이 없고(신 30:6-7), 하나님의 능력을 받지 않고(신 4:30-31; 5:29; 29:4), 믿음이 없으면 (출 14:31; 민 14:11; 20:21; 신 1:32), 율법에 순종하려는 모든 노력이 단지 율법주의적인 육신의 노력에 불과하다는 것입니다.

"율법의 행위"와 율법의 저주

갈라디아서 3장 11-12절

11또 하나님 앞에서 아무도 율법으로 말미암아 의롭게 되지 못할 것이 분명하니 이는 의인은 믿음으로 살리라 하였음이라 12율법은 믿음에서 난 것이 아니니 율법을 행하는 자는 그 가운데서 살리라 하였느니라

지금까지 제 말을 이해했다면 12절도 잘 이해할 수 있을 것입니다. 저는 이 구절에 대해 흔하지 않은 해석을 제시하려 합니다. 그것을 따라오려면 조금 노력이 필요할 것입니다. 10-12절의 일반적인 해석은, 바울이 모세의 율법을 믿음과 대조하면서, 모세의 율법을 완벽하게 지키는 사람은 없으므로 모든 사람은 저주 아래 있다고 주장한다는 것입니다. 그러나 제가 이해하기로는 바울은 믿음을 모세 율법 자체와 대비시키는 것이 아니라 율법주의와 대비시키고 있습니다. 그리고 모세의 율법은 율법주의에 대해 저주를 내립니다. 저는 11절과 12절의 "율법"이 모세의 가르침을 나타내는 것이 아니라 유대주의자들이 왜곡시킨 율법주의를 가리킨다고 생각합니다. 여러분이 스스로 생각해보고 두 번째 중요한 진술로 나아가도록 성경 구절을 쉽게 풀어서 말해보겠습니다.

"(10절) 온전히 믿음으로 살기를 멈추고 하나님의 온전한 은혜를 얻기 위해 자신의 힘으로 율법을 지키려고 애쓰는 자들은 율법의 저주 아래에 있다. 왜냐하면 신명기 27장 26절에서 율법을 지키기 위해 노력하지만 율법에서 자기 의존과 율법주의의 악을 가르치는 부분들을 무시하는 자들은 저주를 받는다고 말하기 때문이다. (그들은 율법에 기록된 모든 것을 항상 행하지 않는다. 예수님이 말씀하신 것처럼, 그들은 믿음같이 더 중요한 문제들을 무시한다.) (11절) 율법주의(왜곡된 의미에서의 '율법')로는 의롭다 함을 받을 수 없는 것이 분명하다. 왜냐하면 하박국 2장 4절에서 율법주의의 교만과 반대되는 믿음이 한 사람을 하나님 앞에서 의롭게 만드는 것임을 분명히 밝히고 있기 때문이다. (12절) 그러나 율법주의(모세의 율법이 아님)는 믿음에 뿌리를 두고 있지 않다. 반대로 그것은 레위기 18장 5절에서 가져온 유대주의자들의 슬로건에 뿌리를 두고 있다. '사람이 이를 행하면 그로 말미암아 살리라.' 그들이 말하려는 것은 (하나님의 의도와는 반대로) '당신이 생명 얻기를 기대한다면 믿음으로 시작했더라도 육신의 노력을 더해야 한다'는 것이다."

이 구절을 일반적인 방식으로 해석하여, 12절이 모세의 율법은 믿음에 기초하지 않았다고 가르친다고 본다면, 바울의 가르침에 중대한 모순이 있는 것처럼 보입니다. 왜냐하면 로마서 3장 31절에서 그는 믿음으로 말미암아 율법을 파기하는 것이 아니라 도리어 굳게 세운다고 말했기 때문입니다. 그리고 로마서 9장 32절에서 율법은 행위가 아닌 믿음으로 따르도록 의도된 것이라고 했습니다. 따라서 저는 갈라디아서 3장 11절과 12절에 나오는 율법을 모세가 가르친 율법이 아니라 율법주의를 의미하는 것으로 이해하는 것이 본문의 가깝고 먼 문맥들을 가장 존중하는 해석이라고 생각합니다.

따라서 이 구절의 첫 번째 요점은 이것입니다. "선하고" 도덕적이고 종교적인 사람들, 그리스도와 함께 십자가에 못 박히지 않았고, 그들에게 능력 주시는 성령을 소유하고 있지 않고, 겸손과 기쁨과 믿음에 의한 사랑이 없는 자들, 종종 교회에 들어와 교리를 옹호하고 육체의 힘으로 하나님을 위해 일하는 사람들은 율법 자체에서 비롯된 저주 아래에 있습니다.

저주를 짊어지신 그리스도

갈라디아서 3장 13절

13 그리스도께서 우리를 위하여 저주를 받은 바 되사 율법의 저주에서 우리를 속량하셨으니 기록된 바 나무에 달린 자마다 저주 아래에 있는 자라 하였음이라

두 번째 중요한 진술은 13절입니다. "그리스도께서…율법의 저주에서 우리를 속량하셨으니." 바울은 자신이 율법주의적인 율법 준수에 전념하던 몇 년 동안 저주 아래에 있었다는 걸 알았습니다. 빌립보서 3장 6절에서 그는 자신이 율법적인 관점에서 보면 흠 없는 자였다고 했습니다. 그는 율법에 대한 열심이 모든 동시대인들보다 뛰어났습니다(갈 1:14). 그러나 참된 순종은 성령을 의지하는 믿음에서 나온다는 것을 몰랐습니다(그의 마음속에는 APTAT가 없었습니다). 따라서 그는 "자기 의를 세우려고"(롬 10:3) 애쓰는 다른 이들처럼 저주 아래에 있었습니다.

당신이 보잘것없는 미덕으로 하나님의 호의를 얻어 내려 했을 때 거기에 무슨 소망이 있었습니까? 하나님과 거래를 할 만큼 자신을 높임으로써 자충족적이신 창조주를 모욕했을 때, 즉 당신의 도덕성을 대

가로 하나님의 자비를 얻어 내려 했을 때 무슨 소망이 있었습니까? 하나님이 그분의 놀라운 사랑으로 당신의 사형 선고를 다른 사람에게로 옮기지 않으시는 한 당신에게는 아무 소망이 없습니다. 복음의 핵심은 죄를 모르는 그리스도께서 우리를 위해 죄가 되셨고, 우리로 하여금 하나님의 의가 되게 하려 하셨다는 것입니다(고후 5:21). 예수님은 한순간도 율법주의의 죄를 범하지 않으셨습니다. 그분은 아버지를 온전히 신뢰하셨고 성령의 능력 안에서 사셨습니다. 그분은 근본적으로 율법이 사랑을 통해 역사하는 믿음을 가르친다는 것을 아셨기 때문에 율법을 온전히 성취하셨습니다.

따라서 예수님이 십자가 위에서 율법의 저주를 경험하신 것은 예수님의 죄 때문이 아니라 우리의 죄 때문이었습니다.

> "그는 실로 우리의 질고를 지고 우리의 슬픔을 당하였거늘 우리는 생각하기를 그는 징벌을 받아 하나님께 맞으며 고난을 당한다 하였노라 그가 찔림은 우리의 허물 때문이요 그가 상함은 우리의 죄악 때문이라 그가 징계를 받으므로 우리는 평화를 누리고 그가 채찍에 맞으므로 우리는 나음을 받았도다 우리는 다 양 같아서 그릇 행하여 각기 제 길로 갔거늘 여호와께서는 우리 모두의 죄악을 그에게 담당시키셨도다"(사 53:4-6).

(우리 모두 한 번쯤은 지었을) 도덕적인 자기 의존의 죄 때문에 하나님의 저주 아래에 있게 된 사람들을 위한 좋은 소식은 "하나님이 그리스도 안에서 우리를 자신과 화목하게 하셨다"는 것입니다. 우리가 우리 자신에게서 눈을 돌려 그리스도를 바라보고, 평생 동안 그분께 소망을

둔다면 살길이 있습니다.

그리스도의 대속 죽음으로 성령의 약속을 받게 하심

갈라디아서 3장 14절

14그리스도 예수 안에서 아브라함의 복이 이방인에게 미치게 하고 또 우리로 하여금 믿음으로 말미암아 성령의 약속을 받게 하려 함이라

마지막 중요한 진술은 14절에 있습니다. 이는 그리스도를 구원의 대속물로 주신 하나님의 목적에 대해 말합니다. "그리스도 예수 안에서 아브라함의 복이 이방인에게 미치게 하고 또 우리로 하여금 믿음으로 말미암아 성령의 약속을 받게 하려 함이라." 바울은 아브라함의 축복이 성령 안에 집약되어 있다는 것과 (5절에서 말하듯이) 믿음으로 성령을 받게 된다는 것을 알았습니다. 여러분이 자신을 높이려는 욕구를 버리고 의와 능력을 얻기 위해 하나님의 은혜를 바라본다면 성령의 능력을 경험하게 될 것입니다.

또한 13절과 14절은 예수님의 대속적 죽음으로 우리가 성령의 선물을 받을 수 있게 되었음을 가르쳐주고, 그것을 받는 유일한 길은 우리 자신에게서 눈을 돌려 십자가에 못 박히신 그리스도를 바라보는 것임을 보여줍니다.

그러므로 바울은 3장에서 무엇을 하고 있습니까? 그는 갈라디아의 그리스도인들이 유대주의자들에게 속아 넘어가지 않도록 호소하고 있습니다. 유대주의자들은 그들이 육신의 노력으로 믿음의 삶을 보완하기를 원합니다.

여러분은 율법의 행위로 성령을 받았습니까, 아니면 듣고 믿음으로 성령을 받았습니까? 성령으로 시작하였는데 지금 육체로 끝을 맺고

있지는 않으십니까? 여러분에게 성령을 주시고 여러분 가운데 기적을 행하시는 이가 그렇게 하시는 것이 율법의 행위로 인함입니까 아니면 듣고 믿음으로 인함입니까? 아브라함의 복을 물려받는 이들은 행위가 아니라 믿음으로 사는 사람들입니다. 율법의 행위에 의존하는 사람들은 저주 아래에 있습니다. 율법 자체가 그렇게 선포합니다. 그리스도의 대속적 죽음만이 하나님의 진노를 피할 우리의 유일하고도 충분한 소망입니다. 그리고 우리가 그로 인해 회개하고 자신에 대한 믿음을 버리고 오로지 하나님께 믿음을 둘 때, 하나님께서 그분의 성령과 함께 우리에게 은혜를 베푸시는 것입니다. 즉 우리가 과거의 율법주의적인 노력과 삶의 태도를 십자가에 못 박고, 대신 우리를 사랑하사 우리를 위해 자기 자신을 내어주신 하나님의 아들을 믿는 믿음으로 살 때, 하나님이 우리에게 은혜를 베푸시는 것입니다.

축복의 길인가 저주의 길인가

저는 여러분 앞에 축복의 길(14절)과 저주의 길(10절)을 제시함으로 설교를 마치려 합니다. 당신을 저주 아래에 두거나 축복 아래에 두는 것은 당신이 무엇을 하느냐가 아니라 어떤 영 안에서 행하느냐에 달린 것입니다. 할례는 "율법의 행위"가 될 수도 있고 믿음에서 흘러나오는 사랑의 행위가 될 수도 있습니다. 어떤 음식 규례를 따르는 것이 "율법의 행위"가 될 수도 있고 믿음에서 나오는 자유로운 사랑의 행위가 될 수도 있습니다. 주일학교에서 가르치는 일, 설교, 낙태 반대 운동, 핵무기 동결 시위, 지하철 음식 나눔 봉사, 당신의 직업 등, 이 모든 일들이 하나님의 은혜를 배제하고 우리 자신의 힘으로 행하는 "율법의 행위"가 될 수도 있고, 하나님이 후히 공급해주시는 능력에 겸손히 의존하여 행함으로써 그 모든 일들 가운데서 하나님이 영광을 받으실 수도 있습니다. 저주냐 축복이냐를 결정하는 것은 바로 당신이 어떻게 순종하고 누가 영광을 받느냐에 달린 것입니다.

　지난주에 딕 포머란츠^{Dick Pomerantz} 인터뷰를 준비하면서 가장 치열했던 싸움은 그가 저에게 질문할 것들을 주의 깊게 연구하기 위해 최대한의 노력을 기울이기 위한 싸움이 아니었습니다. 주된 싸움은 바로 믿음의 싸움이었습니다. 나는 정말로 예수님이 죽으셨을 때 나의 모든 저주가 사라졌다고 믿으며, 그래서 성경 말씀처럼 "사람이 내게 어찌하리요"(히 13:6; 롬 8:31-34)라고 말할 수 있을까? 정말로 예수님의 죽음이 그분을 믿는 자들에게 좋은 것을 아낌없이 주시겠다는 하나님의 약속(시 84:11; 롬 8:32)이라고 믿는가? 예수님이 말씀하셨던 "무슨 말을 할까 미리 염려하지 말고 무엇이든지 그 때에 너희에게 주시는 그 말을 하라 말하는 이는 너희가 아니요 성령이시니라"(막 13:11)라는 권고를 나는 정말로 신뢰하는가? 이것은 그리스도인의 삶에 매일 있는 싸움이며, 일상에서 가장 중요한 일입니다. 즉 어떻게 하면 여러분의 일상의 활동들이 율법의 행위가 되지 않게 할 것인가, 어떻게 하면 여러분을 사랑하시어 여러분을 율법주의의 저주에서 구원하려고 자기 자신을 내어주신 하나님의 아들을 믿는 믿음으로 살 것인가, 이런 것을 여러분은 고민해야 합니다.

10장
율법은 약속을 폐기하지 않는다

갈라디아서 3:15-18

¹⁵ 형제들아 내가 사람의 예대로 말하노니 사람의 언약이라도 정한 후에는 아무도 폐하거나 더하거나 하지 못하느니라 ¹⁶ 이 약속들은 아브라함과 그 자손에게 말씀하신 것인데 여럿을 가리켜 그 자손들이라 하지 아니하시고 오직 한 사람을 가리켜 네 자손이라 하셨으니 곧 그리스도라 ¹⁷ 내가 이것을 말하노니 하나님께서 미리 정하신 언약을 사백삼십 년 후에 생긴 율법이 폐기하지 못하고 그 약속을 헛되게 하지 못하리라 ¹⁸ 만일 그 유업이 율법에서 난 것이면 약속에서 난 것이 아니리라 그러나 하나님이 약속으로 말미암아 아브라함에게 주신 것이라

신학과 실행

여러분이 저와 함께 30분 동안 갈라디아서 3장 15-18절 말씀을 살펴볼 인내심이 있느냐 없느냐는 대부분 여러분이 어떠한 삶을 살고 있느냐에 달려 있습니다. 이 본문에는 직접적으로 실천적인 내용이 없습니다. 오늘 본문은 아브라함의 언약에 관한 신학적인 내용, 그 언약과

430년 뒤에 등장한 모세 율법 간의 역사적, 신학적 관계를 말하고 있습니다. 당신이 즉각적인 정서적 감동과 구체적이고 실천적인 지침을 주는 영적 각성제에 근거한 삶을 살고 있다면, 앞으로의 30분이 매우 힘들 것입니다. 그러나 성경에 나오는 하나님의 뜻을 점점 더 깊이 이해하는 것에 근거한 삶을 살고 있다면, 이 구절에 포함된 바울의 신학을 즐길 것이며 당신의 삶의 신학적 기초를 더 확장하고 (필요하다면) 바로잡으려 할 것입니다.

저는 이 본문이 직접적으로 실천적이지는 않다고 말했습니다. 앞으로 살펴보겠지만, 이 본문에는 실행을 위한 깊은 의미들이 함축되어 있습니다. 그러나 그것들을 보고 경험하려면 사고의 과정이 필요합니다. 우리가 어떤 사람이 되어야 하고 무엇을 해야 하는지에 관한 함축된 의미들은 표면으로 드러나지 않습니다. 그러나 여러분들은 이러한 본문이 쓸모없다고 생각할 만큼 미숙하고 조급하지 않기를 바라고 기도합니다. 이와 같은 본문이 우리의 이해에 뿌리를 내릴 때 우리가 시냇가에 심긴 튼튼한 나무같이 되어, 그 잎사귀가 마르지 않으며, 거짓된 가르침에 넘어가지 않고, 얕은 식물들이 모두 말라 버리는 순간에도 계속해서 열매를 맺는다는 것을 아시기 바랍니다.

율법의 행위를 따라 살지 말고 그리스도에 대한 믿음으로 살라

갈라디아서 3장 15-18절에서 바울이 무엇을 말하려 하는지를 알려면, 앞으로 돌아가서 여기까지의 바울의 생각의 흐름을 따라와야 합니다. 첫째, 3장 1-5절에서 바울은 드라이브를 칠 때와 같은 원리로 퍼트를

해야 한다는 걸 명확히 보여줍니다. 처음에 율법의 행위가 아니라 그리스도를 믿음으로 하나님의 성령을 받았다면, 계속해서 성령의 능력을 받는 길은 율법의 행위가 아니라 믿음입니다. 갈라디아의 어떤 교인들은 믿음으로 신앙생활을 시작하지만 행위로 완성한다는 잘못된 생각에 빠져 있었습니다. 성령은 처음에 추진력을 얻는 일종의 보조 로켓일 뿐, 그 후로는 성령 대신에 자신이 엔진 역할을 해서 성령으로 시작한 일을 육신으로 마쳐야 한다는 것입니다. 바울은 그렇지 않다고 말합니다. 그것은 은혜를 폐하고 그리스도의 명예를 손상시키는 일입니다. 칭의뿐 아니라 성화도 행위가 아닌 믿음으로 이루어지는 것입니다. 이는 누구도 자랑하지 못하게 하기 위함입니다.

둘째, 3장 6-9절에서 바울은 아브라함의 예를 들면서 아브라함의 자손이 되려면 아브라함의 믿음을 가져야 한다고 가르치면서 이 견해를 뒷받침합니다. 아브라함의 복은 율법의 행위로 자신의 가치를 드러내는 사람이 아니라 아브라함처럼 하나님의 약속을 믿는 사람에게 임합니다.

셋째, 3장 10-14절에서 바울은 같은 주장을 다른 방식으로 표현합니다. 그는 율법 행위에 가담하는 자는 저주 아래에 있는 것이라고 말합니다(3:10). 믿음의 객차에 타고서 성령의 기관차가 이끄는 대로 영광으로 향하는 은혜로운 율법의 철로를 따라 이동하다가, 갑자기 그 철로의 한쪽 끝을 들어 올려 사다리로 만들고 하늘나라에 올라가려 하는 사람은 율법의 저주 아래에 있는 것입니다(2:18). 그렇게 오용된 율법(율법주의)은 믿음에 기초한 것이 아니며, 모세 율법 자체가 믿음을 가르쳤고 행위의 교만을 정죄했기 때문입니다. 그렇지만 우리 모두 교만의 죄로 인해 저주 아래에 있다 할지라도, 그리스도께서 정확히 우리 같은 사람들을 율법의 저주에서 속량하기 위해 오셨습니다(13절). 그분은 우리를 위해 저주가 되셨습니다. 그리고 그 결과, 우리는 저주 대신 아브라함의 복을 유업으로 받습니다(14절). 즉 우리가 그리스도를 믿을 때 성령을 받는 것입니다.

다시 말해서, 3장의 세 단락에서 말하는 요점은 이것입니다. 여러분이 하나님의 아들을 믿는 믿음으로(2:20) 살지 않고 "율법의 행위"로 살고 있다면, 여러분은 온전하고 성화된 그리스도인이 될 수 없고, 아브라함의 자녀가 될 수 없고, 성령의 약속을 누릴 수 없습니다. 하나님이나 사람이 여러분을 축복하도록 만들기 위한 수단으로 율법을 지키려고 노력하는 것은 율법 자체를 어기는 것이며(2:18), 그것은 한 사람을 율법의 저주 아래로 데려가는 것입니다(3:10). 따라서 유대주의자들이 갈라디아의 그리스도인들에게 율법의 행위로 믿음을 보충하도록 가르친 것은 큰 오류이며, 바울은 이 책에서 그런 치명적인 율법주의에 빠진 그리스도인들을 바른 길로 인도하려고 모든 노력을 기울이고 있습니다.

유대주의자들의 반대와 바울의 반응

이제 3장 15-18절에서 바울은 유대주의자들이 그의 입장에 대해 제기했을지도 모르는 반대를 다루고 있는 것으로 보입니다. 그들은 이런 식으로 말했을 것입니다. "바울, 우리는 아브라함에 대한 당신의 생각에 동의하지 않아요. 우리는 아브라함이 약속된 복을 받을 수 있었던 것은 그의 행위 덕분이었다고 생각하니까요. 하지만 아브라함이 믿음으로 의롭다 함을 받았다는 당신의 주장은 인정해요. 어쩌면 하나님은 그런 식으로 이스라엘 역사를 시작하기 원하셨을 수도 있지요. 하지만 아브라함 이후 430년이 지났을 때 하나님이 시내 산에서 모세를 통해 율법을 더할 필요가 있다고 생각하셨다는 사실은 피할 수가 없어요. 그런데 600여 개의 조항을 포함한 율법이 우리의 행위에 근거하여 유업을 받는다는 것을 가르치지 않는다면 대체 무엇을 가르친단 말입니까? 우리가 믿음으로 시작한 갈라디아의 신자들에게 그들의 노력을 다하고 이제 율법의 행위로 성화를 완성하라고 말할 때 우리는 바로 하나님이 하신 일을 하고 있는 것입니다. 하나님은 아브라함을 통해 우리에게 약속을 주셨는데, 그것은 당신 말처럼 믿음으로 받는 것이죠. 그 다음에 하나님은 우리가 해야 할 일을 명확히 하기 위해 율법을 더하신 것이고요. 따라서 구속사의 과정은 우리의 유업이 율법의 행위로부터 온다는 것을 보여주고 있어요. 우리가 우리 자신의 노력을 다해 유업을 물려받을 권리를 획득해야 한다는 걸 명확히 하기 위해서가 아니라면, 왜 하나님이 430년 뒤에 율법을 추가하셨겠습니까?"

저는 3장 15-18절이 이런 주장에 대한 바울의 반론이라고 생각합니다. 19절이 "그런즉 율법은 무엇이냐?"라는 말로 시작하는 것을 주목하십시오. 이것은 15-18절에서 바울이 율법이 주어진 이유에 대한 유대주의자들의 주장에 반박하고 있다는 것을 확실히 보여줍니다. 그후 19절부터는 그가 생각하는 율법이 더해진 이유를 비로소 설명합니다(다음 주 메시지를 참고하십시오). 그 전에 3장 15-18절에서는 먼저 유대주의자들의 주장에 반박하는 내용이 나옵니다. "아니요. 당신들은 완전히 틀렸습니다. 율법은 유업을 받는 다른 길을 가르치기 위해 추가된 것이 아닙니다." 율법은 (3장 21절에서 말하듯이) 결코 하나님의 약속들과 반대되는 것이 아닙니다. 바울이 이 주장을 어떻게 하는지 봅시다.

사람의 예

갈라디아서 3장 15절

15 형제들아 내가 사람의 예대로 말하노니 사람의 언약이라도 정한 후에는 아무도 폐하거나 더하거나 하지 못하느니라

그는 15절에서 비유를 들기 시작합니다. "형제들아 내가 사람의 예대로 말하노니 사람의 언약이라도 정한 후에는 아무도 폐하거나 더하거나 하지 못하느니라." 물론 이 말이 우리에게는 틀리게 들릴 수 있습니다. 왜냐하면 우리는 유언을 바꿀 수도 있고 보충할 수도 있기 때문입니다. 그러나 로마와 그리스와 유대인의 율법 아래에서는 이 말이 정확했을 것입니다. 중요한 것은 취소하거나 추가해서 바꿀 수 없는 유언장이나 재산 처분, 유산 분배, 서약들이 있었다는 (그리고 지금도 있다는) 것입니다. 바울은 이것을 예로 들어, 모세 율법이 아브라함 언약을 폐기하거나 변경하는 것으로 해석되어서는 절대로 안 된다고 설명합니다.

17절은 그 비유를 이렇게 적용합니다. "내가 이것을 말하노니 하나님께서 미리 정하신 언약을 사백삼십 년 후에 생긴 율법이 폐기하지 못하고 그 약속을 헛되게 하지 못하리라." 바울은 아브라함에게 약속을 주신 분이 하나님이고 그의 후손들에게 율법을 주신 분도 하나님이시라는 사실에 대해서는 유대주의자들의 말에 동의합니다. 아브라함 언약과 모세 언약 모두에서 이스라엘에게 복이 주어지는 일에는 어

떤 조건이 따른다는 것에도 동의합니다(창 12:1-3; 출 20:24; 신 7:12, 13; 30:16-20). 그러나 바울은 유대주의자들의 주장, 즉 하나님이 아브라함을 통해 이스라엘에게 복을 주시는 방식과 모세를 통해 이스라엘에게 복을 주시는 방식이 서로 다르다는 주장을 결코 받아들이지 않을 것입니다. 만일 하나님이 율법 안에서 행위로 축복을 얻으라고 사람들에게 말씀하셨다면 아브라함과의 언약이 폐기되었을 것입니다. 사람들이 자신의 노력으로 믿음을 보충할 수 있도록 어떤 조항들을 더하셨다면, 아브라함에게 하셨던 약속은 무효가 될 것입니다. 하나님이 아브라함에게 언약하신 것을 보면, 하나님의 복은 율법의 행위로 그것을 얻으려 노력하는 자들이 아니라 믿음이 있는 자들에게 값없이 주어진다는 것을 알 수 있습니다(3:7, 9). 만약 바울이 이와 반대되는 것을 가르쳤다면 그의 진실성은 위태로워졌을 것입니다.

아브라함 언약과 모세 언약의 관계

그렇다면 율법은 무엇입니까? 율법은 근본적으로 아브라함의 언약을 구속사의 새로운 상태에 맞게 다시 말씀하신 것입니다. 언약을 무효화하거나 변경한 것이 아닙니다. 두 언약에서 하나님의 복을 받는 유일한 길은 하나님의 은혜를 얻기 위해 그분을 믿는 것입니다. 또한 두 언약에서 최종적인 복은 단회적인 믿음의 행위가 아니라 믿음의 삶에 달려 있습니다. 다르게 말하자면, 두 언약에서 하나님의 복의 약속은 하나님의 은혜로 믿음으로 말미암는 것이지 노력으로 얻는 것이 아닙니다. 이들 두 언약에서 구원하는 믿음saving faith은 하나님의 능력을 힘입어 순종의 결과를 이끌어 내는 믿음입니다. 그리고 이 순종은 구원을 주는 믿음이 있으면 반드시 따라오는 것인데, 두 언약 모두에서 하나님께 순종하는 것은 최종적인 구원을 위한 조건입니다. 이 순종은 율법주의적인 "율법의 행위"가 아니라 성령의 능력을 힘입은 "믿음의 순종"을 말하는 것입니다.

이제 하나님께 순종하는 것이 아브라함 언약과 모세 언약 모두에서 구원을 유업으로 받는 조건이라는 것을 설명해보려 합니다. 창세기 22장 16-18절에서 아브라함이 순종하여 이삭을 제물로 드린 후에 하나님이 아브라함에게 이렇게 말씀하십니다.

"네가 이같이 행하여 네 아들 네 독자도 아끼지 아니하였은즉 내가 네게 큰 복을 주고 네 씨가 크게 번성하여 하늘의 별과 같고 바닷가의 모래와 같게 하리니…또 네 씨로 말미암아 천하 만민이 복을 받으리니 이는 네가 나의 말을 준행하였음이니라."

그리고 창세기 26장 4-5절에서 하나님은 이삭에게 이렇게 말씀하십니다.

"네 자손을 하늘의 별과 같이 번성하게 하며…네 자손으로 말미암아 천하 만민이 복을 받으리라 이는 아브라함이 내 말을 순종하고 내 명령과 내 계명과 내 율례와 내 법도를 지켰음이라."

창세기 18장 19절에서는 이렇게 말씀하십니다.

"내가 그로 그 자식과 권속에게 명하여 여호와의 도를 지켜 의와 공도를 행하게 하려고 그를 택하였나니 이는 나 여호와가 아브라함에게 대하여 말한 일을 이루려 함이니라."

그러므로 많은 사람들이 말하는 것처럼 아브라함과의 언약이 조건성이 없는 것이 아니었다는 것이 명백해 보입니다. 하나님의 궁극적인 복은 진짜로 순종에 달려 있습니다. 그렇다고 율법의 행위, 즉 하나님의 축복을 얻기 위한 행위에 달려 있다는 것은 결코 아닙니다. 구원이 달려 있는 순종은 하나님의 약속을 진심으로 믿고 행하는 순종을 말합니다. 그러한 순종은 단순히 하나님의 능력과 사랑을 믿는 믿음으로 사는 삶입니다.

따라서 430년 후에 율법이 주어질 때 하나님과 이스라엘의 언약관계의 조건에 근본적인 변화가 있었다고 생각하는 것은 잘못입니다. 물론 전에는 없었던 정교한 제사 규정이 생겨난 것은 사실입니다. 하지만 기본적으로 율법의 계명들은 신권정치 안에서 믿음의 삶이 어떤 모습으로 나타나는지에 대한 일반적인 개요를 보여주는 것이었습니다. 모세 율법의 가르침이 아브라함 언약과 정반대였으며, 아브라함과 그리스도 사이에 간격이 있어서 그동안에 하나님이 사람들에게 행위로 구원을 얻기 위해 노력하라고 가르치셨다고 말하는 것은 매우 잘못된 것입니다. 모세 자신은 율법을 단순히 아브라함 언약의 조건들을 다시 말한 것으로 보았습니다. 그는 신명기 7장 12-13절에서 이렇게 말합니다. "너희가 이 모든 법도를 듣고 지켜 행하면 네 하나님 여호와께서 네 조상들에게 맹세하신 언약을 지켜 네게 인애를 베푸실 것이라

곧 너를 사랑하시고 복을 주사 너를 번성하게 하시되"(30:16-20; 8:18; 4:31 참조). 모세에게 시내 산 언약은 아브라함과 맺은 언약을 다시 확인하고 상세히 설명한 것이었습니다. 열매로 증명되는 믿음(출 14:31; 민 14:11; 20:21; 신 1:32)이 두 언약의 조건이었습니다. 따라서 바울은 430년 뒤에 등장한 율법이 아브라함과 맺은 언약을 무효화하거나 기본적으로 변경한 것이 아니었다고 확신에 차서 말하는 것 같습니다. 그 두 언약은 완벽한 조화를 이룹니다.

한 자손 그리스도

갈라디아서 3장 16절

16이 약속들은 아브라함과 그 자손에게 말씀하신 것인데 여럿을 가리켜 그 자손들이라 하지 아니하시고 오직 한 사람을 가리켜 네 자손이라 하셨으니 곧 그리스도라

이제 우리가 이해해야 할 두 구절이 남았습니다. 바로 16절과 18절입니다. 제가 이 부분을 마지막까지 남겨 둔 이유는 16절이 18절을 이해하기 위한 열쇠라고 생각하기 때문입니다. 그러므로 16절을 먼저 살펴보겠습니다. 이것은 참으로 헷갈리게 하는 구절입니다. "이 약속들은 아브라함과 그 자손에게 말씀하신 것인데 여럿을 가리켜 그 자손들이라 하지 아니하시고 오직 한 사람을 가리켜 네 자손이라 하셨으니 곧 그리스도라." 이 구절의 요점은 예수 그리스도께서 아브라함의 씨, 아브라함의 자손이라는 것입니다. 그리스도께서 아브라함의 자손(씨)이라 불릴 수 있는 이유가 네 가지 있습니다.

① 그분은 엄격한 혈연적 의미에서 유대인이며, 그분의 혈통은 아브라함에게로 거슬러 올라갈 수 있습니다.

② 그분은 믿음의 삶을 사셨습니다. 3장 7절에 의하면 유대인 중 일부만이 믿음의 삶을 통해 아브라함의 자손이 됩니다.

③ 그리스도께서 죽으시고 부활하심으로써 우리의 죄를 대속하셨고 아브라함의 자손들에게 약속된 모든 축복을 값주고 사셨습니다.

④ 지금은 유대인이나 헬라인이나 차별 없이 오직 그분께 속함으로써 참된 아브라함의 자녀가 되고 약속의 상속자가 될 수 있습니다. 3장 29절은 이렇게 말합니다. "너희가 그리스도의 것이면 곧 아브라함의 자손이요 약속대로 유업을 이을 자니라." 따라서 우리가 오직 그리스도께 속함으로써 아브라함의 자손이 되고 약속대로 유업을 이을 자가 되기 때문에, 바울은 그리스도를 아브라함의 결정적 자손으로 여긴 것입니다. 모든 약속이 그분께 주어졌고, 실로 그분이 우리를 위해 모든 약속을 성취하셨기 때문입니다. 따라서 16절의 요지는 아브라함과 그의 자손에게 주어진 상속의 약속이 오직 그리스도 안에서, 그분의 죽음과 부활에 의해 성취된다는 것입니다. 이 요점은 18절을 이해하는 데 매우 중요합니다.

그러나 18절을 살펴보기 전에, 바울이 구약성경에 쓰인 "자손"이라는 단어가 (복수가 아니라) 단수이기 때문에 그리스도 안에서 성취된 것으로 볼 수 있다고 말한 것이 어떻게 정당화되는지 이야기할 필요가 있습니다. 이것이 우리에게는 이상하게 보입니다. 우리는 자손이 집단을 나타내는 단어이며, 한 개인만을 가리키지 않는다고 알고 있기 때문입니다. 바울은 그것이 단수라는 사실을 무슨 근거로 주장할 수 있을까요?

두 가지 관찰이 바울의 생각을 이해하는 데 큰 도움이 됩니다. (1)

그는 단수 형태의 "자손"(또는 씨)이 실제로는 많은 사람들을 가리킨다는 것을 알았습니다. 실제로 바울은 로마서 4장 18절과 9장 7절에서 많은 이들을 가리키면서 단수 형태를 사용하고 있습니다. 따라서 이것은 단순한 실수가 아니라, 의도적인 것입니다. (2) 창세기 21장 12절에서 "씨"(자손)라는 단어는 아브라함의 모든 자녀들을 가리키는 것이 아니라 약속된 한 자손, 즉 (이스마엘이 아닌) 이삭을 가리키는 것이었습니다. "이삭에게서 나는 자라야 네 씨라 부를 것임이니라." 바울은 로마서 9장 8절에서 이것을 인용하며 이어서 이렇게 말합니다. "곧 육신의 자녀가 하나님의 자녀가 아니요 오직 약속의 자녀가 씨로 여기심을 받느니라."

즉 창세기 21장 12절에서 이삭이 약속의 자녀라는 이유로 이스마엘이 아닌 이삭을 "씨"(자손)라고 부르는 데서, 바울은 메시아에게서 그 절정을 이루는 하나님의 선택election을 발견합니다. 이런 해석은 구약성경 본문에 그와는 전혀 무관한 의미를 인위적으로 부여하는 것이 아닙니다. 바울은 구약성경의 맥락(창 21:12) 속에서 "씨"(자손)라는 단어를 이해할 때 그것이 아브라함의 모든 후손이 아니라 하나의 통일되고 제한된 자손을 나타낸다는 것을 알게 되었습니다. 그리고 다른 성경 말씀을 통해 아브라함의 자손으로서 약속을 성취하실 메시아가 오신다는 것을 알게 되었습니다. 결국 제한되고 통일된 아브라함의 자손에게 주어진 하나님의 약속은 독특한 방식으로 그리스도를 가리키고 있는 것입니다. 또한 이후의 계시를 통해, 아브라함과 그의 자손에게 주어진 약속은 (3:14에서 말하듯이) 그리스도 안에서만 성취된다는 사실이 더욱더 명백해졌습니다. 따라서 앞에서 말한 것처럼 16절의 요점은 약속된 유업(성령, 구원)이 오직 예수 그리스도에 의해서 온다는 것입니다. 그분은 약속이시며, 그 약속이 없이는 아무도 유업을 받을 수 없습니다.

유업과 그리스도의 약속

이제 마지막으로 우리는 18절의 의미를 알 수 있습니다. 18절 전반부에는 동사가 없습니다. 저는 RSV 성경(그리고 다른 성경들)이 현재시제 동사를 사용한 것이 과연 최

> **갈라디아서 3장 18절**
> 18 만일 그 유업이 율법에서 난 것이면 약속에서 난 것이 아니리라 그러나 하나님이 약속으로 말미암아 아브라함에게 주신 것이라

선일까 의심스럽습니다. 저는 그것을 이렇게 번역하려 합니다. "만일 그 유업이 율법에서 난 **것이었으면** 약속에서 난 것이 **아니었을 것이다.** 그러나 그것은 하나님이 약속으로 말미암아 아브라함에게 주신 것이다." 저는 18절에서 말하는 약속이 무엇인지 알도록 돕기 위해 16절이 쓰여졌다고 생각합니다. 즉 그것은 그리스도의 약속입니다. 따라서 18절은 이런 뜻입니다. "만일 그 유업(구원)이 율법에서(단순히 모세의 계명들을 지킴으로써) 나는 것이었으면 구원의 길은 약속된 그리스도로 말미암는 것이 아니었을 것이다. 이미 그 유업을 받았다면 그리스도는 필요치 않았을 것이다. 그러나 (16절에서 명백히 밝히듯이) 하나님이 약속으로 말미암아, 즉 그리스도로 말미암아 아브라함에게 유업(구원)을 주셨다".

3장 18절과 가장 유사한 구절은 2장 21절인 것 같습니다. "내가 하나님의 은혜를 폐하지 아니하노니 만일 의롭게 되는 것이 율법으로 말미암으면 그리스도께서 헛되이 죽으셨느니라"(2:21). 이것은 거의 이렇

게 말하는 것과 같습니다. 만일 율법을 지키는 것을 근거로 유업이 주어졌다면, 유업은 약속된 그리스도를 근거로 하지 않았을 것이며, 그분이 오셔서 죽으신 것이 헛된 일이었을 것이다.

결론으로서 요약하자면, 유대주의자들은 마치 이렇게 말하고 있는 것과 방불합니다. "바울, 하나님이 약속을 주시고 믿음을 요구하심으로써 이스라엘 백성들과 거래를 시작하셨다고 가정합시다. 하지만 430년 후에 하나님이 이스라엘을 위해 율법을 정할 필요가 있다고 생각하셨다는 것은 당신도 부인할 수 없을 거요. 그리고 가장 자연스러운 추정은 어떤 이가 처음에는 약속 안에서 믿음으로 시작하더라도 그 후에는 율법을 지키고 스스로 약속된 유업을 받을 가치가 있음을 보여주기 위해 의지력을 발휘하고 노력함으로써 완전해져야 한다는 거요. 그래서 당신도 알다시피 우리가 당신의 회심자들을 데려와서 하나님이 구속사 속에서 하신 일을 그들 개인의 삶에 다음과 같이 적용하려 하는 것이오. 즉 약속을 믿음으로써 시작하지만, 그 후에 복을 받기에 합당한 자가 되기 위해서는 율법을 지킴으로써 자신의 노력을 더해야 하는 것이오. 성령으로 시작한 당신은 육신으로 완전해져야 합니다."

갈라디아서 3장 15-18절에 나오는 바울의 대답은 이와 같습니다. "사람들 사이의 언약에도 임의로 바꿀 수 없는 언약이 있듯이(15절), 하나님이 아브라함과 그의 후손들에게 하신 약속은 바꿀 수 없는 것이오. 그 약속은 구원의 유업이 아브라함의 육체의 후손들 모두에게 주어지는 것이 아니라, 궁극적으로 그리스도와 그 안에 있는 모든 사람을 가리키는 아브라함의 씨에게 주어집니다. 그리스도를 떠나서는 유업도 없습니다! 하나님의 성품과 그분의 약속을 생각할 때, 나중에 어떤 조항으로도 그 약속을 취소하거나 헛되게 만들 수 없을 것입니다."

그러므로 하나님은 (430년 뒤에 주어진) 율법 안에서 유업의 새로운 근거를 제시하시는 것이 아닙니다(17절). 그분은 이렇게 말씀하시지 않습니다. "전에는 너희에게 나를 믿으라고 가르쳤으나, 지금은 나를 위해 행하라고 가르친다. 전에는 은혜에 의존하라고 가르쳤으나, 지금은 공로를 쌓으라고 가르친다. 전에는 어린아이와 같이 됨으로 나를 높이라고 가르쳤으나, 이제는 율법주의를 통해 너희 자신을 높이라고 가르친다." 그렇지 않습니다! 하나님은 이런 식으로 자신의 언약을 부정하지 않으십니다. 하나님은 정반대되는 구원의 길을 권하지 않으십니다. 하나님이 사람들에게 행함으로 구원을 얻어 내라고 가르치셨다면, 그분은 약속을 반대하고 은혜를 폐하며 교만을 부추기고 십자가의 걸림돌을 제거하셨을 것입니다. 율법은 거룩하고 정의롭고 선한 것입니다. 그것은 우리에게 갈라디아의 이단, 즉 율법주의에 연루되라고 가르치지 않습니다. 율법은 믿음에서 나오는 순종을 가르치며, 아브라함 언약을 구속사의 새로운 단계에 적용합니다.

11장
그런즉 왜 율법인가

갈라디아서 3:19-22

[19] 그런즉 율법은 무엇이냐 범법하므로 더하여진 것이라 천사들을 통하여 한 중보자의 손으로 베푸신 것인데 약속하신 자손이 오시기까지 있을 것이라 [20] 그 중보자는 한 편만 위한 자가 아니나 하나님은 한 분이시니라 [21] 그러면 율법이 하나님의 약속들과 반대되는 것이냐 결코 그럴 수 없느니라 만일 능히 살게 하는 율법을 주셨더라면 의가 반드시 율법으로 말미암았으리라 [22] 그러나 성경이 모든 것을 죄 아래에 가두었으니 이는 예수 그리스도를 믿음으로 말미암는 약속을 믿는 자들에게 주려 함이라

"누구"와 "왜"의 중요성

사도 바울의 마음은 테니슨Tennyson의 "경기병 여단의 돌격"The Charge of the Light Brigade(크림 전쟁에서의 동명의 전투를 소재로 테니슨경이 1854년에 쓴 서사시. 적의 포대를 향해 그저 명령대로 용감하게 돌격하나 엄청난 사상자만 내고 아무 성과는 없었던 전투임—편집주)보다 루드야드 키플링Rudyard Kipling의 《아기 코끼리》The

Elephant's Child(악어가 저녁으로 무엇을 먹었을지 궁금해한 호기심 많은 아기 코끼리의 여행을 소재로 하는 동화책—편집주)에 더 가깝습니다. 테니슨은 그의 "고귀한 600명"에 대해 이렇게 말했습니다.

> 대꾸하지 말고
> 이유를 묻지 말고
> 다만 죽을 각오로 행하는 것이 그들의 일이다.

우리 중 많은 이들이 그와 같이 살려는 유혹을 느낍니다. 우리는 거의 이해하지 못하고 하나님의 뜻의 작은 부분만 보고서는, 생각하기를 포기하고 이렇게 말하기 원합니다. "우리가 할 일은 이유를 따져 묻는 게 아니라, 그저 죽을 각오로 행하는 것이다." 그러나 사도 바울은 그렇게 말하지 않습니다. 제가 갈라디아서와 로마서를 제대로 읽은 것이 맞다면, 바울은 다음과 같은 글을 쓴 키플링의 생각에 더 동조했을 것입니다.

> 나에게는 여섯 명의 정직한 하인이 있지
> (내가 아는 모든 것은 그들이 가르쳐주었다네)
> 그들의 이름은 무엇, 왜, 언제,
> 어떻게, 어디서, 그리고 누구라네.

모든 일을 그의 뜻에 따라 행하시는 인격적인 하나님이 창조하신 세상에서, 가장 중요한 두 명의 "하인"은 바로 "누구"와 "왜"입니다.

이스라엘에게 율법을 주신 이가 "누구"인지에 대해서는 의심의 여지가 없었습니다. 문제는 "왜"였습니다. "그런즉 왜 율법인가?"

모든 사람이 "왜"라는 질문에 관심을 갖지는 않습니다. 어떤 사람이 이렇게 말하는 것을 상상해볼 수 있습니다. "이유를 안다고 해서 뭐가 달라지는가? 어차피 율법은 있는 것이다. 그러니 그것을 최대한 활용하자. 우리가 할 일은 이유를 따져 묻는 게 아니다. 그저 죽을 각오로 행하는 것이다." 이스라엘에서도 많은 이들이 그랬습니다. 그리고 그들은 율법이 주어진 이유를 몰랐기 때문에 죽었습니다. 율법이 존재하는 이유를 모르면 그것을 선용할 수 없습니다. 교통 신호등이 붉은색인 이유를 모르면 교차로에서 사고를 당합니다. 약병에 독성 마크가 붙어 있는 이유를 모르면 위험에 빠집니다. 삶의 많은 영역에서 무작정 행하다가 죽지 않으려면 이유를 따져 물어야 합니다. 하나님의 율법도 마찬가지입니다. 율법이 주어진 이유를 이해하지 못하면 그것으로 우리 자신을 죽일 수도 있습니다. 바울은 로마서 9장 32절에서 이스라엘이 망한 이유는 그들이 율법을 따르지 않아서가 아니라 잘못된 방법으로 따랐기 때문이라고 말합니다. 즉 그들은 믿음으로 행하지 않고 행위를 의지했습니다. 성령의 능력 대신 육체의 노력을 의지한 것입니다. 도덕적인 노력이 치명적인 죄가 될 수 있습니다.

제가 이번 달 〈더 스탠다드〉*The Standard*지에 율법주의가 알코올 중독보다 더 교회에 위협적인 존재라고 쓴 것은 충격 효과를 위한 것이 아니었습니다. 그것은 명백한 신학적 사실입니다. 알코올 중독자들은 비극적인 속박 상태에 있습니다. 우리는 그들을 돕기 위해 모든 일을 해야 합니다. 하지만 율법주의는 그보다 더 미묘하고 더 만연해 있으며, 결국에는 더 파괴적입니다. 사탄은 빛의 천사로 가장하여 하나님의 계명들을 작전 기지로 삼고 활동합니다. 그리고 인간의 마음은 너무나 뿌리 깊이 교만하고 불순종적이어서 종종 종교와 도덕성을 이용하여 반역합니다. 로마서 10장 3절은 "하나님의 의를 모르고 자기 의를 세우려고 힘써 하나님의 의에 복종하지 아니하였느니라"라고 말합니다. 의를 추구하는 것이 당신을 지옥으로 인도할 수도 있습니다. 따라서 갈라디아서는 우리에게 권면합니다. 율법이 주어진 이유를 제대로 알라. 죽음으로 이끄는 길이 아니라 오직 생명으로 이끄는 길로 그것을 추구하라.

율법이 주어진 이유

갈라디아서 3장 19-22절은 이스라엘에게 율법이 주어진 두 가지 이유를 제시합니다. 각각의 이유가 두 번씩 언급되는데, 19절과 22절에 나옵니다. 19절에 첫 번째 답이 나옵니다. 율법은 "범법하므로 더하여진 것"입니다. 이것이 무슨 뜻인지 곧 설명해 드리겠습니다. 이것은 "성경이(또는 율법이) 모든 것을 죄 아래에 가두었"다는 22절의 첫 부분과 사실상 같은 말입니다.

두 번째 이유는 22절 후반부에 나옵니다. "이는 예수 그리스도를 믿음으로 말미암는 약속을 믿는 자들에게 주려 함이라." 이것은 19절의 "약속하신 자손이 오시기까지"라는 말씀과 같은 것을 가리킵니다. 요약하면, 율법은 첫째는 세상을 죄 아래에 가두고 죄를 증가시키기 위해, 둘째는 약속된 자손인 예수 그리스도를 통해 유업을 얻게 하기 위해 주어졌습니다. 다른 길은 없습니다. 이 두 번째 목적은 다음 주를 위해 아껴 두겠습니다. 다음 주에 우리는 3장을 마치면서 관리자로서의 율법에 대해 이야기할 것입니다. 오늘은 첫 번째 목적에 대해 생각해보겠습니다. 율법이 더해진 것은 죄 때문이고, 사람들을 죄 안에 가두기 위해서입니다.

그러나 19절 후반부와 20절에 대해 먼저 짧게 한마디만 하겠습니다. "천사들을 통하여 한 중보자의 손으로 베푸신 것인데 약속하신 자손이 오시기까지 있을 것이라 그 중보자는 한 편만 위한 자가 아니나 하나님은 한 분이시니라." 저는 이 부분을 다루지 않을 것입니다. 그 의미를 정확히 모르기 때문입니다. 저는 20절의 두 부분이 서로 어떤 관계가 있는지 이해할 수가 없습니다. 이 부분에 대해 누가 저에게 통찰력을 주신다면 감사하겠습니다.

죄를 죄로 드러내기 위해

우리에게 남겨진 한 가지 중요한 과제가 있습니다. 바로 율법의 첫 번째 목적을 이해하고 그것을 우리 자신에게 적용하는 것입니다. 먼저 19절부터 시작하겠습니다.

갈라디아서 3장 19절

¹⁹ 그런즉 율법은 무엇이냐 범법하므로 더하여진 것이라 천사들을 통하여 한 중보자의 손으로 베푸신 것인데 약속하신 자손이 오시기까지 있을 것이라

다. "범법하므로 더하여진 것이라"는 말은 율법이 범법을 생산해 내기 위해 주어졌다는 뜻입니까, 아니면 범법함이 이미 있었는데 단지 그것을 벌하기 위해 율법을 주신 것이라는 뜻입니까? 전자의 의미가 거의 확실합니다. 범죄를 생산해 내기 위해 율법이 더해진 것입니다. 이 구절과 유사한 구절이 바로 로마서 5장 20절입니다. 거기서 바울은 그

의미를 매우 분명히 밝힙니다. "율법이 들어온 것은 범죄를 더하게 하려 함이라."

이것은 두 가지 의미에서 사실입니다. 첫 번째 의미는 로마서 4장 15절에서 분명히 드러납니다. "율법은 진노를 이루게 하나니 율법이 없는 곳에는 범법도 없느니라." 제 생각에 이 말은 이런 뜻입니다. 당신은 마음속으로 의사를 불신할 수 있지만, 그가 준 처방전을 쓰레기통에 버리기 전까지는 그 불신이 눈에 보이지 않을 것입니다. 그 처방전이 당신의 보이지 않는 반감을 눈에 보이는 범죄로 만드는 것입니다. 따라서 바울이 갈라디아서 3장 19절에서 범법하므로 율법이 더해졌다고 말하고, 로마서 5장 20절에서 범죄를 더하게 하려고 율법이 들어왔다고 말한 의미는, 첫째로 그것이 의사의 처방전과 같이 누가 의사를 신뢰하고 누가 의사를 불신하는지를 드러내는 역할을 한다는 것입니다. 율법은 믿음의 순종을 처방함으로써 감춰진 불신과 반항의 죄를 드러내어 공공연한 불순종의 범법으로 만드는 것입니다.

더 많은 죄를 일으키기 위해

율법이 범죄를 더하게 하려고 들어왔다는 말에는 두 번째 의미가 있습니다. 율법은 단지 현재 존재하는 죄를 드러낼 뿐 아니라, 더 많은 죄를 일으키기도 합니다. 로마서 5장 20절은 이렇게 말합니다. "율법이 들어온 것은 범죄를 더하게 하려 함이라." 그리고 계속해서 "그러나 죄가 더한 곳에 은혜가 더욱 넘쳤나니"라고 말합니다. 단지 죄가 공공연한 범죄 행위로 발전하여 눈에 보이게 드러나는 것만이 아니라 더 늘어나는 것입니다. 인간의 마음속에 있는 반역과 불순종과 불신이 율법을 만날 때 더 강화되고 확장됩니다. 이것은 로마서 7장의 몇몇 구절을 통해 분명해집니다. 예를 들면 5절에서 "우리가 육신에 있을 때에는 율법으로 말미암는 죄의 정욕이 우리 지체 중에 역사하여 우리로 사망을 위하여 열매를 맺게 하였더니"라고 말합니다. 마음의 악한 성향들이 율법에 의해 드러날 뿐만 아니라 율법에 의해 더 자극을 받아 일어나는 것입니다. 여기에는 이유가 있습니다. 성령을 떠난 우리의 마음은 완전히 자기 중심적이며, 그런 마음은 자신이 율법의 권위에 의해 도마 위에 놓이고 비난받는 것을 알면 더 격렬하게 자신을 방어하려 합니다. 그래서 율법은 죄인에게 더 많은 자기 주장과 자기 만족을 일으킴으로써 죄를 더합니다.

로마서 7장에서 볼 수 있는 또 한 가지 예는 8절입니다. "그러나 죄가 기회를 타서 계명으로 말미암아 내 속에서 온갖 탐심을 이루었나니." 탐심은 하나님의 자비가 당신이 필요로 하는 모든 것을 채워주실 것을 믿지 않으면서 무언가를 욕구하는 것입니다. 그렇다면 어떻게 율법이 바울의 마음속에 탐심을 일으켰을까요? 아마 이러했을 것입니다. 율법은 바울이 원하는 축복을 그에게 제시했습니다. 그러나 그는 그 모든 축복을 주실 하나님의 자비를 겸손히 의지하는 대신, 자신의 도덕적 노력에 의존하여 엄격하게 율법을 지켜 율법의 축복을 얻고자 했습니다. 그것이 탐심의 본질입니다. 즉 하나님의 자비를 믿지 않으면서 어떤 것을 욕구하는 것입니다. 따라서 율법은 그것에 순종하려고 나서는 사람들 안에서도 죄를 일으킵니다. 하나님이 공급해주시는 능력 안에서 믿음으로 행하지 않고 자신의 힘으로 행할 때 그렇게 됩니다.

마지막 예는 로마서 7장 13절에서 볼 수 있습니다.

"그런즉 선한 것(율법)이 내게 사망이 되었느냐 그럴 수 없느니라 오직 죄가 죄로 드러나기 위하여 선한 그것으로 말미암아 나를 죽게 만들었으니 이는 계명으로 말미암아 죄로 심히 죄 되게 하려 함이라."

이 구절은 율법이 죄를 더하게 한다는 두 가지 의미를 다 언급합니다. 첫째는 "죄가 죄로 드러난다"는 것입니다. 둘째는 "죄로 심히 죄 되게" 한다는 것입니다. 율법은 죄를 드러내고, 또 죄를 강화합니다. 그러나 바울은 율법 자체는 죄가 아니며 율법은 거룩하고 선한 것이라고 주장합니다. 그런데 인간의 마음이 하나님의 율법같이 선한 것마저 교만과 이기심과 탐심과 죽음의 수단으로 오용하니, 이것은 인간의 마음이 얼마나 부패했는지를 보여주는 것입니다.

그것은 우리에게 갈라디아서 3장 19절을 이해하게 해줍니다. "그런즉 율법은 무엇이냐 범법하므로 더하여진 것이라." 그것은 보이지 않는 죄를 눈에 보이는 범법 행위로 드러내기 위해 더해졌습니다. 인간의 마음속에 있는 불순종과 반역을 일으키고 그것을 더욱 심히 죄 되게 하려고 더해졌습니다. 이제 21절과 22절을 봅시다. "그러면 율법이 하나님의 약속들과 반대되는 것이냐 결코 그럴 수 없느니라 만일 능히 살게 하는 율법을 주셨더라면 의가 반드시 율법으로 말미암았으리라 그러나

갈라디아서 3장 21-22절

21 그러면 율법이 하나님의 약속들과 반대되는 것이냐 결코 그럴 수 없느니라 만일 능히 살게 하는 율법을 주셨더라면 의가 반드시 율법으로 말미암았으리라 22 그러나 성경이 모든 것을 죄 아래에 가두었으니 이는 예수 그리스도를 믿음으로 말미암는 약속을 믿는 자들에게 주려 함이라

성경이 모든 것을 죄 아래에 가두었으니 이는 예수 그리스도를 믿음으로 말미암는 약속을 믿는 자들에게 주려 함이라." 21절은 지난주에 설교했던 3장 15-18절의 메시지와 같은 주장을 합니다. 아브라함과 그의 후손에게 약속이 주어진 지 430년 후에 등장한 율법이 이스라엘에 관한 하나님의 본래 언약을 무효화하거나 변경하지 않는다는 것입니다. 21절에서 말하듯이, 그것은 전혀 약속들에 반하는 것이 아닙니다. 그 약속은 최종적으로 아브라함의 후손인 예수 그리스도에게 주어진 것이었습니다(16절). 그러나 21절에서 보듯, 율법은 살게 할 수 없습니다. 22절 말씀처럼 그것은 모든 사람을 죄 아래에 가둡니다. 따라서 본문은 이런 말입니다. 율법의 목적은 사람들을 살게 하는 (그래서 그리스도의 일을 대신해 버리는) 것이 아니라, 그리스도께서 오실 때까지 그들을 죄 안에 가두는 것이다.

율법의 무력함과 죄 아래에 가두어진 우리의 상태

이제 두 가지 중요한 질문이 있습니다. 저는 이 두 질문에 대한 답이 같다고 생각합니다. 따라서 두 질문을 같이 하겠습니다. 왜 율법은 사람들을 살릴 수 없었습니까? 왜 율법은 사람들을 죄 아래에 가두었습니까? 그 답도 로마서에서 발견할 수 있습니다.

"율법이 육신으로 말미암아 연약하여 할 수 없는 그것을 하나님은 하시나니 곧 죄로 말미암아 자기 아들을 죄 있는 육신의 모양으로 보내어 육신에 죄를 정하사 육신을 따르지 않고 그 영을 따라 행하는 우리에게 율법의 요구가 이루어지게 하려 하심이니라"(롬 8:3-4).

갈라디아서 3장 21절 말씀처럼, 로마서 8장 3절은 율법이 할 수 없는 일이 있다고 말합니다. 율법은 사람들의 삶 속에서 죄를 제거할 수 없고, 사람들에게 성령의 능력을 부여할 수 없습니다. 그래서 사람을 살게 하지 못합니다. 율법이 생명을 줄 수 없는(갈 3:21) 이유는 율법 자체의 결함 때문이 아니라 사람들의 결함 때문입니다. 로마서 8장 3절에서 육신으로 말미암아 연약하다고 말합니다. 율법이 생명을 주는 대신 죄를 더 악화시켰던 이유는 율법을 받은 이들이 육신의 지배를 받고 있고 성령이 없었기 때문입니다. 로마서 8장 7-8절은 율법을 받을 때의 마음 상태를 묘사합니다.

> "육신의 생각은 하나님과 원수가 되나니 이는 하나님의 법에 굴복하지 아니할 뿐 아니라 할 수도 없음이라 육신에 있는 자들은 하나님을 기쁘시게 할 수 없느니라."

따라서 우리의 두 가지 중요한 질문에 대한 답은 같습니다. 왜 율법은 사람들을 살릴 수 없었습니까? 그들이 육신의 지배를 받고 있었고 새롭게 하는 하나님의 영을 소유하지 못했기 때문입니다. 왜 율법은 사람들을 죄 아래에 가두었습니까? 그들이 육신의 지배를 받고 있었고 새롭게 하는 하나님의 영을 소유하지 못했기 때문입니다. 또는 달리 표현하면, 율법이 사람들을 죄 안에 가두고 그들에게 생명을 주지 않았던 이유는, 순종을 가능하게 하는 성령의 능력과 함께하지 않았기 때문입니다. 어디서 하나님의 명령이 선포되든지 사람을 새롭게 하는 주권적인 성령의 역사가 함께하지 않으면 자연히 자기 중심적인 인간의 마음이 그 반항심을 드러낼 것입니다. 율법을 거부하고 부도덕한 삶을 살거나, 율법을 받아들이고 율법주의적인 도덕성 안에서 사는 것입니다. 어느 경우든(여러분이 자립적이고 도덕적인 사람이든 자립적이고 부도덕한 사람이든) 육신 또는 자립적인 자아가 주관하는 것이며, 그 결과는 죄에 속박되고 결국 영원한 죽음에 이르는 것입니다.

이스라엘, 율법, 그리고 하나님의 영광스러운 약속

그러므로 갈라디아서 3장 19-22절에서 바울의 요점은 하나님이 대부분의 이스라엘 백성들에게 성령을 주시는 일 없이 율법을 주심으로써 인간의 깊은 반항심이 드러날 수 있게 하셨고 죄가 심히 죄 되게 하셨다는 것입니다(그것이 거룩한 율법을 자기를 높이기 위한 도덕적 수단으로 만들었으므로).

모세 자신은 신명기 29장 4절에서 이스라엘에게 율법을 준 후에 이렇게 말했습니다. "그러나 깨닫는 마음과 보는 눈과 듣는 귀는 오늘 여호와께서 너희에게 주지 아니하셨느니라." 그는 율법이 생명을 주지 않고 정죄만 할 것임을 알았습니다. 그는 신명기 31장 26-27절에서 이렇게 말했습니다. "이 율법책을 가져다가 너희 하나님 여호와의 언약궤 곁에 두어 너희에게 증거가 되게 하라 내가 너희의 반역함과 목이 곧은 것을 아나니." 율법이 범죄를 더하고 사람들을 죄 아래에 가두는 것은 그것이 불완전한 사람들에게 하나님의 은총을 받을 공로를 갖추도록 요구하기 때문이 아니라, 교만하고 독립적인 사람들에게 겸손히 하나님의 변화시키는 자비에 의존하도록 요구하기 때문입니다. 율법의 냄새를 맡은 자들이 그럼에도 계속해서 반항하고 완고하다면 그곳에서 율법은 사망의 냄새가 됩니다(히 4:2 참조).

그러나 이 이야기는 행복한 결말을 맞게 될 것입니다. 모세는 생명의 날이 오고 있는 것을 보고 이렇게 말합니다.

"네 하나님 여호와께서 네 마음과 네 자손의 마음에 할례를 베푸사 너로 마음을 다하며 뜻을 다하여 네 하나님 여호와를 사랑하게 하사"(신 30:6).

예레미야 31장 33절입니다.

"그 날 후에…내가 나의 법을 그들의 속에 두며 그들의 마음에 기록하여."

에스겔 36장 26-27절입니다.

"새 영을 너희 속에 두고 새 마음을 너희에게 주되 너희 육신에서 굳은 마음을 제거하고 부드러운 마음을 줄 것이며 또 내 영을 너희 속에 두어 너희로 내 율례를 행하게 하리니 너희가 내 규례를 지켜 행할지라."

또한 바울은 로마서 8장 4절에서 그리스도와 함께 그날이 이르렀다고 선언합니다. 즉, 죄가 대속되었고, 성령이 부어졌으며, "육신을 따르지 않고 그 영을 따라 행하는 우리에게 율법의 요구가 이루어지게" 된 것입니다(성령으로 행하는 법을 알려면 갈라디아서 3장 5절을 참고하십시오).

세 가지 교훈

이 본문이 우리에게 주는 교훈은 무엇입니까? 마지막으로 세 가지를 말씀드리려 합니다. 첫째, 하나님은 천 년이 넘는 역사(모세부터 그리스도까지)를 통해 이스라엘의 실패 속에서 우리 자신을 보도록 도와주려 하셨습니다. 하나님의 목적은 죄의 심히 악함과 우리의 교만과 불순종의 깊이와 교묘함을 드러내는 것입니다. 그러므로 우리는 하나님의 율법의 거울에 비추어 보고 두려워해야 합니다. 또한 아직 제거해야 할 독립심과 교만과 불신의 뿌리들이 남아 있다는 걸 인정해야 합니다.

둘째, 우리는 그리스도를 소중히 여겨야 하며, 우리의 마음을 열어 주를 영접하게 하신 그 은혜를 찬양해야 합니다. 율법의 교훈은 우리가 전적으로 은혜에 의존해야 한다는 것입니다. 그 은혜는 우리 마음에서 돌을 제거하고 믿음과 사랑의 부드러운 마음을 갖게 해줍니다. "죄가 더한 곳에 은혜가 더욱 넘쳤다"(롬 5:20)는 것을 기억하며, 회개, 겸손, 낮아짐, 감사와 같은 것들로 마음을 가득 채워야 합니다.

마지막으로, 하나님께서 교만과 반역과 불신의 침전물이 인간의 마음 밑바닥에 조용히 가라앉아 있게 놔두지 않고, 대신 믿음에서 나오는 순종을 요구함으로써 그것을 더 자극하고 겉으로 드러내는 것이 현명하고 유익한 일이라고 생각하셨다면, 저의 설교도 그것을 목표로 해야 할 것입니다. 저는 소위 "육적인 그리스도인들"의 삶 속에 있는 죄의 침전물을 자극하여 위태롭게 만드는 방식으로 설교자들이 설교하고, 주일학교 교사들이 가르치고, 교인들이 서로 권면해야 할 필요성을 점점 더 많이 느끼고 있습니다.

우리 교회에서 축복의 소나기 대신 겨우 빗방울들을 보는 이유 중 하나는 매주 수십 명의 사람들이 삶의 밑바닥에 죄의 먼지들을 쌓아둔 채 그것에 대해 아무것도 하려고 하지 않고 이 자리에 앉아 있기 때문이 아닐까요? 만일 그렇다면, 하나님이 말씀을 통해 그것을 자극하셔서 그 이유를 볼 수 있게 해주시기를, 그래서 회개와 용서와 정결함과 회복의 역사가 일어나기를 기도합시다.

12장
당신이 그리스도의 사람이라면
약속대로 유업을 이을 자이다

갈라디아서 3:23-29

²³ 믿음이 오기 전에 우리는 율법 아래에 매인 바 되고 계시될 믿음의 때까지 갇혔느니라 ²⁴ 이같이 율법이 우리를 그리스도께로 인도하는 초등교사가 되어 우리로 하여금 믿음으로 말미암아 의롭다 함을 얻게 하려 함이라 ²⁵ 믿음이 온 후로는 우리가 초등교사 아래에 있지 아니하도다 ²⁶ 너희가 다 믿음으로 말미암아 그리스도 예수 안에서 하나님의 아들이 되었으니 ²⁷ 누구든지 그리스도와 합하기 위하여 세례를 받은 자는 그리스도로 옷 입었느니라 ²⁸ 너희는 유대인이나 헬라인이나 종이나 자유인이나 남자나 여자나 다 그리스도 예수 안에서 하나이니라 ²⁹ 너희가 그리스도의 것이면 곧 아브라함의 자손이요 약속대로 유업을 이을 자니라

저는 갈라디아서 3장 23-29절에 담긴 바울의 생각 속에서 네 단계를 봅니다. 첫째, 믿음이 오기 전 이스라엘은 율법 아래 매여 있었습니다. 율법이 초등교사(가정교사) 역할을 했던 것입니다. 그것은 규제와 지도는 하지만 유업을 줄 수는 없었습니다(18절). 둘째, 그리스도께서 오셨

고, 그와 함께 위대한 믿음의 운동이 일어났습니다. 셋째, 어디서든 사람들이 믿음으로 그리스도와 연합하면(세례로 상징됨), 그들은 의롭다 함을 받고, 하나님의 자녀가 되며, 아브라함이 받은 약속의 상속자가 됩니다. 넷째, 따라서 그리스도 안에 있는 우리는 더 이상 율법 아래 있지 않습니다. 본문 속에서 이 각각의 단계들을 이해해봅시다.

율법 아래 매임

갈라디아서 3장 23-24절

23 믿음이 오기 전에 우리는 율법 아래에 매인 바 되고 계시될 믿음의 때까지 갇혔느니라 24 이같이 율법이 우리를 그리스도께로 인도하는 초등교사가 되어 우리로 하여금 믿음으로 말미암아 의롭다 함을 얻게 하려 함이라

첫 번째 단계는 23절과 24절에서 볼 수 있습니다. "믿음이 오기 전에 우리는 율법 아래에 매인 바 되고 계시될 믿음의 때까지 갇혔느니라 이같이 율법이 우리를 그리스도께로 인도하는 초등교사가 되어…"

"초등교사"라는 단어는 아기 때부터 성인이 될 때까지 아들을 보살피는 임무를 맡은 집안의 하인을 가리킵니다. 그는 아이가 외적인 통제 없이도 옳은 일을 행할 수 있을 만큼 성숙할 때까지 아이의 행동을 통제합니다. "초등교사"나 "개인교사" 또는 "가정교사"는 아이의 마음을 선하게 만들 능력이 없으며, 아이에게 유업을 줄 수도 없습니다.

율법이 이스라엘을 위해 바로 그런 역할을 한 것입니다. 그것은 지침과 규제를 제공했습니다. 성숙한 아이가 어떻게 행동해야 하는지에 대한 규정을 주었습니다. 하지만 그것은 이스라엘에게 새 마음을 주지 못했고 유업을 줄 수도 없었습니다. 또한 히브리서 4장 2절에 따르면, 율법이 이스라엘에게 유익이 되지 못한 것은 믿음과 결부되지 않았기

때문입니다. 믿음은 율법이 처방한 성숙함의 표시이며, 따라서 믿음이 올 때까지 율법이 이스라엘을 규제 아래 둔 것입니다. 율법은 어린 이스라엘인들에게 하나님의 자비로운 약속을 믿는 믿음으로 사는 법을 알려주었습니다(출 14:31; 민 14:11; 20:12; 신 1:32; 8:17; 9:23; 28:52; 32:37 참조). 그러나 그들은 대체로 사춘기의 반항과 같은 반응을 보였습니다. 이스라엘은 대개 겸손히 행하지 않았기에 하나님이 그들의 눈을 열어주시고 믿는 마음을 주실 때까지(렘 24:7) 율법은 이스라엘의 죄를 드러내고, 그들을 규제 아래 묶어 두는 역할을 했습니다.

오늘날에도 율법이 그런 일을 합니다. 당신에게 하나님을 신뢰하고 그분의 자비에 의존하는 마음이 없다면, 율법이 엄격한 교사가 주는 부담스럽고 불쾌하고 딱딱한 직무설명서같이 느껴질 것입니다. 그러나 하나님을 신뢰하고 그분의 자비에 의존하는 마음이 있다면, 율법이 현명한 의사의 꼭 필요한 처방전같이 느껴질 것입니다. 율법이 당신에게 무엇인지는 율법을 주시는 분에 대한 당신의 마음에 달려 있습니다. 요한일서 5장 3절은 이렇게 말합니다. "하나님을 사랑하는 것은 이것이니 우리가 그의 계명들을 지키는 것이라 그의 계명들은 무거운 것이 아니로다." 그러나 이스라엘에게 있어 율법은 대체적으로 축복을 얻어내기 위한 무거운 직무설명서였습니다. 그 이유는 율법이 믿음과 결부되지 않았기 때문입니다. (물론, 시편 1편과 119편이 보여주듯 그렇지 않은 경우도 분명 있었습니다.)

믿음이 왔다

바울의 생각 속 두 번째 단계는 이제 믿음이 왔다는 것입니다. 믿음이

갈라디아서 3장 25절

²⁵믿음이 온 후로는 우리가 초등
교사 아래에 있지 아니하도다

오는 것은 그리스도께서 오시는 것과 동시에 일어나는 일입니다. 25절에 보면 "믿음이 온 후로는 우리가 초등교사 아래에 있지 아니하도다"라고 말합니다. "믿음이 왔다"는 것은 무엇을 의미할까요? 그리스도께서 오시기 전에는 이스라엘에 구원받는 믿음을 가진 이가 한 사람도 없었다는 뜻은 아니라고 생각합니다. 아브라함은 그런 믿음이 있었습니다(갈 3:6). 그리고 시편 32편은 행위와 상관없이 하나님이 의롭다고 여겨주시는 사람을 묘사합니다(롬 4:6-8). 히브리서 11장은 율법 시대부터 믿는 자들의 명예의 전당을 보여줍니다. 따라서 바울의 말은 그리스도께서 오시기 전에 아무도 믿음을 갖고 있지 않았다거나 그리스도께서 오시기 전에는 행위로 의롭다 함을 받았다는 뜻이 아닙니다. 바울은 엘리야 시대에 믿음으로 의롭다 함을 받은 7,000명의 신자들이 있었다고 말합니다(롬 11:4).

바울이 "믿음이 왔다"고 말한 것은, 하나님의 은혜로 구속사에서 수많은 사람들, 특히 이방인들이 믿음으로 하나님의 말씀에 반응하는 시대가 왔다는 뜻입니다. "믿음이 왔다"는 것은 위대한 운동이 시작되었다는 뜻이며, 거기에 속한 사람들의 특징은 무엇보다도 어린아이처럼 하나님의 자비를 믿는다는 것입니다. 율법이 전해졌을 때는 그것이 거의 믿음과 결부되지 않았습니다. 그러나 복음이 전해지자 많은 사람들이 믿고 구원을 받았습니다. 그리고 그 운동은 전 세계로 퍼졌습니다.

이렇게 된 이유는, 율법은 사람들에게 노력해서 구원을 받으라고 가르치고 복음은 믿음으로 거저 구원을 받으라고 가르치기 때문이 아닙니다. 실은 율법과 복음, 둘 다 믿음으로 값없이 구원을 받으라고 말하며, 둘 다 믿음의 진실성을 나타내는 순종에 대해 이야기합니다.

율법은 주로 사람들을 죄 아래에 가두어 두는 반면에 복음은 많은 사람들을 믿음으로 인도합니다. 그 이유는 복음이 전파될 때 성령의 강력한 역사가 함께 나타나 듣는 사람들의 마음을 열어주기 때문입니다(행 16:14; 고후 4:6). "믿음이 왔다"는 것은 새 마음을 주시겠다는 에스겔 36:26-27의 약속(렘 24:7; 신 30:6)의 성취를 의미합니다. 만일 그리스도의 복음과 함께 죄를 깨닫게 하고 마음을 열어주는 성령의 역사가 동반되지 않았다면, 복음은 율법과 마찬가지로 우리를 죄 아래 가두었을 것입니다. 그러나 하나님의 계획은 그런 것이 아니었습니다. 하나님의 아들을 믿는 믿음으로 사는 우리들 모두는 "믿음이 왔다"는 사실에 대한 살아 있는 증거들입니다. 성령께서는 주권적이고 효과적인 은혜에 의해 우리 심령 가운데 자리를 잡으시고 우리를 새롭게 하신 것입니다. 새롭게 하는 은혜가 없을 때 당신의 마음이 얼마나 완악한지 안다면, 당신은 자신이 신자인 것으로 인해 매일 하나님께 감사를 드려야 할 것입니다.

그리스도와의 연합

본문에 나오는 세 번째 단계는 그리스도에 대한 믿음이 우리를 그분과 하나 되게 하여, 그분이 주실 수 있는 모든 혜택을 얻게 하는 것입니다. 저는 지난주 목요일에 가족과 함께 〈검은 종마〉*The Black Stallion Returns*라는 영화를 보러 갔습니다. 그 영화에서 알렉 램지라는 소년은 자기 말을 찾으려고 비행기를 타고 북아프리카로 갑니다. 그리고 사막을 건너기 시작합니다. 그때 램지는 그 사막의 부족들에 대해 어떤 이야기를 듣게 됩니다. 즉, 그들은 체면을 많이 차리는 족속이라서, 누군가가 그들의 손님이 되고 싶다고 하면 자신들의 목숨과 재산을 걸고 그를 보호해줄 거라는 말을 들었습니다. 알렉은 완전히 빈털터리라서 돈을 내고 보호와 도움을 받을 수는 없었지만, 단순히 그들의 손님이 되고 싶다는 자신의 필요와 갈망을 분명히 말함으로써 두 번이나 그들의 보호와 돌봄을 받았습니다. 결국 그들의 도움으로 소년은 목숨도 지키고, 말도 되찾습니다. 그는 자신의 가치가 아니라 그들의 명예에 호소했고, 구원을 받았습니다.

그리스도와의 관계에서도 그러합니다. 여러분이 그리스도께 자신을 맡기고, 그분의 영원한 손님이 되어 그분의 옷을 입고 그분의 관습을 받아들이고 싶다고 말하면, 그리스도는 자신의 명예가 걸린 일이기에 여러분을 거절하실 수가 없습니다. 여러분이 그분의 가치와 신뢰성을 존중하면 그분은 여러분을 외면하지 않으실 것입니다. 또한 그리스도의 모든 소유가 여러분의 것이 됩니다. 무엇보다 24절에서 가장 중요한 것은 의롭다 함을 얻는 것(모든 죄를 용서받고 무죄 선고를 받는 것)입니다. 그리고 하나님의 아들이 됩니다(26절). 그리스도께 속한다는 것은 하나님의 자녀가 되어 그 관계 속에 내포된 어마어마한 특권들을 모두 갖게 된다는 뜻입니다. 이것을 달리 표현한 것이 29절입니다. "너희가 그리스도의 것이면 곧 아브라함의 자손이요 약속대로 유업을 이을 자니라." 아브라함의 후손이 되는 것과 하나님의 자녀가 되는 것은 바울이 생각하기에 사실상 같은 것이었습니다. 여러분이 그리스도께 자신을 맡기며 "저는 당신의 손님이 되기 원합니다"라고 말할 때, 여러분은 아브라함의 후손도 되고 하나님의 자녀도 되는 것입니다.

방문자가 가족이 되는 그리스도의 가정에서 가장 놀라운 것 중 하나는 인종이나, 사회적 지위나, 성별과는 아무 상관없이 우리가 자녀와 상속자가 된다는 것입니다. 28절을 보십시오. "너희는 유대인이나 헬라인이나 종이나 자유인이나 남자나 여자나 다 그리스도 예수 안에서 하나이니라." 자신이 유대인이기 때문에, 혹은 자유인이거나 남자이기 때문에 하나님의 집에 들어갈 수 있다고 생각하거나 유업을 더 많이 받을 자격이 있다고 생각하는 건방진 손님은 화를 당할 것입니다. 에베소서 2장 19절은 유대인과 헬라인 모두 그리스도 안에서 "동일한 시민이요 하나님의 권속이라"고 말합니다. 에베소서 6장 9절은 상전과 종들이 하늘에 계신 한 주인을 섬기고 있다고 말합니다. 그분은 편애를 하지 않으십니다. 그리고 베드로전서 3장 7절은 남편과 아내들이 그리스도 안에서 생명의 은혜를 함께 이어받는다고 말합니다. 오직 믿음으로 그리스도께 우리를 드림으로("제가 당신의 손님이 되어도 될까요?") 그리스도께서 우리를 보호하고 보살펴주실 때 인종적, 사회적, 성적으로 자랑할 이유들이 모두 사라집니다. 우리는 우리 자신의 개별적 가치가 아니라 그리스도의 명예에 전적으로 의존합니다. 그리스도의 명예보다 더 안전한 것은 없습니다.

더 이상 초등교사 아래에 있지 않다

마지막 네 번째 단계는 단순합니다. 우리가 더 이상 초등교사(율법) 아래에 있지 않다는 것입니다. 이것에 대해서는 다음 주에 더 많이 이야기할 것입니다. 그러나 오늘 아침에는 이것만 이야기하겠습니다. "초등교사 아래" 또는 "율법 아래" 있다는 것은 곧 당신이 하나님의 요구를 수행할 능력이 없을 때 하나님의 요구에 의해 압박을 받는다는 것입니다. 당신은 그것에 반항하거나, 당신 자신의 힘으로 지키려고 끝없이 노력합니다. 어느 경우든 "율법 조문은 죽이는 것"(고후 3:6)이라는 말씀에 해당합니다.

그러나 이제 우리와 율법의 관계는 더 이상 그런 관계가 아닙니다. 우리는 이제 율법 아래에 있지 않습니다. 율법을 통해 하늘로 올라가려고 필사적으로 애쓰지 않습니다. 우리를 위해 율법의 사다리가 넘어져서 즐겁게 순종하며 가는 철로가 되었습니다.

그것은 더 이상 우리에게 무거운 짐으로 다가오지 않습니다. 우리가 율법 위에 있기 때문입니다. 무슨 일이 생긴 걸까요? 답은 갈라디아서 5장 18절에 있습니다.

> "너희가 만일 성령의 인도하시는 바가 되면 율법 아래에 있지 아니하리라."

우리가 하나님의 약속을 믿을 때 성령께서 우리의 삶을 변화시켜주셔서(갈 3:5), 우리가 하나님이 사랑하시는 것을 사랑하고 하나님이 미워하시는 것을 미워하게 되는 것입니다. 그리고 하나님의 율법이 더 이상 짐이 되지 않고 기쁨의 철로가 됩니다.

많은 이들이 은혜의 특별 객차에서 휴식하며 하나님의 여행 일정을 즐기는 법을 배우게 되길 기도드립니다.

13장
아들에서 종으로 돌아가지 말라

갈라디아서 4:1-11

¹내가 또 말하노니 유업을 이을 자가 모든 것의 주인이나 어렸을 동안에는 종과 다름이 없어서 ²그 아버지가 정한 때까지 후견인과 청지기 아래에 있나니 ³이와 같이 우리도 어렸을 때에 이 세상의 초등학문 아래에 있어서 종 노릇 하였더니 ⁴때가 차매 하나님이 그 아들을 보내사 여자에게서 나게 하시고 율법 아래에 나게 하신 것은 ⁵율법 아래에 있는 자들을 속량하시고 우리로 아들의 명분을 얻게 하려 하심이라 ⁶너희가 아들이므로 하나님이 그 아들의 영을 우리 마음 가운데 보내사 아빠 아버지라 부르게 하셨느니라 ⁷그러므로 네가 이 후로는 종이 아니요 아들이니 아들이면 하나님으로 말미암아 유업을 받을 자니라 ⁸그러나 너희가 그 때에는 하나님을 알지 못하여 본질상 하나님이 아닌 자들에게 종 노릇 하였더니 ⁹이제는 너희가 하나님을 알 뿐 아니라 더욱이 하나님이 아신 바 되었거늘 어찌하여 다시 약하고 천박한 초등학문으로 돌아가서 다시 그들에게 종 노릇 하려 하느냐 ¹⁰너희가 날과 달과 절기와 해를 삼가 지키니 ¹¹내가 너희를 위하여 수고한 것이 헛될까 두려워하노라

오늘, 저는 귀신들이 눈에 보이는 기독교 교회를 비롯하여 현대 종교들 속에서 역사하는 일반적인 방법에 대해 말씀을 드리려고 합니다. 그들이 사용하는 이 특별한 방법이 살균제와 비슷하다는 걸 알게 될 것입니다. 그들은 종종 악의 모양을 피합니다. 자기들이 무자비하고 생명을 파괴하는 귀신이라는 것을 드러내지 않으려는 것입니다. 따라서 그들이 교회에서 하는 일은 매우 기만적입니다.

귀신들의 일

물론 오늘날 귀신 같은 것들이 존재한다고 믿는 사람들은 많지 않습니다. 하나님을 대적하고, 불신자들의 마음을 눈멀게 하며, 가능하다면 택함받은 사람들까지 속이려고 안간힘을 쓰는 악한 영들의 존재를 믿지 않는 사람들이 많습니다. 부두교(아이티에서 주로 믿는 종교로서 마법 등의 주술적인 힘을 믿음—역자주), 주술사, 흑주술, 점술, 악령 쫓기 등과 우주 공학, 현미경 수술, 워드 프로세서, 심리 치료 간에는 큰 차이가 있어서, 자유롭고 계몽되고 첨단기술을 가진 서구인들이 귀신의 존재를 믿기 어려워하는 것을 목도합니다. 우리 주님은 귀신을 정말 심각하게 다루셨지만 우리는 그들을 진지하게 다루기가 어렵습니다. 왜냐하면 우리 문화에서는 우리가 일반적으로 귀신들과 연관시키는 이상한 초자연적 현상들을 많이 보지 못하기 때문입니다.

그러나 우리가 귀신의 실체를 부인한다면, 예수님과 그의 모든 사도들의 조언을 거부하는 것입니다. "내가 만일 하나님의 손을 힘입어 귀신을 쫓아낸다면 하나님의 나라가 이미 너희에게 임하였느니라"(눅

11:20). 바울은 "우리의 씨름은 혈과 육을 상대하는 것이 아니요 통치자들과 권세들과 이 어둠의 세상 주관자들과 하늘에 있는 악의 영들을 상대함이라"(엡 6:12)라고 했습니다. 베드로는 "근신하라 깨어라 너희 대적 마귀가 우는 사자 같이 두루 다니며 삼킬 자를 찾나니"(벧전 5:8)라고 했습니다. 야고보는 "마귀를 대적하라 그리하면 너희를 피하리라"(약 4:7)라고 했습니다. 요한은 "예수를 시인하지 아니하는 영마다 하나님께 속한 것이 아니니 이것이 곧 적그리스도의 영이니라 오리라한 말을 너희가 들었거니와 지금 벌써 세상에 있느니라"(요일 4:3)라고 했습니다. 우리가 알아야 할 것은 과학이 발달하기 전인 1세기에 이미 사도 바울이 하나님의 영감을 받아 20세기 서구 사회에서 유행하는 일반적인 귀신의 책략을 폭로했다는 것입니다. 그것은 부두교나 마술이나 점술만큼 파괴적인 것입니다. 깨끗하고, 도덕적이고, 종교적이며, 소름 끼치는 것입니다. 바울은 우리를 위해 갈라디아서 4장 1-11절에서 그것을 보여줍니다.

종으로 돌아가는 것

메시지의 요점은 그리스도를 떠나 귀신들의 종이 되지 말라는 것입니다. 8절을 주목하십시오. "그러나 너희가 그 때에는 하나님을 알지 못하여 본질상 하나님이 아

> **갈라디아서 4장 8절**
>
> [8]그러나 너희가 그 때에는 하나님을 알지 못하여 본질상 하나님이 아닌 자들에게 종 노릇 하였더니

닌 자들에게 종 노릇 하였더니." 바울은 "하나님"God이라는 단어를 오직 참되신 하나님에게만 사용하기 원했습니다. 하지만 예전에 갈라디

아인들이 "신"^{gods}이라 부르던 존재들에게 매여 있었다는 걸 그는 압니다. 또한 우리가 알아야 할 중요한 사실은 그가 이런 존재들을 부인하지 않는다는 것입니다. 그는 다만 그들이 본질상 "신들"^{gods}이라 불릴 자격이 있다는 걸 부인할 뿐입니다. 우리는 고린도전서 8장 5절에서도 같은 것을 볼 수 있습니다. "비록 하늘에나 땅에나 신이라 불리는 자가 있어 많은 신과 많은 주가 있으나 그러나 우리에게는 한 하나님 곧 아버지가 계시니 만물이 그에게서 났고." 다시 말해서, 그는 그들이 가진 호칭을 좋아하지 않지만, 소위 "신"과 "주"라 불리는 것들이 존재한다는 것을 인정합니다. 또한 고린도전서 10장 20절에서 그는 이런 존재들이 귀신이라는 것을 분명히 밝힙니다. "무릇 이방인이 제사하는 것은 귀신에게 하는 것이요 하나님께 제사하는 것이 아니니 나는 너희가 귀신과 교제하는 자가 되기를 원하지 아니하노라." 따라서 갈라디아서 4장 8절에서 바울은 예전에 갈라디아의 이방인들이 참된 하나님을 알지 못했고 종교적인 관습들을 통해 힘을 행사하던 마귀들의 종 노릇을 해 왔다고 말하고 있습니다.

지금 새신자로서 그들이 직면한 위험은 그리스도의 기쁨과 자유를 맛본 후에 다시 돌아가 종 노릇을 하는 것입니다. 9절에 대한 RSV 성경의 번역을 보십시오. "그러나 이제는 너희가 하나님을 알 뿐 아니라 더욱이 하나님이 아신 바 되었거늘 어찌하여 다시 약하고 천박한 초등적인 영들(개역개정, "초등학문")에게 돌아가서 다시 그들에게 종 노릇 하려 하느냐." RSV 성경의 번역가는 9절의 "약하고 천박한 초등적인 영들"을 8절의 종 노릇 하게 만드는 존재와 같은 것으로 여기는 것이 분명합니다. RSV 번역본은 실질적으로 이렇게 말하는 것입니다. 너희는 한 때 이 마귀적인 존재들에게 종 노릇 했었다(8절). 어찌하여 지금 그같이 종 노릇 하게 만드는 초등적인 영들에게 돌아가려 하느냐(9절)? 그러나 다른 역본들은 "초등적인 영들"이라는 번역을 사용하지 않습니다. KJV 성경은 "약하고 천박한 요소들"이라고 번역하며, NIV 성경은 "약하고 빈약한 원리들"이라고 번역하고, NASB 성경은 "약하고 무가치한 기본적인 것들"이라고 번역합니다. 배후에 있는 헬라어 단어 스토이케이아$^{\sigma\tau o\iota\chi\epsilon\iota\alpha}$는 이러한 의미들을 모두 가질 수 있습니다. 즉 기본 원리들, 물질세계의 요소들, 또는 사람과 하나님 사이에 있는 영적 존재들을 의미할 수 있습니다. 따라서 어떤 번역이 문맥에 가장 적합한지를 물어야 합니다.

귀신이나 율법에 매일 것인가

8절과 9절만을 놓고 보면 "초등적인 영들"로 번역하는 것이 가장 좋을 것 같습니다. 8절은 전에 영적 존재들에게 매여 있던 것에 대해 이야기하며, 9절은 다시 그 속박으로 돌아갈 위험에 대해 이야기하기 때문입니다. 그러나 9절과 10절의 관계를 보십시오. 이것은 갈라디아인들이 악한 영들에게 돌아가는 것이 아니라 유대인의

> **갈라디아서 4장 8–11절**
>
> 8 그러나 너희가 그 때에는 하나님을 알지 못하여 본질상 하나님이 아닌 자들에게 종 노릇 하였더니 9 이제는 너희가 하나님을 알 뿐 아니라 더욱이 하나님이 아신 바 되었거늘 어찌하여 다시 약하고 천박한 초등학문으로 돌아가서 다시 그들에게 종 노릇 하려 하느냐 10 너희가 날과 달과 절기와 해를 삼가 지키니 11 내가 너희를 위하여 수고한 것이 헛될까 두려워하노라

율법으로 돌아가고 있음을 암시합니다. 10절 이하는 "너희가 날과 달과 절기와 해를 삼가 지키니 내가 너희를 위하여 수고한 것이 헛될까

두려워하노라"라고 말합니다. 이것은 아마 유대인의 성일과 절기를 뜻하는 것으로 보입니다. 따라서 10절에 비추어 9절을 읽으면, 초등학문이란 영적인 존재들보다는 율법의 조례들을 뜻하는 것 같습니다.

어떻게 하면 8절과 10절을 다 존중하면서 9절을 이해할 수 있을까요? 9절은 갈라디아인들이 그리스도를 떠나 종으로 돌아가고 있다고 말합니다. 8절은 그들이 귀신들에게 종 노릇 하는 것을 암시합니다. 10절은 성일과 절기에 대한 율법의 조례들에 종 노릇 하는 것을 시사합니다. 제 생각에 이 두 구절을 모두 존중하는 방법은, 둘 다 참되며, 귀신들과 하나님의 율법 간의 심오하고 미묘한 관계를 나타낸다고 보는 것입니다.

10절에서 말하듯이, 갈라디아인들은 유대주의자들의 가르침을 받아들이는 과정에 있었습니다. 유대주의자들은 갈라디아인들에게 그들이 하나님으로부터 복받을 가치가 있음을 보여주는 수단으로 할례와 음식에 대한 율법과 절기들을 지켜야 한다고 가르쳤습니다. 10절은 우리가 지금까지 율법주의의 위험성에 대해 살펴본 모든 것들과 완벽하게 조화를 이룹니다. 사실 11절에서 바울이 수고한 것이 헛될까 두렵다고 한 것은 갈라디아서 3장 2-4절과 비슷하게 들립니다.

"너희가 성령을 받은 것이 율법의 행위로냐 혹은 듣고 믿음으로냐 너희가 이같이 어리석으냐 성령으로 시작하였다가 이제는 육체로 마치겠느냐 너희가 이같이 많은 괴로움을 헛되이 받았느냐 과연 헛되냐."

3장 2-4절과 4장 9-11절에서 말하는 위험은 이 새신자들이 그리스도의 영을 의지하다가 자신(육체)을 의지하는 삶으로 돌아가는 것입니다. 그들은 복을 받기 위해, 그들의 도덕적 성취를 하나님 앞에 증명하고자 합니다. 하나님의 율법을 거룩한 직무설명서로 사용하여 자신들의 성취를 드러내려 합니다. 따라서 10절은 우리가 지금까지 율법주의의 위험에 대해 살펴본 모든 것들과 완벽하게 조화를 이룹니다.

하지만 8절은 율법을 그와 같이 사용할 때 일어나는 일을 한층 더 깊이 보여줍니다. 직무설명서로서의 율법에 매이는 것이 사실은 귀신들에게 매이는 것이라고 합니다. "너희가 그 때에는 하나님을 알지 못하여 본질상 하나님이 아닌 자들에게 종 노릇 하였더니."

이 구절에서 가장 놀라운 점은, 갈라디아인들이 유대주의자들의 율법주의에 의존하게 되면 예전에 믿던 이방 종교에 다시 종 노릇 하게 될 위험이 있다는 것입니다. 이 갈라디아의 새신자들은 이방인들이었고, 그들의 과거는 유대인의 율법이 아니라 이방 종교와 우상숭배였다는 것을 기억하십시오. 따라서 예루살렘에서 온 엄격한 유대주의자들은 바울이 갈라디아인들에게 하는 말을 듣고 매우 놀랐을 것입니다. 너희가 유대인의 율법을 사용하여 하나님께 너희의 가치를 보여주려 한다면, 귀신들의 지배 아래로 들어가는 것이며 예전에 우상을 숭배할 때보다 더 나을 것이 없다는 것입니다. 다시 말해, 바울은 그 시대만큼 오늘날의 종교에도 만연하게 퍼져 있는 귀신의 책략을 폭로했습니다. 그것은 깨끗하고, 도덕적이고, 종교적이지만, 참으로 소름 끼치는 책략입니다.

의의 일꾼으로 가장하다

양 떼를 돌보는 목사로서 저의 임무 중 하나는 여러분이 사탄의 기만적인 방법들을 늘 경계하도록 돕는 것입니다. 사탄은 여러분이 전심으로 하나님의 주권적인 은혜에 의존하는 것을 방해하려고 끊임없이 노력합니다. 따라서 사탄은 여러분이 하나님의 계명을 따르지 않게 할 수 없다면 잘못된 마음으로 자신들을 따르게 만들려고 온갖 노력을 기울일 것입니다. 로마서 7장 11절 말씀을 기억하십니까? "죄가 기회를 타서 계명으로 말미암아 나를 속이고 그것으로 나를 죽였는지라." 사탄과 귀신들에 대해서도 동일한 것이 성립합니다. 그들은 하나님의 거룩한 율법을 이용해서 우리를 속이고, 할 수 있다면 우리를 죽이려 합니다. 율법을 자기 의를 나타내는 수단으로 사용하도록 우리를 유혹하는 것입니다.

고린도에 율법을 잘못 이해하고 있는 거짓 사도들이 있었습니다. 바울이 그들에 대해 하는 말을 들어보십시오.

> "그런 사람들은 거짓 사도요 속이는 일꾼이니 자기를 그리스도의 사도로 가장하는 자들이니라 이것은 이상한 일이 아니니라 사탄도 자기를 광명의 천사로 가장하나니 그러므로 사탄의 일꾼들도 자기를 의의 일꾼으로 가장하는 것이 또한 대단한 일이 아니니라"(고후 11:13-15).

이것은 충격적인 발언입니다. 사탄과 그의 종들이 "의의 일꾼"으로 가장하여 교회 안에 나타나서 가장 파괴적인 일을 하는 것입니다. 그들이 세우려고 하는 의는 어떠한 의입니까? 이것은 바울이 "하나님의 의를 모르고 자기 의를 세우려고 힘써 하나님의 의에 복종하지 아니하였느니라"(롬 10:3)라고 말할 때 "자기 의"라고 묘사한 의입니다. 사탄과 그의 귀신들이 잘하는 일은 율법의 계명들을 가지고 교회 안의 사람들을 꾀어 그 계명들을 자기 의의 근거로 삼게 만드는 것입니다. 따라서 바울은 유대주의자들의 율법주의적인 가르침의 배후에 있는, 진정한 믿음과 교회를 파괴시키려는 오래된 사탄의 전략을 보았습니다. 이 편지가 바울의 의분으로 가득 차 있는 것은 이상한 일이 아닙니다.

이 말씀은 지금 우리에게 어떤 의미가 있습니까? 사탄은 여러분이 계명 준수를 자기의 명예로 여기는 한, 여러분이 십계명을 지키려고 하든 말든 관심이 없습니다. 사실 여러분이 그런 식으로 하려 한다면, 그는 여러분의 도덕적 결단을 도울 것입니다. 사탄은 여러분이 교회에 가거나, 주일학교에서 가르치거나, 설교를 하거나, 마음이 얼어붙은 사람들을 위해 일하거나, 낙태 반대 법안 통과를 위한 운동을 하거나, 학교에서 기도하는 것을 복원하기 위한 운동을 하거나 개의치 않을 것입니다. 그리스도의 영 대신 자신을 의지하고, 겸손히 모든 영광을 하나님께 돌리는 대신 자신이 공을 차지하려 하는 한, 사탄은 여러분의 도덕적 의제가 무엇이든 간에 찬성할 것입니다. 그러므로 우리는 속지 않도록 준비되어야 합니다. 우리의 대적은 우리를 무너뜨리기 위한 교묘한 책략을 가지고 있습니다.

그러나 우리는 강한 희망의 말로 끝낼 것입니다.

이 세상이 귀신들로 가득하고

우리를 무력하게 만들려고 위협할지라도

우리는 두려워하지 않을 것이다.

하나님이 우리를 통해 그의 진리가 승리하게 하셨기 때문이다.

암울한 어둠의 왕자 앞에서

우리는 두려워 떨지 않는다.

우리는 그의 분노를 견딜 수 있으니

그의 파멸이 확실하기 때문이다.

우리의 몇 마디 말이 그를 넘어뜨릴 것이다.

우리의 삶 속에서 사탄을 넘어뜨릴 수 있는 말의 예를 갈라디아서 4장 3-7절에서 볼 수 있습니다.

"이와 같이 우리도 어렸을 때에 이 세상의 초등학문 아래에 있어서 종 노릇 하였더니 때가 차매 하나님이 그 아들을 보내사 여자에게서 나게 하시고 율법 아래에 나게 하신 것은 율법 아래에 있는 자들을 속량하시고 우리로 아들의 명분을 얻게 하려 하심이라 너희가 아들이므로 하나님이 그 아들의 영을 우리 마음 가운데 보내사 아빠 아버지라 부르게 하셨느니라 그러므로 네가 이 후로는 종이 아니요 아들이니 아들이면 하나님으로 말미암아 유업을 받을 자니라."

이 말씀이 무슨 뜻인지 아십니까? 정한 때가 이르렀을 때, 하나님이 사탄의 지배하에 있는 그의 세상을 굽어보시며 그의 아들에게 말씀하셨습니다.

"침략을 준비하라. 적군의 포격이 심할 것이다. 사실 너는 해안에서 멀리 가기도 전에 죽임을 당할 것이다. 그러나 내가 너를 죽음에서 일으킬 것이며, 네가 세운 해안 교두보가 뻗어 나가서 모든 나라와 족속과 방언에 침투할 것이다. 또한 내가 귀신들과 율법에 종 노릇 하던 도시들을 자유하게 할 것이다. 내 아들아, 너를 믿는 모든 사람들을 우리의 운동에 끌어들일 것이며, 성령을 보내어 그들을 강하게 하고 그들을 영광으로 인도할 것이다. 또한 그들은 나의 자녀가 될 것이며 내가 가진 모든 것을 상속받을 것이다. 사탄은 완전히 패할 것이며, 모든 불신자들은 바깥 어두움으로 쫓겨나고, 물이 바다를 덮음같이 우리의 영광이 온 땅에 가득할 것이다."

14장
너희 속에 그리스도의 형상을 이루기까지

갈라디아서 4:12-20

[12]형제들아 내가 너희와 같이 되었은즉 너희도 나와 같이 되기를 구하노라 너희가 내게 해롭게 하지 아니하였느니라 [13]내가 처음에 육체의 약함으로 말미암아 너희에게 복음을 전한 것을 너희가 아는 바라 [14]너희를 시험하는 것이 내 육체에 있으되 이것을 너희가 업신여기지도 아니하며 버리지도 아니하고 오직 나를 하나님의 천사와 같이 또는 그리스도 예수와 같이 영접하였도다 [15]너희의 복이 지금 어디 있느냐 내가 너희에게 증언하노니 너희가 할 수만 있었더라면 너희의 눈이라도 빼어 나에게 주었으리라 [16]그런즉 내가 너희에게 참된 말을 하므로 원수가 되었느냐 [17]그들이 너희에게 대하여 열심 내는 것은 좋은 뜻이 아니요 오직 너희를 이간시켜 너희로 그들에게 대하여 열심을 내게 하려 함이라 [18]좋은 일에 대하여 열심으로 사모함을 받음은 내가 너희를 대하였을 때뿐 아니라 언제든지 좋으니라 [19]나의 자녀들아 너희 속에 그리스도의 형상을 이루기까지 다시 너희를 위하여 해산하는 수고를 하노니 [20]내가 이제라도 너희와 함께 있어 내 언성을 높이려 함은 너희에 대하여 의혹이 있음이라

기독교 신앙이 세상에서 반대에 직면하고 심지어 우리 마음속에서도 저항을 받는 기본적인 이유는, 참된 구원 신앙은 항상 우리의 마음과 생각을 바꾸어 더 이상 우리가 사는 것이 아니라 우리 안에 그리스도께서 사시게 하기 때문입니다. 모든 인간의 마음속에는 사람들의 칭찬에 대한 강렬한 사랑이 있습니다. 사과가 땅에 떨어지는 것만큼 자연스럽게, 인간은 자신을 크게 보이게 하는 생각과 행동들에 이끌리고, 자신을 작게 보이게 하는 생각과 행동들은 거부합니다. 따라서 교만으로 향하는 우리의 타고난 성향을 이기는 하나님의 강력한 은혜가 없으면, 우리는 항상 믿음이 우리의 삶 속에 자리 잡는 것을 거부할 것입니다. 믿음으로 그리스도께서는 우리 삶을 완전히 장악하셔서 우리 안에 그분의 형상을 이루십니다. 그래서 이제 우리는 과거와는 달리 우리가 행하는 선한 일들을 자랑할 수 없게 됩니다. 그리스도에 의한 이러한 변화는 자신이 행하는 모든 선한 일들의 가치와 영광을 자신이 아닌 그리스도께 돌리게 하므로, 이것은 우리의 자연적인 마음에 별로 매력적이지 않습니다.

교만에 영합하는 것

이것이 기독교 신앙의 근본적인 걸림돌입니다. 예수님이 요한복음 5장 44절에서 말씀하신 것이 바로 이것입니다.

> "너희가 서로 영광을 취하고 유일하신 하나님께로부터 오는 영광은 구하지 아니하니 어찌 나를 믿을 수 있느냐."

사람들의 칭찬을 갈구하는 우리의 맹목적인 갈망이 우리가 그리스도를 믿지 못하게 방해합니다. 그리스도의 목적은 우리 안에 있는 헛된 자랑의 근거들을 모두 없애고 그 모든 것을 하나님 안에 두는 것이기 때문입니다(고전 1:29-31; 엡 2:8-9; 갈 6:14). 그리스도는 우리의 도움 없이 십자가에서 우리의 구속을 완성하심으로써 이것을 행하셨고, 우리의 도움 없이 우리의 마음에 그 구속을 적용하심으로써 계속해서 그 일을 하고 계십니다. 그리스도는 그분의 주권적인 은혜로 하나님께 진 우리의 빚을 갚으셨고, 그분의 주권적인 은혜로 우리의 삶에 주님의 형상이 나타나게 하심으로, 우리가 시편 기자처럼 "여호와여 영광을 우리에게 돌리지 마옵소서 우리에게 돌리지 마옵소서…주의 이름에만 영광을 돌리소서"(115:1)라고 말하게 하십니다. 구원하는 믿음은 과거와 현재와 미래에 있어 그리스도의 주권적인 사역을 믿으며, 모든 영광을 하나님께 돌립니다(벧전 4:10-11).

그러므로 어떤 의미에서 구원 신앙은 세상에서 가장 쉬운 것입니다. 진흙이 토기장이의 손안에 있는 것만큼 쉬운 일입니다. 그러나 또 다른 의미에서 그것은 세상에서 가장 어려운 일이기도 합니다. 인간이라는 진흙은 그리스도에 의해 빚어지고 다듬어져서 모든 영광을 주님께 돌리는 것을 싫어하기 때문입니다.

유대주의자들은 그들의 거짓 교훈을 심기 위한 발판을 최근에 회심한 갈라디아인들의 마음속에서 찾아야 했습니다. 오늘날, 온갖 사이비 종교와 자기 중심적인 유행들이 교회 안에 발판을 확보하려고 하는 것과 마찬가지입니다. 발판이 있어야 미혹시킬 수 있습니다. 유대주의자들의 가르침은 갈라디아 신자들 안에 남아 있던 교만을 반대하지 않았으며 교만에 영합했습니다. 그들은 믿음에서 행위로 나아가라고 말했습니다. 성령의 보조 로켓에서 육체의 노력으로 나아가라고 말했습니다(갈 3:1-5).

그들은 도덕적으로 용인되는 방식으로 행하면서 교만을 즐기는 수단으로 율법을 제공했습니다. 그들의 가르침은 바울의 가르침만큼 급진적이고 겸손케 하는 내용이 아니었습니다. 그들의 가르침은, 종교적이고 도덕적인 사람은 되고 싶지만 하나님의 뜻에 고분고분 따르는 사람은 되고 싶지 않았던 사람들에게 매우 호소력이 있었습니다.

우리가 아니라 그리스도

갈라디아서 4장 12-20절에서 바울은 계속해서 갈라디아인들을 유대주의자들의 거짓된 복음에서 구해내려고 노력합니다. 이 단락의 주요

갈라디아서 4장 12절

¹²형제들아 내가 너희와 같이 되었은즉 너희도 나와 같이 되기를 구하노라 너희가 내게 해롭게 하지 아니하였느니라

요점은 12절과 19절에서 발견됩니다. 12절은 "형제들아 내가 너희와 같이 되었은즉 너희도 나와 같이 되기를 구하노라"라고 말합니다. 유대인인 바울이 갈라디아

의 이방인들을 전도하기 위해 이방인이 된 것은 그에게 너무나 역설적인 일이었습니다(고전 9:21). 그러나 이제는 그들이 하나님의 호의를 얻기 위해 유대인처럼 되려고 애쓰고 있었습니다. 바울은 12절에서 갈라디아인들에게 자신이 유대인의 구별된 관행에 의존하지 않았다는 사실을 상기시키면서, 유대주의자들을 따르지 말고 자신과 같이 그리스도 안에서 자유로워지라고 말합니다. 이것이 요점입니다. 나와 같이

자유로워져라.

하지만 19절은 율법으로부터 자유를 얻은 결과가 자신에게 영광을 돌리면서 불법을 일삼는 상태가 아니라고 말합니다. "나의 자녀들아 너희 속에 그리스도의

갈라디아서 4장 19절

¹⁹나의 자녀들아 너희 속에 그리스도의 형상을 이루기까지 다시 너희를 위하여 해산하는 수고를 하노니

형상을 이루기까지 다시 너희를 위하여 해산하는 수고를 하노니." 바울이 12절에서 "나와 같이 되라"고 말한 것은 "그리스도의 형상이 너희 속에 이루어지게 하라"는 뜻입니다. 그 증거가 갈라디아서 2장 20절입니다. 거기서 바울은 그가 자신의 삶을 어떻게 이해하고 있는지를 보여줍니다.

> "내가 그리스도와 함께 십자가에 못 박혔나니 그런즉 이제는 내가 사는 것이 아니요 오직 내 안에 그리스도께서 사시는 것이라 이제 내가 육체 가운데 사는 것은 나를 사랑하사 나를 위하여 자기 자신을 버리신 하나님의 아들을 믿는 믿음 안에서 사는 것이라"(갈 2:20).

이 구절에서 분명히 알 수 있는 것은 바울이 "나와 같이 되라"고 한 것은 "내가 죽은 것처럼 너희도 죽고 하나님의 아들을 믿는 믿음 안에서 살아서, 너희 안에 있는 그분의 생명이 너희를 빚어 가게 하라"는 뜻이었다는 것입니다. 바울의 모든 사역은 산고를 겪는 어머니와 같았습니다. 즉, 그는 삶 속에서 그리스도의 형상을 드러내는 사람들을 낳기 위해 고통을 겪었습니다. "나의 자녀들아 너희 속에 그리스도의 형상을 이루기까지 다시 너희를 위하여 해산하는 수고를 하노니." 이것

이 그 단락의 요점입니다. "나와 같이 되라. 너희 속에 그리스도의 형상이 이루어지게 하라."

이 메시지는 유대주의자들의 가르침과는 정반대되는 것이었습니다. 우리는 17절과 19절을 대조해서 봄으로써 이것을 알 수 있습니다. 17

갈라디아서 4장 17절

17 그들이 너희에게 대하여 열심 내는 것은 좋은 뜻이 아니요 오직 너희를 이간시켜 너희로 그들에게 대하여 열심을 내게 하려 함이라

절에서 바울은 유대주의자들의 동기를 드러냅니다. 그들의 악한 동기는 그들의 신학을 고려할 때 놀랍지도 않습니다. "그들이 너희에게 대하여 열심 내는 것은 좋은 뜻이 아니요 오직 너희를 이간시켜 너희로 그들에게 대하여 열심을 내게 하려 함이라." 바울은 유대주의자들의 동기가 근본적으로 사람의 칭찬을 사랑하는 마음에 있다고 말합니다. 그들은 사람들이 자기들을 중요시하고, 찾고, 의지하기를 원합니다. 또 이렇게 자아를 세워주는 관심을 받기 위해 갈라디아인들에게 그들의 가르침을 받아들이지 않으면 하나님의 최종적인 축복을 받지 못할 거라고 말합니다.

따라서 하나님께 점수를 따기 위해 굴복하고 할례를 받는 모든 갈라디아의 이방인들은 유대주의자들의 교만의 권총이 겨냥하는 또 하나의 표적인 것입니다. 갈라디아서 6장 13절에서 "할례를 받은 그들이라도 스스로 율법은 지키지 아니하고 너희에게 할례를 받게 하려 하는 것은 그들이 너희의 육체로 자랑하려 함이라"라고 말한 것이 바로 그런 의미입니다. 그들이 전파하는 신학은 교만에 뿌리를 두고 있습니다. 그것은 사람들에게 부분적으로는 하나님께 의존하고 부분적으로는 자신을 의존하라고 촉구합니다. 따라서 그 신학을 전파하는 동기는 필연적으로 교만, 즉 사람들에게 인정받으려는 갈망에 뿌리를 두고 있

습니다. 인간의 자아를 부추기고, 칭찬에 대한 갈망에 영합하는 신학은 반드시 그와 똑같은 동기로 전파될 것입니다. 그것이 17절의 핵심입니다.

그러나 이것은 19절에 담긴 바울의 메시지의 핵심과 대조가 됩니다. 즉 바울은 자신이 높임을 받는 것이 아니라 그리스도께서 높임을 받기를 갈망합니다. "너희 속에 그리스도의 형상을 이루길 바라노라"(갈 1:10 참조). 여기서 그리스도의 형상을 이룬다는 것은 무엇을 말합니까? 오늘날 신학교에서는 "영성" 형성에 관한 이야기들을 많이 합니다. 그것이 그리스도인 안에서 그리스도의 형상이 이루어지는 것을 의미한다면, 저는 그런 말들에 진심으로 찬성합니다. "너희 속에 그리스도의 형상을 이루길 바라노라!" 성경적인 영성 추구는 살아 계신 그리스도의 임재로 인해 내면에서부터 더 이상 "이 세대를 본받지 말고 오직 마음을 새롭게 함으로 변화를 받는"(롬 12:2) 것입니다. 이것은 그리스도께 연합됨으로써 변화되어 "예수의 생명이 또한 우리 몸에 나타나게"(고후 4:10) 되는 것입니다. 우리는 그리스도에 의해 인격이 형성되고 그분의 지배를 받아야 합니다. 그럼으로써 바울과 같이 수고를 다한 후에 "내가 한 것이 아니요 오직 나와 함께 하신 하나님의 은혜로라"(고전 15:10)라고 말해야 하는 것입니다. "이제는 내가 사는 것이 아니요 오직 내 안에 그리스도께서 사시는 것이라"(갈 2:20). "그리스도께서 나를 통하여 역사하신 것 외에는 내가 감히 말하지 아니하노라"(롬 15:18).

그리스도께서 그분의 형상을 따라 우리의 내적인 삶을 형성하고 다듬으실 때, 우리는 율법으로부터 자유를 얻습니다. 하지만 그렇다고 해서, 율법을 무시하고 자만해도 된다는 뜻이 아니라는 건 누구나 알 것입니다. 반대로, 우리 안에 사시며 다스리시고 그분의 형상을 이루시는 그리스도의 능력이 우리를 자유케 하면, 우리는 하나님의 뜻 안에서 기쁨을 누립니다. 우리가 내면에서부터 율법의 요구를 충족할 능력을 받을 때 율법의 짐에서 자유로워집니다. 그리고 그 일은 그리스도의 형상이 우리 안에 이루어질 때 일어납니다.

어떻게 그리스도의 형상이 우리 안에서 이루어지는가

갈라디아서 4장 19절

19 나의 자녀들아 너희 속에 그리스도의 형상을 이루기까지 다시 너희를 위하여 해산하는 수고를 하노니

그 일은 어떻게 일어납니까? 어떤 조건 아래에서 생기는 일일까요? 세 구절을 연결시켜 보면 답이 명백해집니다. 첫째, 4장 19절과 4장 6절을 연결해봅시다. 19절은 그리스도의 형상이 우리 속에 이루어져야 한다고 말합니다. 6절은 그리스도께서 그의 성령으로 우리에게 오신다고 말합니다. 즉, 하나님이 아들의 영을 우리 마음 가운데 보내십니다. 그 다음에 4장 6절과 3장 5절을 연결시켜봅시다. 바울은 "너희에게 성령을 주시고 너희 가운데서 능력을 행하시는 이의 일이 율법의 행위에서냐 혹은 듣고 믿음에서냐"라고 말합니다. 다시 말해서, 그리스도의 영이 계속 공급되고 그의 기적적인 역사가 일어나는 것은 믿음을 통해서라는 것입니다. 따라서 우리의 삶 속에서 어떻게 그리스도의 형상이 이루어지느냐는 질문에 대한 답은 바로 우리의 믿음으로 된다는 것입니다.

그것은 정말 단순합니다. 하나님의 아들께서 우리에게 오셔서 우리

를 만들어 가실 것을 믿으면, 그가 오셔서 내면에서부터 우리를 빚으시는 것입니다. 자신의 힘으로 만들어 온 삶의 방식들을 모두 버리는 이들의 삶 속에 그리스도의 형상이 이루어집니다. 기꺼이 하나님의 뜻에 순종하는 삶 속에서 그리스도의 형상이 이루어집니다. 우리가 완고하게 저항하기를 멈출 때, 아마추어인 우리의 손을 떼고 우리가 주님만큼 훌륭한 예술가가 아니라는 것을 인정할 때, 그리스도께서 그 자신의 형상을 우리 영혼의 진흙 속에 새겨주시는 것입니다.

여기서 우리는 믿음이 무엇인지를 분명히 알 수 있습니다. 믿음은 당신의 삶 속에서 그리스도의 형상이 이루어질 때 하나님이 변화시켜주시는 당신의 모습이 당신 스스로 이룰 수 있는 모습보다 훨씬 더 좋을 거라는 확신입니다. 믿음은 당신의 삶 속에 그리스도의 역사가 나타나는 것이 당신이 자력으로 성공함으로써 사람들에게 받을 수 있는 모든 칭찬보다 더 아름답다는 확신입니다. 믿음은 그리스도께서 십자가에서 이루신 일, 그가 지금 우리의 마음속에서 행하고 계신 일, 그리고 영원히 우리를 위해 하기로 약속하신 일들이 충분하고도 남는다는 것을 믿고 행복을 누리는 것입니다.

그러므로 어떻게 바울의 메시지와 유대주의자들의 메시지가 서로 반대되는지는 명백합니다. 유대주의자들의 메시지는 우리의 타고난 교만, 즉 "스스로 성취한" 사람이 되어 영광을 독차지하고 싶은 갈망에 영합하는 것입니다. 바울의 메시지는 "그리스도께서 빚으신" 사람이 되어 날마다 그가 우리를 빚어 가시는 것을 믿음으로 하나님께 영광을 돌려야 한다는 것입니다. 이 메시지는 우리에게서 교만을 모두 제거합니다. 하나님은 인간이 스스로 이룬 도덕적, 심미적, 기술적 성쥐들에 의해 영광을 받지 않으십니다. 하나님은 우리가 우리 자신으로부터 돌아서서 하나님이 우리로 하여금 그분의 명령대로 행할 수 있게 해주신다는 것을 어린아이처럼 신뢰할 때 영광을 받으십니다. 이것은 세상에서 가장 좋은 소식입니다. 우리 중 가장 단순하고 연약한 자들에게 구원의 길을 열어주기 때문입니다.

처음에 받았던 복음

바울은 갈라디아인들에게 그들이 처음에 받았던 복음이 정말 좋은 소식이며, 유대주의자들을 따르기 위해 그것을 버리면 안 된다는 것을 설득하기 위해, 처음에 받았던 복음이 그들에게 얼마나 귀한 것이었는지를 상기시킵니다.

> "너희가 내게 해롭게 하지 아니하였느니라 내가 처음에 육체의 약함으로 말미암아 너희에게 복음을 전한 것을 너희가 아는 바라 너희를 시험하는 것이 내 육체에 있으되 이것을 너희가 업신여기지도 아니하며 버리지도 아니하고 오직 나를 하나님의 천사와 같이 또는 그리스도 예수와 같이 영접하였도다 너희의 복이 지금 어디 있느냐 내가 너희에게 증언하노니 너희가 할 수만 있었더라면 너희의 눈이라도 빼어 나에게 주었으리라 그런즉 내가 너희에게 참된 말을 하므로 원수가 되었느냐"(12b-16절).

3장에서 바울은 갈라디아인들이 유대주의자들을 따르지 말고 복음에 대한 믿음을 지켜야 하는 이유에 대해 성경적이고 신학적인 주장을 펼치고, 이제 경험에서 나온 주장을 더합니다. 그는 사실상 이렇게 말하고 있습니다. 내 눈이 심히 손상되어 계속 나아가려는 나의 계획들이 어떻게 가로막혔는지, 눈이 얼마나 충혈되고 감염되고 상처투성이였는지 기억하느냐? 너희는 얼마든지 다른 곳으로 눈을 돌려 더 매력적인 설교자를 볼 수 있었다. 내 병은 너희에게 하나의 시험이었고, 내 메시지는 잘 포장된 모습으로 오지 않았다. 하지만 너희는 나를 전혀 해롭게 하지 않았다. 나를 업신여기지 않았고, 천사와 같이 영접하였다. 너희는 내 안에서 그리스도를 보았다. 너희 눈이라도 빼어 내게 주었을 것이다. 그 이유는 무엇인가? 너희가 복음의 아름다움과 진리를 보았기 때문이다. 그것이 너희를 설득하고, 너희를 만족시킨 것이다. 그것이 너무나 귀하므로 그 메시지가 계속 전해지게 하려고 너희 눈이라도 버렸을 것이다. 너희 눈이라도! 그런데 이제 유대주의자들의 메시지가 정말 더 귀하고, 더 타당하냐?

바울은 그들에게 처음에 복음이 얼마나 강력하고 아름다웠는지를 생각나게 할 수 있다면 그들이 유대주의자들의 잘못된 복음에 현혹되지 않을 거라고 믿었을 것입니다. 그래서 저도 그것으로 오늘 메시지를 마쳐야 하겠습니다.

여러분 중에는 오늘 처음으로 은혜의 복음의 아름다움이 영혼의 지평선 위로 비치기 시작한 분도 계실 것입니다. 그러나 그리스도께서 삶 속에 강력히 나타나셨던 신앙의 황금기가 몇 달, 몇 년, 또는 몇십 년 전이었던 분도 있습니다. 그렇지만 그동안 변화가 있었습니다. 어느 정도 세상에 안주하게 되었고, 세상에서 이방인 같았던 생생한 느낌이 흐릿해졌습니다. 그리고 여러분의 삶 속에서 여러분을 형성하는 강력한 힘이 내면의 그리스도로부터 오는 것이 아니라 바깥 세상으로부터 오고 있습니다.

오늘, 우리 모두를 향한 격려와 권면의 말씀은 이것입니다. 살아 계신 그리스도의 영이 오늘 우리에게 새롭게 부어질 수 있습니다. 만약 갈라디아인들에게 아무 소망이 없었다면 바울은 이 편지를 쓰지 않았을 것입니다. 그러므로 여러분에게 권하는 것은, 여러분의 삶이라는 진흙에서 서툰 손을 떼고 하나님의 주권적인 손에 자신을 맡기라는 것입니다. 사람들의 칭찬과 그 칭찬을 얻기 위한 당신의 모든 노력들을 거부하십시오. 여러분의 마음을 그리스도께 향하고 이렇게 말하십시오. "나는 나의 것이 아닙니다. 주께서 저를 사셨고, 저를 용서하셨습니다. 제 안에 주님의 형상을 이루어 주옵소서. 여호와의 영광을 저에게 돌리지 마시고 주의 이름에만 영광을 돌리소서(시 115:1). 아멘."

15장
'하갈과 종' vs '사라와 자유'

갈라디아서 4:21-31

²¹ 내게 말하라 율법 아래에 있고자 하는 자들아 율법을 듣지 못하였느냐 ²² 기록된 바 아브라함에게 두 아들이 있으니 하나는 여종에게서, 하나는 자유 있는 여자에게서 났다 하였으며 ²³ 여종에게서는 육체를 따라 났고 자유 있는 여자에게서는 약속으로 말미암았느니라 ²⁴ 이것은 비유니 이 여자들은 두 언약이라 하나는 시내 산으로부터 종을 낳은 자니 곧 하갈이라 ²⁵ 이 하갈은 아라비아에 있는 시내 산으로서 지금 있는 예루살렘과 같은 곳이니 그가 그 자녀들과 더불어 종 노릇 하고 ²⁶ 오직 위에 있는 예루살렘은 자유자니 곧 우리 어머니라 ²⁷ 기록된 바 잉태하지 못한 자여 즐거워하라 산고를 모르는 자여 소리 질러 외치라 이는 홀로 사는 자의 자녀가 남편 있는 자의 자녀보다 많음이라 하였으니 ²⁸ 형제들아 너희는 이삭과 같이 약속의 자녀라 ²⁹ 그러나 그 때에 육체를 따라 난 자가 성령을 따라 난 자를 박해한 것 같이 이제도 그러하도다 ³⁰ 그러나 성경이 무엇을 말하느냐 여종과 그 아들을 내쫓으라 여종의 아들이 자유 있는 여자의 아들과 더불어 유업을 얻지 못하리라 하였느니라 ³¹ 그런즉 형제들아 우리는 여종의 자녀가 아니요 자유 있는 여자의 자녀니라

사라와 하갈의 비유는 우리에게 유대주의자들의 가르침을 따르면 하갈이나 이스마엘 같은 종이 되니 그러지 말고 사라와 이삭을 따라 자유를 누리라고 설득하기 위해 쓰여졌습니다. 따라서 저는 여기에 함축되어 있는 자유의 정의부터 살펴보고, 그 다음에 비유를 살펴보고, 마지막으로 자유를 얻는 방법을 살펴보겠습니다.

온전한 자유

당신을 가장 행복하게 해주는 일을 하지 못하게 하는 기회의 부족, 능력의 부족, 욕구의 부족이 영원히 없어야 당신은 온전한 자유를 갖고 있다고 말할 수 있습니다. 그런 의미에서 당신이 온전히 자유로워지려면, 당신은 당신을 가장 행복하게 하는 일을 할 수 있는 기회, 그 일을 할 수 있는 능력, 그 일을 하기 원하는 마음을 영원히 소유해야 합니다. 달리 말하자면 우리 모두가 소원하는 완전한 자유에 이르는 길에는 네 단계가 있습니다. 그것은 **끝나지 않는 기쁨**을 가져다줄 것을 하는 **기회의 자유**, **능력의 자유**, **욕구의 자유**입니다.

스카이 점핑sky-jumping을 예로 들어봅시다. 당신이 첫 점프를 하기 위해 공항으로 가는 길인데, 도중에 당신의 차가 도로의 움푹 패인 곳에 빠져서 바퀴에 펑크가 나고 전신주를 들이받았다고 합시다. 당신은 스카이 점핑을 할 수 있는 능력이 있고 없고 간에, 더 이상 점프를 할 자유가 없습니다. 견인차를 기다리는 동안 기회가 지나가 버리기 때문입니다. 당신에겐 기회의 자유가 없습니다.

혹은 당신이 공항까지 갔으나 당신에게 능력이 전혀 없다고 합시다.

즉, 당신은 스카이 점핑을 배운 적이 없고 낙하산이 어떻게 작동하는지에 대해 전혀 배운 적이 없습니다. 기회는 있으나, 당신에겐 능력의 자유가 없습니다. 능력의 부족이라는 한계에 갇혀 있는 것입니다.

하지만 당신이 공항에 도착했고, 충분한 교육과 훈련을 이미 받았기 때문에 모든 능력을 갖추고 있으며, 이제 첫 번째 점프를 위해 이륙한다고 합시다. 그러나 아래를 내려다보는 순간, 당신의 모든 욕구가 사라지고 그 대신 거대한 두려움이 몰려옵니다. 기회도 있고, 능력도 있지만, 당신에겐 욕구의 자유가 없습니다. 욕구의 자유에 대해 흥미로운 사실은 그것이 없어도 점프를 할 수는 있다는 것입니다. 그러나 그것은 자유로운 행위가 아닐 것입니다. 예를 들어, 창피를 당하고 싶지 않은 욕구가 뛰어내리고 싶지 않은 욕구보다 더 클 수 있습니다. 그로 인해 당신이 뛰어내리더라도 그때의 감정적인 경험은 우리가 말하는 자유가 아닙니다. 당신은 매우 불편한 외적 제약 아래서 행동하고 있는 것입니다. 마치 의붓딸이 세례 요한의 머리를 달라고 했을 때 헤롯이 느꼈던 심정과 같은 것입니다. 그는 요한을 죽이고 싶지 않았으나 사람들 앞에서 창피를 당하는 것은 더 싫었습니다. 그래서 그는 행동을 취했지만, 욕구의 자유를 가지고 한 일은 아니었습니다. 당신이 하고 싶은 일을 할 때에야 비로소 욕구의 자유가 있습니다.

자칭 그리스도인이라 하는 많은 이들이 바로 그런 식으로 그리스도의 계명을 지키려고 합니다. 그들은 사실 그 일을 하는 것이 기쁘지 않지만, 사회적 압력이나 지옥에 대한 두려움, 또는 누군가에게 감명을 주고 싶은 욕구 같은 불편한 제약들을 느낍니다. 그래서 겉으로는 순종하는 척하지만, 마음의 욕구는 다른 곳에 가 있는 것입니다. 그들은 그리스도께서 주시는 욕구의 자유를 누리지 못합니다.

그러나 온전한 자유를 누리기 위한 마지막 조건이 있습니다. 당신이 아무 문제없이 공항에 갔고, 필요한 지식을 모두 가지고 있고, 작은 헛간과 농가들이 오밀조밀하게 모여 있는 광경을 보며 어서 뛰어내리고 싶은 마음이 든다고 합시다. 당신에겐 기회의 자유, 능력의 자유, 욕구의 자유가 있습니다. 그래서 당신은 뛰어내립니다. 그런데 자유롭게 뛰어내렸는데 당신도 모르는 사이에 낙하산이 고장나서 펼쳐지지가 않습니다. 당신은 자유롭습니까? 세 가지 의미에서는 그렇습니다. 하지만 중요한 네 번째 의미에서는 그렇지 않습니다. 당신이 너무나 행복하게, 너무나 자유롭게 하고 있는 그 일이 바로 당신을 죽일 것입니다. 당신이 알든 모르든, 당신은 파멸에 갇혀 있는 것입니다. 그것이 파멸로 인도하고 있다는 것을 당신이 안다면, 신나는 자유 낙하의 자유를 만끽하는 것이 다 허사일 것입니다. 완전히 자유로우려면 기회, 능력, 욕구만으론 부족합니다. 당신이 원하고 수행하는 행동이 당신을 생명으로 인도해야 합니다. 파멸이 아니라 영생으로 인도해야 합니다.

그렇기 때문에 그리스도인 청년이, 소위 죄의 창문 밖으로 자신을 내던지고 잠시 동안 자유 낙하의 성관계, 자유 낙하의 탐욕, 또는 자유 낙하의 마약, 자유 낙하의 사치가 주는 흥분에 빠져 의기양양한 사람들의 자유를 부러워하는 것은 매우 어리석은 일입니다. 그것들은 안개처럼 사라질 것이나, 하나님의 뜻을 행하는 자들은 영원히 거할 것입니다(요일 2:17). 참된 자유는 단순히 당신이 원하는 것을 할 기회와 능력이 아닙니다. 그것은 당신을 가장 행복하게 하는 일을 할 기회와 능력과 욕구입니다.

그러므로 참된 그리스도인들은 세상에서 가장 자유로운 사람들입니다. 바울은 갈라디아서에서 유대주의자들의 가르침이 실제로 무엇을 위한 것인가를 드러내기 위해 온 힘을 다해 싸우고 있습니다. 그것은 바로 종 노릇을 하기 위한 것입니다. 바울에게 자유는 있어도 되고 없어도 되는 게 아닙니다. 그리스도 안에 있는 자유가 곧 기독교 신앙입니다. 그것은 영생의 문제입니다. 그것이 사라와 하갈의 비유가 갖는 첫 번째 요점입니다. 따라서 우리가 그것을 이해하고 우리의 자유를 확고히 할 수 있는지 알아봅시다.

율법은 자유에 대해 무엇을 가르치는가

21절에서 바울은, 단순히 하나님의 복이라는 급여를 받아내기 위해 무엇을 해야 하는지 알기 위해 모세 율법으로 돌아가

> **갈라디아서 4장 21절**
> 21 내게 말하라 율법 아래에 있고자 하는 자들아 율법을 듣지 못하였느냐

는 자들에게 율법이 뭐라고 말하는지 귀 기울여 들어보라고 말합니다. 주의하십시오. 바울은 반反유대주의적이 아닙니다. 바울은 그저 유대인의 성경에 이미 나와 있는 것들을 가르치려고 하는 것입니다.

바울이 유대주의자들을 반대한 이유는 그들이 유대인이라는 데 있지 않고, 충분히 유대인답지 않다는 데 있습니다. 바울은 유대인이었으며, 율법에 대한 충성을 한 번도 포기하지 않았습니다. 이것이 자유에 대해 무엇을 가르쳐줍니까?

22절과 23절은 이렇게 말합니다. "기록된 바 아브라함에게 두 아들이 있으니 하나는 여종에게서, 하나는 자유 있는 여자에게서 났다 하

였으며 여종에게서는 육체를 따라 났고 자유 있는 여자에게서는 약속으로 말미암았느니라." 창세기 15장으로 돌아가 아브라함과 사라에게 있었던 일을 떠올려봅시다. 창세기 15장 1-6절에서 아브라함은 풀이 죽어 있습니다. 그와 사라 사이에는 자녀가 없었습니다. 큰 민족을 이루게 해주겠다는 하나님의 약속(창 12:2)을 성취할 후사가 없었던 것입니다. 그들에게는 엘리에셀이라는 종밖에 없었습니다. 그러나 하나님은 4절에서 이렇게 말씀하십니다. "그 사람이 네 상속자가 아니라 네 몸에서 날 자가 네 상속자가 되리라." 하나님의 뜻은, 인간적으로 불가능해 보일 때 아브라함에게 아들과 후사를 주셔서, 아브라함이 오직 하나님만 의지하게 만드는 것이었습니다.

그러나 창세기 16장에서 아브라함과 사라는 잠시 믿음이 약해져서, 하나님의 약속 성취를 스스로 돕기 위해 무언가를 행할 계획을 세웁니다. 사라는 자신의 시녀인 하갈을 아브라함에게 주어서 아들을 낳게 합니다(16:2). 그리고 이스마엘이 태어납니다. "하갈이 아브람의 아들을 낳으매 아브람이 하갈이 낳은 그 아들을 이름하여 이스마엘이라 하였더라"(16:15). 바울은 갈라디아서 4장 23절에서 이스마엘이 "육체를 따라 났다"고 말합니다. 이는 그가 자기 의존의 산물이었다는 뜻입니다. 아브라함은 약속을 성취하실 하나님의 능력을 의존하지 않고, 자신의 능력과 재간을 의지하여 아들을 얻으려 했습니다.

그로부터 14년 뒤에, 창세기 17장 16절에서 하나님은 아브라함에게 그의 아내 사라가 아들을 낳을 것이라고 말씀하십니다. 하나님은 자랑할 근거를 모두 없애는 방식으로 자신의 약속을 성취하려 하십니다. 17-19절을 보겠습니다.

> "아브라함이 엎드려 웃으며 마음속으로 이르되 백 세 된 사람이 어찌 자식을 낳을까 사라는 구십 세니 어찌 출산하리요 하고 아브라함이 이에 하나님께 아뢰되 이스마엘이나 하나님 앞에 살기를 원하나이다 하나님이 이르시되 아니라 네 아내 사라가 네게 아들을 낳으리니 너는 그 이름을 이삭이라 하라 내가 그와 내 언약을 세우리니 그의 후손에게 영원한 언약이 되리라."

하나님은 아브라함이 자신의 힘으로 생산한 것을 거절하시고, 아브라함의 나이에도 불구하고 그의 아내에게서 아들을 낳을 거라고 다시한번 약속하십니다. 따라서 창세기 21장 1절에서는 이렇게 말하고 있습니다. "여호와께서 말씀하신 대로 사라를 돌보셨고 여호와께서 말씀하신 대로 사라에게 행하셨으므로." 이삭은 육체를 따라 나지 않았습니다. 이삭의 출생은 하나님이 약속을 성취하기 위해 초자연적으로 개입하신 결과였습니다. 아브라함은 이삭을 통해 교훈을 배웠습니다. 하나님의 자비로운 약속에 합당한 반응은 오직 그 약속을 믿는 것이며, 우리의 노력으로 하나님의 축복을 받으려 하는 육체의 노력이 아니라는 것입니다. 갈라디아서 4장 23절은 이 이야기를 이렇게 요약합니다. "여종에게서는 육체를 따라 났고 자유 있는 여자에게서는 약속으로 말미암았느니라."

하갈과 사라의 비유

갈라디아서 4장 24-25절

²⁴이것은 비유니 이 여자들은 두 언약이라 하나는 시내 산으로부터 종을 낳은 자니 곧 하갈이라 ²⁵이 하갈은 아라비아에 있는 시내 산으로서 지금 있는 예루살렘과 같은 곳이니 그가 그 자녀들과 더불어 종 노릇 하고

24절은 바울이 이 사건들 속에서 비유를 본다고 말합니다. 즉 이 사건들이 문자적인 의미 이상의 어떤 것을 나타낸다고 보는 것입니다. 바울은 창세기의 이야기가 본래 시내 산이나 예루살렘과 관련 있는 의미를 갖는다고 말하는 것이 아닙니다. 다만, 그는 하갈과 사라의 이야기 속에 내포된 진리가 시내 산에서 일어났던 일 또는 예루살렘에서 일어나고 있는 일들 속에서 볼 수 있는 것과 같은 진리임을 말한 것입니다. 이렇게 나중 사건들을 상징하고 설명하기 위해 창세기의 이야기를 사용하는 것은 정당한 일입니다.

24-25절에 의하면, 하갈과 사라는 두 언약을 나타냅니다. 바울은 먼저 하갈에 초점을 맞추어 "하나는 시내 산으로부터 종을 낳은 자니 곧 하갈이라 이 하갈은 아라비아에 있는 시내 산으로서 지금 있는 예루살렘과 같은 곳이니 그가 그 자녀들과 더불어 종 노릇 하고"라고 말합니다. 여기서 중요한 질문은, 하갈과 이스마엘이 시내 산 언약과 어떤 점에서 비슷하냐는 것입니다.

적어도 두 가지 비슷한 점이 있습니다. 하갈은 "육체를 따라"(23절) 이스마엘을 낳았습니다. 아브라함과 하갈은 하나님의 초자연적인 능력에 의존하지 않고 자신들의 힘으로 약속된 복을 받아내려 했습니다. 시내 산에서 율법을 받을 때 똑같은 일이 일어났습니다. 백성들은 겸손히 자신을 낮추고 계명에 순종하도록 도와주실 하나님을 의지하는

대신, 이렇게 자신 있게 말합니다. "여호와께서 말씀하신 모든 것을 우리가 준행하리이다"(출 24:3; 신 5:27). 그러나 그들은 하나님을 신뢰하거나(히 4:2) 진심으로 그분께 의존하는(신 5:29) 마음이 없었습니다. 그들은 하갈과 아브라함처럼 그들 자신의 능력을 의지했습니다. 그리고 이스마엘이 육체를 따라 태어난 것처럼, 율법은 주어졌으나 "육신으로 말미암아 연약하기"(롬 8:3) 때문에 지킬 수 없었습니다. 아브라함과 하갈이 자신들의 힘으로 낳은 것은 후사가 될 수 없는 아들이었습니다. 이스라엘이 자신들의 힘으로 율법을 지키려 한 결과는 아무런 유업도 받지 못할 율법주의였습니다.

그것은 하갈과 시내 산의 두 번째 유사점으로 이어집니다. 즉, 둘 다 종이 될 자녀들을 낳는다는 것입니다. 24절은 하갈이 시내 산에 대응하며, 종을 낳았다고 말합니다. 이스마엘은 상속자로 받아들여지지 않았으므로 그의 어머니와 다름없는 종이었습니다. 또한 이스라엘 백성들이 하나님의 은혜로운 능력 주심을 의존하지 않고 자기 힘으로 율법을 지키려 했을 때, 그들은 종이 됩니다. 그들은 마음으로부터 율법을 행할 자유가 없고 불신이 그들을 불순종 안에 가두며 상속에서 배제시킵니다.

이 비유를 현재에 적용하여, 25절 끝에서 바울은 이렇게 말합니다. "지금 있는 예루살렘과 같은 곳이니 그가 그 자녀들과 더불어 종 노릇하고." 이것은 예루살렘에서 온 유대주의자들에게 직격탄을 날리는 발언입니다(갈 2:12 참조). 유대주의자들은 예루살렘의 자녀들이며, 율법과 세상의 악한 영들의 종입니다(갈 4:3, 8). 따라서 우리는 바울의 요점을 알 수 있습니다. 이런 거짓 교사들을 따르지 마십시오. 그들은 아브라함의 아들이 되는 법을 알려주겠다고 유혹하지만, 조심하십시오! 그들과 함께하면 당신은 이삭이 아니라 이스마엘이 될 것입니다. 후사가 아니라 종이 될 것입니다.

갈라디아서 4장 26절

²⁶오직 위에 있는 예루살렘은 자유자니 곧 우리 어머니라

그 다음에 26절에서 바울은 비유의 두 번째 부분인 사라와 그의 자녀 이삭에게로 관심을 돌립니다. 그러나 그는 (아브라함의) 언약에 대한 언급은 건너뛰고 바로 "오직 위에 있는 예루살렘은 자유자니 곧 우리 어머니라"라고 말합니다. 그는 25절에서 말한 현재의 예루살렘과 26절의 "위에 있는 예루살렘"을 대조시킵니다. 그가 말한 "위에 있는 예루살렘"의 의미는 골로새서 3장 1-3절에서 찾을 수 있습니다.

"그러므로 너희가 그리스도와 함께 다시 살리심을 받았으면 위의 것을 찾으라 거기는 그리스도께서 하나님 우편에 앉아 계시느니라 위의 것을 생각하고 땅의 것을 생각하지 말라 이는 너희가 죽었고 너희 생명이 그리스도와 함께 하나님 안에 감추어졌음이라."

위에 있는 예루살렘은 하나님이 계시는 처소를 나타냅니다. 우리의 생명과 자유는 그곳으로부터 내려오며, 우리의 생명은 이미 그 도시의 시민 기록부에 확실히 기록되어 있습니다. 사라는 자신의 힘을 의지하여 하나님의 약속을 성취하려 하지 않고 위로부터 오는 하나님의 역사로 이삭을 낳았기 때문에 위에 있는 도시를 나타냅니다.

그러므로 영적으로 말하면, 그녀는 모든 그리스도인의 어머니입니

다. 그리스도인들의 생명은 단순히 인간의 자원에서 나온 것이 아니라 하나님의 초자연적인 역사가 그들의 마음속에서 이루어진 결과입니다. 따라서 바울은 28절에서 "형제들아 너희는 이삭과 같이 약속의 자녀라"라고 말합니다. 우리의 참 생명은 이스마엘의 생

갈라디아서 4장 28절

28 형제들아 너희는 이삭과 같이 약속의 자녀라

명처럼 단지 인간의 행위에 기인하지 않습니다. 우리의 참 생명은 우리 안에서 약속을 성취하시는 하나님의 역사에 기인합니다. 하나님은 자신을 위해 한 민족을 이루시고(창 12:1-3), 그들 안에 자신의 성령을 주시며(겔 36:27), 자신의 법을 그들의 마음에 기록하심으로써(렘 31:33) 약속을 이루십니다.

이것은 29절에 나오는 대조에 의해 더 분명해집니다. 29절은 "그러나 그 때에 육체를 따라 난 자가 성령을 따라 난 자를 박

갈라디아서 4장 29절

29 그러나 그 때에 육체를 따라 난 자가 성령을 따라 난 자를 박해한 것 같이 이제도 그러하도다

해한 것 같이 이제도 그러하도다"라고 말합니다. 먼저 23절에서 "육체를 따라 난 자"와 "약속을 통해 난 자"가 어떻게 대조되었는지 기억해보십시오. 그리고 여기 29절에서도 "육체를 따라 난 자"와 "성령을 따라 난 자"가 서로 대조되는 것에 주목하십시오. "성령을 따라 난"과 "약속을 통해 난"을 서로 바꾸어 쓸 수 있습니다. 이것은 28절에 나오는 "약속의 자녀"가 하나님의 약속 성취에 있어 성령의 역사로 내적인 생명을 갖게 된 사람들을 가리킨다는 것을 확증합니다. 이스마엘 유형과 이삭 유형의 차이는 바로 성령의 초자연적인 역사에 달려 있습니다.

그 다음에 30절은 이스마엘 유형(유대주의자들)이 아니라 이삭 유형이 아브라함의 축복을 물려받을 거라고 확실히 말합니다. 마지막 31절에

갈라디아서 4장 30-31절

³⁰그러나 성경이 무엇을 말하느
냐 여종과 그 아들을 내쫓으라
여종의 아들이 자유 있는 여자의
아들과 더불어 유업을 얻지 못하
리라 하였느니라 ³¹그런즉 형제
들아 우리는 여종의 자녀가 아니
요 자유 있는 여자의 자녀니라

서 바울은, 하나님의 아들을 믿는 믿음으로 살고 자기 힘으로 성취할 수 있는 것에 의존하지 않는 우리는 종이 아니라 자유인이라고 결론을 내립니다.

약속의 자녀들이 가진 자유

이것은 우리를 자유에 대한 정의로 돌아가게 합니다. 자신을 가장 행복하게 하는 일을 할 기회, 능력, 욕구가 있어야 자유로울 수 있습니다. 물론 여기 있는 모든 사람은 이 온전한 자유를 원합니다. 즉, 당신이 하고 싶은 일을 할 기회와 능력을 갖기 원하며, 그 결과 영원히 온전한 기쁨 안에서 살기 원합니다. 당신이 그러한 자유를 원한다면, 이 본문은 당신에게 매우 중요합니다. 바울은 이스마엘 유형은 이 자유를 갖고 있지 않고, 오직 이삭 유형이 이 자유를 갖는다고 말합니다.

왜 이스마엘 유형은 자유롭지 못합니까? 그들은 하나님의 약속 안에서 안식하려는 욕구가 없기 때문에 자유롭지 못합니다. 그들은 자신의 능력을 드러내려 합니다. 그들이 하나님을 거부하기를 소원하기 때문이 아닙니다. 그들은 단지 자신의 조건대로 하나님을 원하는 것입니다. 아브라함과 하갈은 하나님의 복을 구했으나, 하나님의 조건대로 구하지는 않았습니다.

유대주의자들은 하나님의 복을 구했으나 하나님의 조건대로 구하지 않았습니다. 모든 세대의 이스마엘 유형들은 인간의 능력에 의존합니다. 그들은 아버지가 필요한 어린아이나 의사가 필요한 환자 같은 의존적 감정을 거부합니다. 이스마엘 유형들은 자신이 더 커질 수 있다고 생각합니다.

> 예수께서 나를 사랑하심을 나는 아네.
> 성경이 그렇게 말씀하기 때문이지.
> 작은 자들이 그에게 속하도다.
> 우리들은 약하지만 예수님은 강하시도다(영어 찬송가 가사에서 직역한 것으로 한국 찬송가에 "예수 사랑하심을"이라는 제목으로 실려 있는 곡임—편집주).

그러므로 구원하는 믿음에 관해서는, 이스마엘 유형의 사람들은 욕구의 자유가 없습니다. 그들은 그것을 원하지 않습니다. 따라서 그들에겐 영생의 자유도 없습니다. 하나님을 의지하기보다 자기 힘으로 살려고 하는 사람은 아무도 구원받고 천국에 가지 못할 것이기 때문입니다. 뿐만 아니라, 어린아이처럼 하나님을 의존하기를 거부하는 완고한 마음은 또한 지각을 어둡게 할 것입니다. 그런 완고한 마음은 항상 자신의 욕구를 정당화하려고 합니다. 따라서 심히 잘못된 욕구는 마음을 심히 잘못된 길로 인도하여, 결국은 무엇이 옳은지 이해하지 못하게 만듭니다. 이스마엘 유형의 사람은 하나님의 주권적인 은혜에 의존하려는 욕구의 자유가 없습니다. 또한 하나님의 뜻을 이해할 수 있는 능력의 자유가 없습니다. 그리고, 그들이 선택한 생명은 멸망으로 인도하기 때문에 영원한 기쁨의 자유가 없습니다.

그러나 우리 형제자매들은 이삭과 같은 약속의 자녀들입니다(갈

4:28). 우리는 성령으로 났습니다. 기독교의 핵심은 거듭남의 기적입니다. 이삭 유형의 특징은 회심하고 삶의 중심이 변화되어 하나님의 주권적인 은혜에 의존하기를 원한다는 것입니다. 우리는 어린아이같이 되어 모든 풍성함 가운데 계신 아버지로부터 능력과 지혜와 거룩함을 받기 원합니다. 우리 안에 남아 있는 교만과 하나님 대신 우리 자신과 다른 사람을 의지하려는 성향을 미워합니다. 우리의 기쁨은 하나님의 법 안에 있고, 우리가 가장 좋아하는 음식은 하나님의 능력에 의지하여 그의 뜻을 행하는 것입니다. 성령으로 난다는 것은 바로 이런 뜻입니다. "이제는 내가 사는 것이 아니요 오직 내 안에 그리스도께서 사시는 것이라"(갈 2:20). 그리스도의 열정이 곧 우리의 열정이 됩니다.

따라서 이삭 유형의 사람들은 욕구의 자유가 있습니다. 우리는 원치 않는 일을 해야 하는 부담 아래 종처럼 일하지 않습니다. 우리는 하고 싶은 일을 할 자유가 있으며, 온전한 기쁨 속에서 영원히 그 일을 할 자유가 있습니다. 하나님이 우리를 그분의 아들의 영으로 거듭나게 하셨고, 그분의 뜻에 따라 우리의 욕구를 새롭게 형성해 가시기 때문입니다.

"그리스도께서 우리를 자유롭게 하려고 자유를 주셨으니 그러므로 굳건하게 서서 다시는 종의 멍에를 메지 말라"(갈 5:1).

16장
그리스도께서 우리에게 주신 자유

갈라디아서 5:1-5

¹그리스도께서 우리를 자유롭게 하려고 자유를 주셨으니 그러므로 굳건하게 서서 다시는 종의 멍에를 메지 말라 ²보라 나 바울은 너희에게 말하노니 너희가 만일 할례를 받으면 그리스도께서 너희에게 아무 유익이 없으리라 ³내가 할례를 받는 각 사람에게 다시 증언하노니 그는 율법 전체를 행할 의무를 가진 자라 ⁴율법 안에서 의롭다 함을 얻으려 하는 너희는 그리스도에게서 끊어지고 은혜에서 떨어진 자로다 ⁵우리가 성령으로 믿음을 따라 의의 소망을 기다리노니

본문은 우리의 삶에 대한 그리스도의 뜻을 나타내는 명쾌하고 신선한 발언으로 시작합니다. 때로 우리는 우리 삶을 향한 하나님의 뜻이 무엇인지 찾느라 어려움을 겪습니다. 우리는 하나님께 중요한 문제가 아닌 결정들에 대해 지나친 우려를 하는 경향이 있습니다(어느 학교를 가야 할지, 어떤 직업을 택해야 할지, 어디에 살아야 할지 등). 우리는 하나님의 뜻을 계시하는 분명한 성경 말씀에 따라 살아야 합니다. 그 말씀 중 하나

가 이것입니다. "그리스도께서 우리를 자유롭게 하려고 자유를 주셨으니"(5:1). 당신을 향한 그리스도의 뜻은 당신이 자유를 누리는 것입니다. 당신이 어느 학교에 갈지, 어떤 일을 할지, 어디에 살지 등의 문제는, 당신이 자유 안에 굳건히 서는 것만큼 중요하지 않습니다. 그것이 중요하다면, 성경에서 자유를 명하는 만큼 분명하게 그러한 것들을 명령했을 것입니다. 그러나 그렇지 않습니다.

따라서 당신이 자유를 누리는 것은 우리를 우려하게 하는 여러 결정들보다 하나님께 훨씬 더 중요합니다. 당신의 삶의 우선순위가 바로 되어 있는지 알아보는 좋은 시금석은 당신이 삶의 다른 긴급한 결정들만큼 자유를 누리라는 명령에 관심을 기울이는지 알아보는 것입니다. 당신은 집과 직장, 학교, 결혼 상대에 관한 결정을 할 때만큼 자유 안에 굳건히 서기 위해 기도하고 공부하는 데 힘쓰고 있습니까? 이것은 명백하고 전폭적인 명령입니다. "굳건하게 서서 다시는 종의 멍에를 메지 말라." 당신이 자유를 누리는 것은 당신을 위한 하나님의 뜻입니다. 타협하지 않는 불굴의 자유를 위해 그리스도께서 죽으셨고, 부활하셨으며, 성령을 보내셨습니다. 주님 자신의 이름의 영광을 위해 이보다 더 강렬하게 원하시는 것이 없습니다. 이것은 바로 당신의 자유입니다. 오늘은 이 자유에 대해 메시지를 전하겠습니다.

파이퍼 가족의 놀이 시간

저는 매일 저녁 식사 후 7시경까지 아들들과 놀이 시간을 갖습니다. 한 가지 게임으로 10살, 7살, 3살짜리 아이들을 즐겁게 해주는 건 쉽지 않습니다. 최근에는 새로운 아이디어를 생각해 냈습니다. 카스텐이 우리 모두에게 《*The Tower of Geburah*》(게부라의 탑)를 읽어주고, 그동안 저는 에이브러햄과 함께 블록을 가지고 바닥에 탑을 쌓습니다. 7시가 되면 대개 제가 이렇게 말합니다. "좋아, 에이브러햄, 블록들을 모아서 카트에 담자." 그러면 보통 그 아이는 이렇게 말합니다. "아빠, 저 좀 도와주실래요?" 이제 저에겐 두 가지 가능성이 있습니다. 하나는 "아니, 네가 다 주워서 2분 안에 다 정리해. 그렇지 않으면 혼날 거야!"라고 말하는 것입니다. 그러면 아이는 입술을 내밀고 투덜대겠지만, 시킨 대로 하긴 할 것입니다. 또는 이렇게 말할 수 있습니다. "물론이지. 얼마나 빨리 할 수 있는지 보자." 그러면 아이는 바쁘게 움직이고, 나의 도움으로 훨씬 더 빠르고 효율적으로 일을 하며, 또 우리는 해야 할 일을 재미있게 하게 됩니다.

이 두 경우에 에이브러햄의 경험은 매우 다릅니다. 첫 번째 경우에 그는 자유롭지 않습니다. 종의 멍에를 등에 짊어지고, 크고 무거운 개구리가 아랫입술에 붙어 있는 것처럼 자기의 일을 할 것입니다. 그 일은 짜증나고 낙담하게 하는 무거운 짐과 같기 때문에 그는 자유 안에서 행하고 있지 않습니다. 하지만 두 번째 경우에 그는 자유롭습니다. 짜증내지 않고 일을 더 잘합니다. 그는 기쁨을 누릴 자유가 있고, 등에 무거운 짐을 졌다고 느끼지 않습니다. 여전히 순종하지 않으면 아빠에게 벌을 받는다는 걸 알고 있지만, 그것은 무거운 멍에가 아닙니다. 왜냐하면 그 아이는 블록을 정리하는 일이 행복하기 때문입니다. 차이점은 무엇일까요? 아빠가 도와주고 있다는 것입니다. 그래서 그 일을 즐겁게 만들어주는 것이죠. 해야 할 일은 똑같습니다. 하지만 전자의 경우엔 종의 멍에를 메고 있고, 후자의 경우엔 자유 안에 있는 것입니다.

¹그리스도께서 우리를 자유롭게 하려고 자유를 주셨으니 그러므로 굳건하게 서서 다시는 종의 멍에를 메지 말라

자유 안에서 살며 갈라디아서 5장 1절에 순종하는 방법에 관한 힌트가 여기에 있습니다. 우리가 형벌을 면하기 위해 스스로 노력해야 하는가, 아니면 우리 아버지

께서 우리와 함께하시며 우리를 돕기 위해 내려오시는가, 이것이 자유의 열쇠입니다. 저는 갈라디아서 5장 2-5절에서 이 사실이 분명해질 것이라고 생각합니다.

2, 3절과 4절은 각각 종의 멍에 아래 머무는 방법을 묘사하고 있습니다. 따라서 이 구절들은 종 된 삶에 대한 경고 역할을 합니다. 그리고 5절은 자유 안에 굳건히 서는 분명한 방법을 제공합니다. 이제 이 구절들을 각각 살펴봅시다.

축복을 받기 위해 하나님께 뇌물을 드리려고 하지 말라

²보라 나 바울은 너희에게 말하노니 너희가 만일 할례를 받으면 그리스도께서 너희에게 아무 유익이 없으리라 ³내가 할례를 받는 각 사람에게 다시 증언하노니 그는 율법 전체를 행할 의무를 가진 자라

2절과 3절을 같이 살펴보겠습니다. "보라 나 바울은 너희에게 말하노니 너희가 만일 할례를 받으면 그리스도께서 너희에게 아무 유익이 없으리라 내가 할례를 받는 각 사람에게 다시 증언하노니 그는 율

법 전체를 행할 의무를 가진 자라." 갈라디아서의 앞의 내용들을 제대로 이해하지 못한 독자는 이렇게 말할지도 모릅니다. "오, 쉽네요. 바울은 할례가 잘못된 것이고 하나님을 불쾌하게 하는 것이며, 할례를

받지 않는 것이 옳고 하나님을 기쁘시게 하는 일이라고 말하고 있잖아요. 그러니까 핵심은 하나님이 기뻐하시는 일을 해라, 무슨 일이 있어도 할례를 피하라는 것 아닙니까?" 그러나 말씀을 피상적으로 읽으면 무할례가 할례만큼 위험한 것이 됩니다. 즉, 당신이 하나님으로부터 무엇을 받아내기 위해 사용할 수 있는 행위가 되는 것입니다.

2절과 3절의 핵심은 할례 자체가 잘못이라는 것이 아닙니다. 우리가 복을 받기 위해 하나님을 매수하려는 시도가 잘못이라는 것입니다. 할례는 갈라디아인들에게 하나님의 호의를 행위로 얻어 내라고 가르치던 유대주의자들이 내건 첫 번째 조건이었습니다. 갈라디아서 2장 3-5절은 할례가 자유와 어떤 관련이 있는지 상기시켜줍니다. "그러나 나와 함께 있는 헬라인 디도까지도 억지로 할례를 받게 하지 아니하였으니 이는 가만히 들어온 거짓 형제들(아마도 유대주의자들) 때문이라 그들이 가만히 들어온 것은 그리스도 예수 안에서 우리가 가진 자유를 엿보고 우리를 종으로 삼고자 함이로되 그들에게 우리가 한시도 복종하지 아니하였으니 이는 복음의 진리가 항상 너희 가운데 있게 하려 함이라." 바울이 5장 1절에서 "굳건하게 서서 다시는 종의 멍에를 메지 말라"고 한 것이 바로 그런 뜻입니다. 그러니 유대주의자들에게 속아서 할례나 다른 외적인 순종의 행위가 하나님께 유익한 것으로 드려질 수 있고, 따라서 하나님이 어떤 보상을 해주셔야 한다고 생각하지 마십시오.

2절을 더 자세히 살펴봅시다. "너희가 만일 할례를 받으면 그리스도께서 너희에게 아무 유익이 없으리라." 비유하건대, 유대주의자들은 그리스도에게 투자하여 이익을 얻기 원했으나 오직 그들 자신의 도덕적 자산으로 그에게 투자하려 한 것입니다. 바울은 우리가 할례나 음식 규례나 절기에 투자함으로써 그리스도에게서 배당금을 받으려 하면 아무 유익을 얻지 못할 것이라고 말합니다. 왜 그럴까요? 그리스도께서 주시는 모든 유익은 그분 자신이 갈보리에서 투자하신 것에서 나오는 배당금이기 때문입니다. 하나님의 아들께서 우리 죄를 위해 죽으셨을 때 그분이 하나님의 영광의 은행에 투자하신 도덕적 자산은 너무도 커서 그 배당금이 무한하고 끝이 없는데, 누가 그것을 받을 수 있을까요? 2절은 당신이 자신의 도덕적 자산으로 투자하여 그것을 얻으려 하면 그리스도의 유익이 당신의 것이 되지 못한다고 말합니다. 왜 그럴까요? 그리스도의 영광을 가리고 은혜를 폐하며(갈 2:21) 십자가의 걸림돌을 제거하기 때문입니다(갈 5:11). 우리 자신에게는 투자할 자산이 전혀 없음을 인정하고, 갈보리에서 투자하신 그리스도의 투자 자체가 충분함을 깨닫고 그를 믿는 자는 누구나 값없이 의와 생명의 배당금을 받을 수 있음을 인정할 때, 우리는 십자가의 은혜와 그리스도를 높이는 것입니다. 따라서 2절은 우리에게 한없는 유익을 값없이 나눠주시는 자비로운 후원자이신 그리스도를 거절하는 것이 종 노릇을 하는 것이라고 가르칩니다. 당신이 그리스도를 은행가(고객들에게 배당금을 지급하기 위해 당신의 투자를 필요로 하는 사람)처럼 대하기로 할 때, 당신은 종 노릇을 하는 것입니다.

3절은 같은 이야기를 조금 다르게 표현합니다. "내가 할례를 받는 각 사람에게 다시 증언하노니 그는 율법 전체를 행할 의무를 가진 자라." 이 구절은 종의 사고방식이란 곧 채무자의 사고방식임을 가르칩니다. 즉, 자기가 빌린 돈을 꼭 갚아야 한다는 압박감을 느끼는 것입니다. 유대주의자들은 (할례를 포함한) 모든 율법의 행위로 하나님께 진 빚을 갚으려고 합니다. 그러나 이 구절에서 하나님은 우리를 채무자로 취급하기를 원치 않으신다는 것을 명확히 보이십니다.

감사 윤리의 오류

이 구절들은 놀라운 내용들을 포함하고 있습니다. 이 구절은 널리 퍼져 있는 관점인 '감사 윤리'를 정면으로 반박하고 있기 때문입니다. '감사 윤리'에서는 하나님이 나를 위해 많은 일을 행하셨으니, 내가 비록 그 빚을 완전히 갚을 수는 없더라도 그것을 갚기 위해 내 삶을 헌신할 거라고 말합니다. 이런 감사 윤리를 실천하는 대부분의 그리스도인들은 구원을 얻어 내기 위해 노력하는 것이 아니라고 말하지만, 그럼에도 불구하고 하나님이 그들에게 많은 것을 주셨다는 이유로 하나님을 위해 일하기 시작할 때 하나님의 값없는 선물을 갚아야 할 빚이나 미리 받은 임금으로 여기기가 매우 쉽습니다.

따라서 감사 윤리는 당신을 아들 대신 채무자의 자리에 두는 경향이 있습니다. 그리고 그런 것이 바로 종 노릇 하는 것입니다. 갚아야 할 빚이 있다면, 우리 중 누구도 완전히 자유롭다고 느낄 수 없습니다. 그리스도께서는 우리가 끝도 없는 대출금을 분납하기 위해 율법을 사용하는 것을 원치 않으십니다.

이런 감사 윤리가 잘못된 이유가 적어도 세 가지 있습니다. 첫째, 참된 감사는 즐거운 채무감입니다. 그러나 다른 사람의 관대함으로 인한 이 기쁨이 우리가 무언가를 갚아야 한다는 느낌으로 바뀌기 시작하는 순간, 한때 값없는 선물이었던 것이 사업상의 거래가 되기 시작합니다. 진정한 감사는 갚아야 한다고 느끼는 것이 아닙니다.

감사 윤리가 잘못된 두 번째 이유는 그것이 그리스도의 십자가를 깎아내린다는 것입니다. 우리가 하나님의 명예를 손상시킨 것을 바로 잡으려고 그리스도께서 우리의 죄를 위해 돌아가셨을 때 우리의 빚은 완전히 해결되었습니다! 그리스도께서 갈보리에서 우리를 위해 지불하신 돈을 우리의 계좌로 더 늘리려고 노력하는 것은 그것의 무한한 가치에 대한 모욕입니다. 지금과 영원히 우리 죄인들에게 오는 모든 좋은 것들은 마땅히 값을 지불해야 합니다. 그러나 복음은 다른 누군가에 의해 이미 그 값이 지불되었다고 말합니다. 따라서 우리는 아무리 감사하는 마음으로 한다고 해도, 채무자처럼 하나님을 대하며 빚을 갚으려고 하지 말아야 합니다.

감사 윤리가 잘못된 세 번째 이유는 하나님이 우리를 위해 하신 일을 과거의 일로만 생각하는 경향이 있다는 것입니다. 그들은 이렇게 말합니다. 하나님은 우리를 위해 너무나 많은 일을 해주셨고, 이제는 내가 그를 위해 일하겠다고요. 하지만 이것은 우리를 위한 하나님의 일이 과거, 현재, 미래의 일이며, 우리를 위한 것일 뿐만 아니라 우리 안에서 이루어지는 일이라는 사실을 간과하는 것입니다. 감사 윤리는 우리 안에 거하시는 그리스도의 능력을 떠나서는 우리가 아무것도 할 수 없다는 사실을 잊는 경향이 있습니다(요 15:5). 감사 윤리는 우리가 하나님께 드리는 인내, 온유, 양선, 예배 등이 모두 성령의 열매라는 사실을 잊고 있습니다(갈 5:22; 빌 3:3). 지금 우리 안에서 하나님이 기뻐하시는 일을 이루고 계신 이는 하나님이십니다(히 13:21). 그러므로 우리가 하나님께 드리는 선물도 하나님으로부터 오는 선물입니다. 감사 윤리는 우리 삶 속에서 일어나는 이 끝없는 은혜의 역사를 간과하고 있습니다. 하나님을 향한 가장 미약한 움직임도 하나님으로부터 오는 새로운 선물이므로, 우리는 하나님께 조금도 갚을 수가 없습니다.

따라서 3절에서 할례 받는 사람은 자신을 하나님께 대한 채무자의 자리에 두는 것이라고 말할 때, 우리는 하나님이 우리가 빚을 갚으려고 애쓰는 채무자로서 자기를 대하는 것을 원하지 않으신다는 사실을 알게 됩니다. 우리를 향한 하나님의 뜻은 우리가 자유로워지는 것입니다. 즉, 우리의 모든 빚이 해결되었다는 것을 인정하는 것입니다. 우리는 가난을 면하기 위해 일해야 하는 종들이 아닙니다.

자유는 은혜에 달려 있다

4절은 2, 3절과 같은 이야기를 하며, 우리에게 자유 안에 굳건히 서서 종의 멍에를 메지 말라고 경고합니다. "율법 안에서 의롭다 함을 얻으려 하는 너희는 그리스도

갈라디아서 5장 4절

⁴율법 안에서 의롭다 함을 얻으려 하는 너희는 그리스도에게서 끊어지고 은혜에서 떨어진 자로다

에게서 끊어지고 은혜에서 떨어진 자로다." 만약 당신이 율법의 멍에를 메고 율법을 사용해 하나님 앞에서 자신의 의를 이루려 한다면, 당신은 종의 멍에를 멘 것이며 그리스도께서 주신 자유 안에 서 있지 않은 것입니다. 본문을 인용해서 말하자면, 그런 자는 그리스도에게서 끊어지고 더 이상 은혜의 혜택을 받지 못합니다. 이 구절은 오직 우리가 그리스도의 은혜를 의지할 때에만 자유를 누릴 수 있다고 가르칩니

다. 은혜의 능력에서 떨어질 때 우리는 종 노릇을 하게 됩니다. 자유의 비결은 계속해서 은혜에 의존하는 것입니다.

그러면 은혜란 무엇입니까? 은혜는 하나님의 강력한 역사로서 지금 당신의 삶 속에서 하나님이 당신을 위해 거저 주시는 것입니다. G.R.A.C.E.라는 두문자어를 들어보았을 것입니다. 이는 그리스도의 희생으로 얻는 하나님의 부God's Riches At Christ's Expense라는 뜻을 갖습니다. 이것은 탁월한 표현입니다. 그러나 은혜는 또한 지금 바로 이 순간에 하나님이 우리 안에서 행하시는 일이라는 것도 상기할 수 있도록 또 다른 두문자어를 제시하겠습니다. G.R.A.C.E.―하나님의 구원하시고 돌보시는 노력God's Rescuing And Caring Exertion. 로마서 5장 21절에서 바울은 이렇게 말합니다. "이는 죄가 사망 안에서 왕 노릇 한 것 같이 은혜도 또한 의로 말미암아 왕 노릇 하여 우리 주 예수 그리스도로 말미암아 영생에 이르게 하려 함이라." 은혜는 그리스도인의 삶 속에서 통치하는 강력한 왕과 같습니다.

갈라디아서 5장 4절에서 은혜에 의존하는 것이 자유를 누리는 비결이라고 암시할 때, 그것은 곧 지금 우리의 삶 속에서 구원하시고 돌보시는 하나님의 노력에 우리의 자유가 달려 있다는 뜻입니다. 하나님이 오셔서 우리를 도우시고, 우리가 율법의 멍에 대신 즐거운 마음으로 하나님의 도움을 의지할 때 우리는 자유롭습니다.

그리고 이것은 다시 파이퍼 가족의 놀이 시간으로 돌아가게 합니다. 제가 "그래, 에이브러햄, 블록들을 모아서 카트에 넣으렴"이라고 말할 때 두 가지 가능성이 있습니다. 저는 아이에게 혼자 할 일을 하게 하고 제대로 하지 않으면 벌을 받을 거라고 겁을 줄 수 있습니다. 아니면 제가 바닥에 몸을 굽히고 그 아이를 도와서 그 일을 즐겁게 만들 수 있습니다. 한 방법은 종이 될 아이들을 낳는 것이고(이스마엘처럼, 갈 4:24), 다른 방법은 자유의 자녀들을 낳는 것입니다(이삭처럼, 갈 4:26, 31). 자유의 비결은 하나님이 오셔서 우리가 그분의 명령대로 행할 수 있도록 도와주시는지, 그리고 우리가 그 은혜의 역사를 의지하는 믿음으로 사는지에 달려 있습니다.

자유로운 사람들은 어떻게 마지막 날을 기다리는가

이제 5절이 자유로운 삶을 어떻게 묘사하는지 간단히 지적함으로써 설교를 마치려 합니다. "우리가 성령으로 믿음을 따라 의

> **갈라디아서 5장 5절**
> 5 우리가 성령으로 믿음을 따라 의의 소망을 기다리노니

의 소망을 기다리노니." 우리가 그리스도를 믿음으로 이미 의롭다 함을 받았고 그분의 의로 옷을 입었지만(롬 5:1; 고전 1:30), 우리 앞에 놓인 최후의 심판에서 최종 판결이 내려질 것이며 우리는 완전히 의롭게 될 것입니다. 이것이 우리가 기다리고 갈망하는 소망입니다. 그러나 그것은 유대주의자들도 마찬가지입니다! 문제는 우리가 어떻게 기다리고 있느냐는 것입니다. 자유인으로서 기다리느냐 아니면 종처럼 기다리느냐, 이것이 문제입니다.

5절의 두 문구가 자유로운 사람들이 마지막 날을 어떻게 기다리는지를 요약하고 있습니다. 첫째는 "성령으로" 기다립니다. 우리의 삶은 성령의 역사로 시작되었고(이삭의 삶이 성령의 개입으로 시작되었던 것처럼, 창 21:1), 성령의 역사로 지속됩니다. "이제는 내가 사는 것이 아니요 오직

내 안에 그리스도께서 사시는 것이라." 우리가 자유로운 것은 하나님이 그의 아들의 영을 보내셔서 우리를 도와 블록을 치우게 하셨기 때문입니다. 그분은 냉담하게 서서 요구만 하시지 않습니다. 우리와 교제하며 우리를 도우십니다. 그리고 순종의 삶을 기쁨의 삶으로 만들어 주십니다. 그리스도인의 삶은 성령의 능력 안에서 사는 삶이기 때문에 자유로운 삶입니다.

자유로운 사람들이 어떻게 의의 소망을 기다리는지 보여주는 두 번째 문구는 "믿음을 따라"입니다. "우리가 성령으로 믿음을 따라 의의 소망을 기다리노니." 어린 에이브러햄이 뿌루퉁한 입술로 "아빠의 도움을 원하지 않아요. 저 혼자 블록을 다 치울 거예요. 제가 할 수 있다는 걸 보여드릴 거예요. 아빠의 관용이 필요 없다는 걸 보여드릴 거예요"라고 말하는 것을 상상할 수 있습니다. 만약 그 아이가 계속 그렇게 교만하게 행동했다면 그 아이는 은혜를 받지 못했을 것이고 저는 그 아이에게 아무 도움도 되지 못했을 것입니다. 그 아이는 은혜보다 율법주의를, 자유보다 종의 삶을 택한 것입니다. 인간 측면에서 자유는 믿음입니다. 갈라디아서 3장 5절은 그것이 하나님의 역사와 어떻게 연결되는지 상기시켜줍니다. "너희에게 성령을 주시고 너희 가운데서 능력을 행하시는 이의 일이 율법의 행위에서냐 혹은 듣고 믿음에서냐." 우리가 우리를 도우시는 아버지를 의존하면, 그분은 우리를 도와주십니다.

그리고 갈라디아서 5장 5절에서 믿음은 단순히 과거의 결정이 아니라는 것에 주목하십시오. 믿음은 계속해서 의의 소망을 기다리는 것입니다. 따라서 자유의 동전에는 양면이 있습니다. 한쪽 면은 우리 안에 계신 하나님이 우리를 위해 매일 행하시는 주권적이고 은혜로운 역사입니다. 즉, 아버지가 바닥에 내려와 자녀의 순종을 즐거움으로 바꿔주는 것입니다. 반대쪽 면은 우리의 믿음입니다. 즉, 우리가 하나님을 위해 할 수 있는 일이 아니라 하나님이 우리를 위해 하시는 일에 기쁘게 의존하는 삶입니다. 그 삶은 확실히 세상과 구별됩니다. 다음 주에 살펴보겠지만, 사랑할 자유를 얻기 때문입니다. "그리스도께서 우리를 자유롭게 하려고 자유를 주셨으니 그러므로 굳건하게 서서 다시는 종의 멍에를 메지 말라"(5:1).

17장
구원하는 믿음은 사랑을 낳는다

갈라디아서 5:6-12

[6]그리스도 예수 안에서는 할례나 무할례나 효력이 없으되 사랑으로써 역사하는 믿음 뿐이니라 [7]너희가 달음질을 잘 하더니 누가 너희를 막아 진리를 순종하지 못하게 하더냐 [8]그 권면은 너희를 부르신 이에게서 난 것이 아니니라 [9]적은 누룩이 온 덩이에 퍼지느니라 [10]나는 너희가 아무 다른 마음을 품지 아니할 줄을 주 안에서 확신하노라 그러나 너희를 요동하게 하는 자는 누구든지 심판을 받으리라 [11]형제들아 내가 지금까지 할례를 전한다면 어찌하여 지금까지 박해를 받으리요 그리하였으면 십자가의 걸림돌이 제거되었으리니 [12]너희를 어지럽게 하는 자들은 스스로 베어 버리기를 원하노라

본문의 6절은 책 전체에서 가장 중요한 구절 중 하나입니다. 저는 이 구절을 다루는 데 대부분의 시간을 보내기 원합니다. 하지만 먼저 7-12절을 잠깐 살펴보겠습니다. 그 부분이 5절과 6절의 주요 문제의 심각성을 말해주는 경고 역할을 합니다. 5절과 6절의 주요 문제란, 믿

음만으로 하나님의 충만한 복을 받기에 충분한가, 아니면 어떤 복은 행위로 받아야 하는가 하는 문제입니다.

이 경고들에 주의하라

갈라디아서 5장 7-8절
[7] 너희가 달음질을 잘 하더니 누가 너희를 막아 진리를 순종하지 못하게 하더냐 [8] 그 권면은 너희를 부르신 이에게서 난 것이 아니니라

7절과 8절을 보십시오. "너희가 달음질을 잘 하더니 누가 너희를 막아 진리를 순종하지 못하게 하더냐 그 권면은 너희를 부르신 이에게서 난 것이 아니니라." 따라서 첫 번째 경고는 행위의 길을 위해 믿음의 길을 저버리라는 권면이 하나님으로부터 온 권면이 아니라는 것입니다. 사실 그것은 하나님이 아닌 세상의 초등학문에서 온 것입니다(4:3, 8). 그들은 좁은 길을 잘 걸어가다가 갑자기 방향을 바꾸어 멸망으로 인도하는 넓은 길로 들어서기 시작했습니다. 길을 잘못 들어 막다른 길을 만난 마라톤 선수와 같이 큰 곤경에 처했습니다.

"너희가 달음질을 잘 하더니." 그들은 성령에 의해 과거의 죄악된 삶을 떠나 매걸음 성령의 인도와 능력을 의지하고 있었습니다. 그런데 하나님이 지시하신 것과 다르게 가던 방향을 바꾸었습니다. 하나님이 시키지 않으셨다면 누가 시켰는지 알 것입니다!

갈라디아서 5장 9절
[9] 적은 누룩이 온 덩이에 퍼지느니라

9절은 또 다른 경고를 합니다. "적은 누룩이 온 덩이에 퍼지느니라." 이것은 율법주의적 사고를 가진 교회의 몇몇 지도자들이 곧 교회 전체를 변질시킬 거라는 뜻입니다. 또는 그들의 삶의 작

은 부분에 존재하는 율법주의적인 자기 의존성(예를 들면, 할례)이 그들의 삶 전체를 파괴할 거라는 뜻일 수도 있습니다(5:2 참조). 어느 경우든, 동기의 심각성이 분명히 드러납니다. 하나님을 의지하는 데서 비롯된 동기들이 있고, 자신을 의지하는 데서 비롯된 동기들이 있습니다. 그리고 그 차이는 삶과 죽음을 좌우합니다.

10절은 갈라디아의 새신자들이 이 편지에 동의하여 믿음으로 돌아갈 거라는 바울의 확신, 그리고 계속해서 율법주의를 가르치는 자들이 심판을 받게 될 거라

갈라디아서 5장 10절

¹⁰나는 너희가 아무 다른 마음을 품지 아니할 줄을 주 안에서 확신하노라 그러나 너희를 요동하게 하는 자는 누구든지 심판을 받으리라

는 확신을 나타냅니다. "나는 너희가 아무 다른 마음을 품지 아니할 줄을 주 안에서 확신하노라 그러나 너희를 요동하게 하는 자는 누구든지 심판을 받으리라." 우리는 오로지 그리스도의 사랑과 능력의 아름다움만으로 사람들을 동기 부여하기 원하지만(실로 바울이 원했듯이!), 우리나 바울이나 심판의 현실을 무시할 수 없습니다. "한번 죽는 것은 사람에게 정해진 것이요 그 후에는 심판이 있으리니"(히 9:27). 갈라디아인들에게 이것에 대해 경고하지 않는 것은 철로 위에 있는 사람에게 꽃 향기를 맡기 위해 철로를 벗어나라고 하면서 기차가 오고 있다는 것은 말해주지 않는 것과 같습니다. 바울은 사람들에게 심판이 다가오고 있다고 경고합니다.

할례가 아닌 십자가

그 다음에 11절은 어떤 사람의 반대에 대한 대답인 것 같습니다. 어쩌

11 형제들아 내가 지금까지 할례를 전한다면 어찌하여 지금까지 박해를 받으리요 그리하였으면 십자가의 걸림돌이 제거되었으리니

면 유대주의자들이 바울도 때로는 할례를 가르친다고 말했을 것입니다. 디모데에게 할례를 행했을 때처럼 말입니다(행 16:1-3).

바울은 그 비난을 부정하며 말합니다. "형제들아 내가 지금까지 할례를 전한다면 어찌하여 지금까지 박해를 받으리요 그리하였으면 십자가의 걸림돌이 제거되었으리니." 바울은 자신이 할례가 아닌 십자가를 전하며, 그것이 그가 박해를 받는 이유라고 말합니다. 십자가는 걸림돌이기 때문입니다. 십자가는 사람들을 행복에 도취되게 만들 수 있습니다. 그들의 죄가 사함받기 때문입니다. 하지만 격렬하게 분노하게 만들 수도 있습니다. 자랑할 근거가 모두 사라지기 때문입니다. 만약 바울이 할례를 통해 하나님의 축복을 얻어 낼 수 있다고 설교했다면 그는 많은 박해를 피할 수 있었을 것입니다. 하지만 그렇게 하면 십자가의 걸림돌이 제거되었을 것이고, 그와 더불어 죄사함도 없었을 것입니다. 우리 죄를 위한 예수님의 십자가 죽음은 우리의 죄악된 상태와 하나님의 정의를 철저히 보여주는 것입니다. 따라서 믿음을 통하지 않고 우리 자신을 구원하려는 시도는 우리 자신에 대한 순진한 찬사이자 그리스도의 온전한 대속에 대한 모욕입니다. 그래서 바울은 할례를 전하지 않습니다.

또한 12절에서 "너희를 어지럽게 하는 자들은 스스로 베어 버리기를 원하노라"고 말합니다. 이것이 냉혹하고 충격적인 말이라는 사실은 부인할 수 없습니다. 이것은 그 문제가 얼마나 심각한가를 나타내는 말입니다.

믿음 vs 행위

이제 6절로 돌아가 남은 시간 동안 갈라디아의 정말 중요한 문제를 중점적으로 다루겠습니다. 5절에서, 모든 사람에 대한

갈라디아서 5장 5절
⁵우리가 성령으로 믿음을 따라 의의 소망을 기다리노니

최종 판결이 내려지고 그리스도 안에 있는 자들이 완전히 의롭게 될 날이 오고 있다고 했습니다(이는 우리가 아직 완전하지 않다는 뜻입니다). 우리는 그날을 기다립니다. 다만 우리 자신의 능력으로 율법의 행위를 따라 기다리지 않고 성령으로 믿음을 따라 기다립니다. 그 다음에 6절은 우리가 육신으로 할례 같은 율법의 행위를

갈라디아서 5장 6절
⁶그리스도 예수 안에서는 할례나 무할례나 효력이 없으되 사랑으로써 역사하는 믿음뿐이니라

따라 기다리지 않고, 성령으로 믿음을 따라 기다리는 이유에 대한 논거를 추가합니다. "그리스도 예수 안에서는 할례나 무할례나 효력이 없으되 사랑으로써 역사하는 믿음뿐이니라." 우리가 행위가 아닌 믿음으로 사는 이유는 행위에는 하나님의 축복을 쟁취할 능력이 없기 때문입니다. 사실 행위는 하나님의 값없는 은혜를 폐함으로써 하나님을 불쾌하게 합니다. 그러나 믿음은 하나님의 값없는 은혜를 높이므로, 하나님으로부터 모든 것을 얻어 내는 능력이 있습니다. 하나님이 약속들을 이루실 거라고 믿는 믿음은 하나님을 영예롭게 하며 값없는 생명의 선물을 받습니다.

어떤 사람은 이렇게 물을지도 모릅니다. "정말로 그렇게 큰 차이가 있나요? 믿음도 할례 같은 행위 아닌가요? 무슨 큰 차이가 있죠?" 이 질문에 대한 명백한 답이 로마서 4장 4-5절에 나와 있습니다.

"일하는 자에게는 그 삯이 은혜로 여겨지지 아니하고 보수로 여겨지거니와 일을 아니할지라도 경건하지 아니한 자를 의롭다 하시는 이를 믿는 자에게는 그의 믿음을 의로 여기시나니."

4절에서 행위로 사는 것이 무엇을 뜻하는지 보십시오. 그것은 하나님을 당신의 노동을 필요로 하는 고용주로 대하는 고용인의 사고방식입니다. 당신이 그에게 필요한 일을 해주면 그가 당신에게 임금을 주어야 합니다. 율법주의 혹은 행위 신앙의 본질은, 우리가 하나님을 위해 일하고, 하나님은 우리가 마땅히 받을 임금을 지급하시는 것입니다.

다음으로, 5절에서 믿음으로 사는 것이 무엇을 의미하는지 살펴보겠습니다. 첫째, 그것은 당신이 자신을 고용인으로, 하나님을 고용주로 생각하지 않는 것입니다. 즉, 이런 의미에서 하나님을 위해 일하는 것을 중단합니다. "일을 아니할지라도." 믿음은 행위에 추가되는 것이 아니고, 행위는 믿음에 추가되는 것이 아닙니다. 믿음은 행위를 배제합니다. 왜냐하면 믿음은 완전히 다른 사고방식을 갖고 있기 때문입니다. 하나님은 나의 노동을 필요로 하고 내게 그에 대한 임금을 주는 고용주가 아닙니다. 이 관계 속에서 나는 궁핍한 사람이고, 하나님은 나의 모든 필요를 충족시켜줄 노하우와 능력과 온전함을 모두 소유하고 계신 분입니다. 따라서 믿음의 사고방식에서 나는 하나님의 부족한 점을 공급하기 위해 일하지 않습니다. 반대로 하나님이 나의 부족한 부분을 모두 채워주려고 나를 위해 일하고 계신 것입니다.

행위의 마음과 믿음의 마음

그것을 다른 방식으로 말해봅시다. 불에서 열이 나오듯이 인간의 마음, 당신의 마음에서 갈망 또는 열망이 나옵니다. 당신의 마음은 그 열망에 의해 확정됩니다. 불꽃이 위로 올라가는 것만큼 확실하게, 당신의 마음은 여러 열망들을 쏟아 냅니다. 따라서 우리는 하루 종일 마음에서 솟구치는 이 열망들의 흐름과 관련하여 믿음과 행위를 정의할 수 있어야 합니다. 행위에 초점을 둔 마음은 수직 암벽을 오르려고 하거나, 직장에서 책임을 더 맡으려 하거나, 목숨을 걸고 전투 구역으로 들어가거나, 마라톤을 하면서 괴로워하거나, 몇 주 동안 종교적인 금식을 할 것입니다. 이 모든 것은 의지의 힘이나 몸의 체력으로 도전을 이기는 놀라운 황홀감을 위한 것입니다. 행위에 초점을 둔 마음은 종종 공손함과 품위와 도덕성을 거부함으로써 독립성과 자기만의 쾌락에 대한 사랑을 표출하지만, 그런 마음은 또한 동물적인 방탕함에 혐오감을 느끼고 자기 부인과 용기와 인격적인 탁월함의 진정한 스릴을 발견하기 시작합니다. 행위에 초점을 둔 마음은 스스로 큰 장애물을 극복하는 스릴을 갈망합니다.

그러나 믿음에 초점을 둔 마음은 매우 다릅니다. 이 마음의 갈망도 강하지만, 이것이 갈망하는 것은 우리 안에서, 또 우리를 통해 하나님이 도전에 응하여 승리하시는 것을 느끼는 스릴입니다. 행위의 마음은 자신이 장애물을 극복하는 스릴을 느끼기 원합니다. 반면에, 믿음의 마음은 하나님이 장애물을 극복하시는 스릴을 느끼기 원합니다. 행위의 마음은 자신이 능력 있고 강하고 똑똑한 사람으로 칭송받는 기쁨을 갈망합니다. 반면에, 믿음의 마음은 하나님이 그분의 능력과 힘과 지혜로 인해 영광받으시는 것을 보는 기쁨을 갈망합니다. 신앙적인 형태로, 행위의 마음은 도덕성의 도전을 받아들이고, 많은 노력으로 그 장애물을 극복하며, 감사와 박수와 보상을 위해 하나님께 그 승리를 드립니다. 믿음의 마음 또한 도덕성의 도전을 받아들이지만 그것을 단지 하나님의 능력을 나타내는 도구가 될 기회로 받아들일 뿐이며, 승리에 이를 때 모든 영광과 감사를 하나님께 드리는 것을 기뻐합니다. 이것들은 모든 교회에 나란히 존재하는 두 신앙입니다. 부디 이 갈라디아서 강해가 여러분으로 하여금 옳은 쪽을 선택하게 하기를 바랍니다!

믿음이 마음에서 제거하는 것

이제 믿음과 행위를 이해했으면, 갈라디아서 5장 6절을 근거로 왜 진정한 믿음이 필연적으로 사랑을 낳는지 질문해봅시다. 바울은 우리가 믿음 플러스 사랑의 행위로 의롭다 함을 받는다고 말하고 있지 않습니다. 그는 우리가 오직 믿음으로 의롭다 함을 받으며, 이 믿음은 좋은 나무가 좋은 열매를 맺는 것처럼 사랑을 낳기 마련이라고 말합니다. 그런 의미에서, 사랑하는 사람이 되는 것은 구원받기 위해 꼭 필요한 것입니다. 구원하는 믿음은saving faith 그 본성상 사랑을 통해 역사하기 때문입니다. 따라서 구원하는 믿음이 어떻게 사랑을 낳는지 아는 것은 지극히 중요합니다.

먼저 우리는 사랑이 무엇인지 올바로 정의를 내려야 합니다. 이렇게 정의해봅시다. 우리가 다른 사람들을 우리의 결핍을 채우기 위한 수단으로 이용하는 대신 하나님의 능력을 힘입어 그들의 결핍을 채워주는 것을 기뻐할 때, 우리는 다른 사람들을 사랑한다고 할 수 있습니다. 사랑은 자기의 유익을 구하지 않으며(고전 13:5), 다만 "주는 것이 받는 것보다 복이 있다"(행 20:35)는 진리 안에서 기뻐합니다.

그러면 믿음이 어떻게 그러한 사람을 산출하나요? 믿음은 두 가지로 역사합니다. 믿음은, 마음에 안 좋은 것을 제거하고 좋은 것을 주어 사랑을 낳습니다. 믿음은 마음에서 죄책감과 두려움과 탐욕을 제거합니다. 믿을 때 죄책감이 사라지는 이유는, "그리스도께서 우리 죄를 위하여 죽으시고"(고전 15:3), 우리가 "그의 피로 말미암아 속량 곧 죄 사함을 받았"음을(엡 1:7) 확신하기 때문입니다. 믿음이 두려움을 제거하는 이유는, 하나님이 "자기를 앙망하는 자를 위하여…행"하시는 일을(사 64:4) 확신하기 때문입니다. 하나님은 우리를 도우시고, 힘주시고, 보호해주시겠다고 약속하십니다(사 41:10). 하나님은 모든 것이 합력하여 우리의 가장 큰 선을 이루게 하실 것입니다(롬 8:28). 또한 믿음이 탐욕을 제거하는 이유는 세상이 줄 수 있는 모든 것보다 그리스도께서 훨씬 더 부유하심을 확신하기 때문입니다(히 11:26; 13:5-6; 빌 3:8). 이렇게 믿음은 죄책감과 두려움과 탐욕을 마음에서 몰아냅니다.

우리로 하여금 사람들을 사랑하지 못하게 막는 것이 죄책감과 두려움과 탐욕 아닙니까? 우리는 죄책감을 느낍니다. 그래서 자기 중심적인 우울증과 자기 연민에 빠져, 다른 사람의 필요는 보지도 못하고 관심도 없습니다. 또는 우리의 죄책감을 감추기 위해 위선적인 태도를 취함으로써 관계 속에서 모든 진실성을 파괴합니다. 혹은 우리 자신의 죄책감을 덜어내기 위해 다른 사람들의 잘못에 대해 이야기합니다. 이렇게 죄책감은 사랑을 파괴합니다.

또한 우리는 두려움을 느낍니다. 그래서 주일 예배 후에 모르는 사람에게 다가가지 않고 바로 자기 차로 갑니다. 또는 사명 받는 것을 너무 위험한 일로 여겨 거부합니다. 과도한 보험에 돈을 낭비하기도 합니다. 다른 사람들의 필요를 보지 못하도록 우리 눈을 가리고 자신에게 몰두하게 만드는 온갖 작은 공포증에 사로잡힙니다. 이렇게 두려움은 사랑을 파괴합니다.

그리고 우리는 탐욕을 품습니다. 그래서 복음을 전하는 데 써야 할 돈을 사치품에 씁니다. 우리의 소중한 재산이나 경제적인 미래를 위태롭게 할 수 있는 위험한 일은 하지 않습니다. 사람 대신 물건에 초점을 두기도 하고, 사람들을 우리의 이익을 위한 자원으로 여기기도 합니다. 그리고 복수의 단맛을 탐하기 때문에 원한을 품습니다. 그래서 죄책감, 두려움과 함께 탐욕은 사랑을 파괴합니다.

따라서 믿음이 죄책감과 두려움과 탐욕을 몰아낼 때, 그것이 우리를 자유롭게 하여 마음껏 사랑하게 해준다는 것을 쉽게 알 수 있습니다. 사랑이 없는 우리의 모든 행위는 하나님의 약속들(십자가에 근거한 모든 약속, 롬 8:32)을 믿지 못하는 데서 그 원인을 찾을 수 있습니다.

믿음이 마음에 주는 것

그러나 저는 믿음이 마음에서 제거하는 것(죄책감, 두려움, 탐욕)뿐만 아니라 마음에 주는 것들에 의해 사랑을 낳는다고 했습니다. 믿음은 우리가 하나님의 뜻을 행할 때 우리 안에서, 우리를 위해 역사하는 하나님의 능력을 경험하는 기쁨에 대한 욕구를 우리 마음에 줍니다. 믿음은 하나님이 우리의 삶 속에서 장애물을 극복하시는 경험을 소중히 여깁니다. 다시 말해서, 믿음은 사랑의 장애물을 제거할 뿐만 아니라 우리가 사랑하도록 긍정적인 자극을 줍니다.

하나님의 용서와 사랑과 능력에 대한 확신으로 모든 죄책감과 두려움과 탐욕이 사라졌을 때, 어떤 힘이 우리를 편안한 거실에서 몰아내 사랑이 요구하는 불편과 고난을 감수하게 만들까요? 무엇이 당신으로 하여금 어색할 때도 낯선 사람들을 반겨주고, 화가 났을 때 원수에게 다가가 화해를 청하고, 전에 해본 적이 없는 십일조 헌금을 하고, 동료들에게 그리스도에 대해 말하고, 새로운 이웃들을 성경공부에 초청하고, 여러 문화에 복음을 전하고, 당신이 동성애자임을 고백하고 도움을 청하며, 알코올 중독자들을 위한 새로운 사역을 만들고, 저녁에 밴을 운전하거나 아침에 회복을 위해 기도하게 만드는 것일까요? 이런 희생적인 사랑의 행위는 그냥 나타나는 것이 아닙니다. 새로운 욕구, 즉 당신의 삶 속에서 하나님의 능력을 경험하는 기쁨에 대한 욕구에 의해 마음에서 나오는 것입니다. 믿음은 하나님을 의지하고 하나님이 우리 안에서 기적을 행하시는 것을 보기 원합니다. 따라서 믿음은 하나님의 능력이 가장 자유롭게 흐르는 곳, 즉 사랑이 흐르는 곳으로 우리를 밀어 넣습니다. 믿음은 사랑을 낳습니다. 그 이유는 사랑의 행위 속에서, 우리의 죄를 정복하고 사탄을 정복하고 세상을 변화시키시는 하나님의 능력을 느끼기 때문입니다.

요약해보겠습니다. 할례와 같은 행위는 하나님께 아무 유익이 없습니다. 그러나 사랑을 통해 역사하는 믿음은 모든 것에 유익합니다. 행위는 하나님을 고용주로 생각하는 고용인의 사고방식입니다. 하나님이 필요로 하시는 노동을 제공하고 그에 대한 대가를 받으려 하는 것입니다. 믿음은 하나님을 위해 일하지 않습니다. 다만 우리의 필요를 채워주는 일꾼이신 하나님을 항상 신뢰합니다. 행위에 초점을 둔 마음은 자신의 의지와 몸이 어떤 도전에 맞서 승리하는 것을 느끼는 스릴을 갈망하며, 칭찬받는 걸 좋아합니다. 그러나 믿음에 초점을 둔 마음은 하나님이 우리 안에서, 우리를 통해 도전에 맞서 승리하시는 것을 느끼기 원하며, 하나님이 찬양받으시길 원합니다. 이것이 사랑을 낳는 믿음입니다.

사랑은 무엇입니까? 우리는 사람들을 우리의 결핍을 채우기 위한 수단으로 이용하지 않고, 대신 하나님의 능력을 힘입어 우리가 그들의 결핍을 채워주는 걸 기뻐할 때, 다른 사람들을 사랑한다고 할 수 있습니다. 믿음이 필연적으로 이 사랑을 낳는 이유는 죄책감과 두려움과 탐욕 같은 사랑의 장애물들을 제거하기 때문입니다. 하나님의 약속들을 의지하는 마음에는 죄책감과 두려움과 탐욕이 남아 있을 수 없습니다. 또한 믿음이 이 사랑을 낳는 이유는 하나님이 우리 안에, 우리를 통해 그분의 자비를 나타내시는 것을 느끼고자 하는 새로운 욕구를 일으키기 때문입니다. 이 욕구는 우리로 하여금 능력이 가장 자유롭게 흐르는 활동, 즉 사랑의 활동으로 나아가게 합니다.

그러므로 "그리스도 예수 안에서는 할례나 무할례나 효력이 없으되 사랑으로써 역사하는 믿음뿐이니라"(5:6).

18장
사랑하기 위하여 자유롭게 되었다

갈라디아서 5:13-15

¹³ 형제들아 너희가 자유를 위하여 부르심을 입었으나 그러나 그 자유로 육체의 기회를 삼지 말고 오직 사랑으로 서로 종 노릇 하라 ¹⁴ 온 율법은 네 이웃 사랑하기를 네 자신 같이 하라 하신 한 말씀에서 이루어졌나니 ¹⁵ 만일 서로 물고 먹으면 피차 멸망할까 조심하라

우리 귀에 가장 거슬리는 성경구절 중 하나는 이것입니다. "내가 내게 있는 모든 것으로 구제하고 또 내 몸을 불사르게 내줄지라도 사랑이 없으면 내게 아무 유익이 없느니라"(고전 13:3). 이 구절이 우리 귀에 거슬리는 이유는 예수님께서 "사람이 친구를 위하여 자기 목숨을 버리면 이보다 더 큰 사랑이 없나니"(요 15:13)라고 말씀하셨기 때문입니다. 또한 예수님은 우리의 원수를 사랑하고 우리를 미워하는 자들에게 선을 행하고 우리를 저주하는 사람들을 축복하는 방법 중 하나가 우리의 소유물을 아낌없이 나눠주는 것이라고 가르치셨습니다(눅 6:27-30). 그

러나 갈라디아서 5장 13-15절에서 바울은 당신이 모든 것을 나눠주고 목숨까지 내어주더라도 사랑이 아닐 수 있다고 말합니다. 전부 희생하고도 영원히 멸망할 수 있다는 것입니다.

우리의 모든 행동주의에 대한 성경의 비판

이것은 정치적 우파와 좌파를 막론하고 모든 그리스도인의 정치적 활동이 반드시 철저한 성경적 판단을 받게 된다는 뜻입니다. 우파에서는 태아의 권리, 강력한 국방, 핵전력 우위, 공립학교에서의 기도, 이스라엘에 대한 지원, 가족의 가치, 균형 예산 등을 위해 일하도록 요구받습니다. 좌파에서는 좀 더 공평한 물질의 분배, 핵무기 감축, 남녀 평등 관련 수정 헌법, 빈곤과 실업 방지를 위한 프로그램 등을 위해 일하도록 요구받습니다. 기독교 우파와 기독교 좌파는 모두 우리에게 행동을 촉구하고 있습니다. 그런 촉구는 정당합니다! 그리스도인은 절대로 사람들의 필요에 무관심해서는 안 됩니다.

그러나 우파와 좌파의 그리스도인들이 절대로 잊지 말아야 할 근본적인 성경의 비판이 있습니다. "내가 내게 있는 모든 것으로 구제하고 또 내 몸을 불사르게 내줄지라도 사랑이 없으면 내게 아무 유익이 없느니라." 더 직설적으로 말하자면, 빈곤 프로그램들을 위해 싸우거나 학교 기도에 관련된 수정 헌법을 위해 싸우면서도 지옥에 갈 수 있다는 것입니다. 사랑은 단순히 행위로만 정의될 수 없기 때문입니다. 사랑은 언제나 행동하는 사람의 마음 상태를 포함합니다. 만일 우리가 성경의 메시지를 주변 세상의 문제들과 연관시키기 원한다면, 우파나

좌파의 안건들보다 성경이 훨씬 더 근본적인 것임을 알아야 합니다. 성경은 그 둘에 대해 "네 안건agenda을 실행하기 위해 네 몸을 불사르게 내줄지라도 사랑이 없으면 네게 아무 유익이 없느니라"고 말합니다. 사랑은 그 누구의 안건과도 동일시될 수 없습니다. 어떠한 안건도 마음에서 우러나오지 않으면 사랑이 아니기 때문입니다. 우리는 방글라데시에 병원을 짓기 위해 백만 달러를 기부하는 사람에게 감동을 받을 것입니다. 그러나 하나님은 그 마음을 보시며 그 영혼의 감춰진 동기를 물으십니다. 기독교는 주로 정치적 활동을 위한 안건에 관한 것이 아닙니다. 기독교는 주로 사람의 마음을 근본적으로 변화시키는 능력에 관한 것입니다.

사랑의 계명과 믿음의 본질

갈라디아서 5장 6절을 통해, 하나님이 받으시는 마음은 행위에 의존하는 마음이 아니라(할례든 무할례든) 하나님의 은혜에 온전히 의지하는 마음이라고 했습니다. 그리고 그 결과는 사랑의 삶으로 나타난다고 했습니다. 사랑은 구원의 과정에서 필수적인 부분입니다. 서로 사랑하는 것은 선택사항이 아닙니다. 그 누구도 "나는 사람들을 사랑하든 말든 이에 상관없이 믿음으로 구원받았다"고 말할 수 없습니다. 왜냐하면 우리를 구원하는 유일한 믿음은 "사랑으로써 역사하는 믿음"이기 때문입니다(갈 5:6). 구원하는 믿음은 언제나 사랑을 일으키며, 사랑은 진정한 믿음의 증거를 보여줍니다.

오늘의 본문은 5장 6절에서 사랑의 주제를 가져와 13절의 "사랑으로 서로 종 노릇 하라"는 명령과 함께 그 주제를 강조합니다. 어떤 사람은 이렇게 물을 것입니다. "사랑이 믿음의 필연적인 결과이며(5:6), 성령의 열매라면(5:22), 왜 바울은 우리에게 사랑하라고 명령하는 건가요?" 그 대답은 비록 하나님이 그의 백성들을 다스리시고 그의 성령이 사랑의 열매를 낳을지라도, 하나님은 그의 일을 행하실 때 인간의 권면이라는 수단을 사용하여 하시기도 한다는 것입니다. 하나님이 우리 마음속에 사랑을 일으키신다는 것과, 하나님이 그 일을 행하시는 방법 중 하나는 계명으로 사랑을 명하여 사랑의 중요성을 상기시켜주시는 것이라는 것은 서로 모순되지 않습니다. 그러나 바울이 5장까지 줄곧 하나님을 신뢰하라는 말만 하다가 5장에 이르러서야 비로소 우리에게 어떤 일을 하라고 명령한다는 사실은, 이 명령을 하나님의 은혜를 얻기 위해 우리 힘으로 행하는 "율법의 행위"로 받아들이지 말도록 경고하는 의미가 있습니다. 바울이 율법의 행위에 반대한 것은 계명 자체에 반대한 것이 아니라 하나님의 축복을 받기 위해 우리 자신의 힘으로 계명을 수행해 내도록 노력하라는 가르침에 반대한 것입니다. 계명은 선한 것이며, 믿음으로 말미암은 순종을 요구합니다. 우리는 계명을 그렇게 긍정적으로 보아야 합니다. 갈라디아서 5장 13절에 나오는 사랑의 명령은 본질상 사랑할 수밖에 없는 자유롭고 담대한 마음을 가지라는 명령입니다.

또한 저는 경험을 통해, 성령님이 제 마음을 변화시키기 위해 성경의 명령들, 특히 그러한 명령들에 대한 신학적 논증을 사용하신다는 것을 깨달았습니다. 저는 당신도 5장 13-15절의 말씀을 통해 그런 경험을 하시길 원합니다. 하나님이 당신의 생각과 마음속에 그분의 말씀을 심어주셔서 사랑이 전보다 더 자연스럽고 자유롭게 나타나기를 기도합니다.

갈라디아서 5장 13-15절의 논리는 단순합니다. 첫째, 바울은 그리스도인의 삶의 토대를 다시 언급합니다. "형제들아 너희가 자유를 위하여 부르심을 입었으나." 그 다음에 그 거룩한 부르심에 근거하여 두 가지 명령을 내립니다. 하나는 부정적 명령으로 "그 자유로 육체의 기회를 삼지 말라"는 것이고, 다른 하나는 긍정적 명령으로 "사랑으로 서로 종 노릇 하라"는 것입니다. 그런 다음 이 두 가지 명령을 뒷받침하기 위해 사랑의 동기를 긍정적으로 그리고 부정적으로 제시합니다. 긍정적으로는 "온 율법은 네 이웃 사랑하기를 네 자신 같이 하라 하신 한 말씀에서 이루어졌"다는 것입니다. 부정적으로는 "만일 서로 물고 먹으면 피차 멸망할까 조심하라"는 것입니다. 본문의 주요 요점은 "사랑으로 서로 종 노릇 하라"는 것입니다. 이렇게 행하면 당신은 모든 율법을 이행하는 것이며, 그렇게 하지 않으면 당신 자신을 파멸시키는 것입니다.

사랑의 섬김과 진정한 자유

먼저 13절의 "사랑으로 서로 종 노릇 하라"는 긍정적인 명령에 초점을 맞춰봅시다. 이 명령을 이 구절의 앞부분과 결합하면 어떻게 되는지 보십시오. "너희가 자유

> **갈라디아서 5장 13절**
> 13 형제들아 너희가 자유를 위하여 부르심을 입었으나 그러나 그 자유로 육체의 기회를 삼지 말고 오직 사랑으로 서로 종 노릇 하라

를 위하여 부르심을 입었으나…사랑으로 서로 종 노릇 하라." 당신은

종의 신분에서 자유를 위해 부르심을 받았습니다. 이제 사랑 안에서 종 노릇 하십시오! 여기서 우리는 이렇게 질문해야 합니다. 왜 다른 사람들의 필요를 위해 섬기는 사랑이 그리스도인의 자유를 표현하는 유일한 길입니까? 어째서 자유로의 부르심과 사랑으로의 부르심이 같은 뜻이라 할 수 있습니까? "그 자유로 육체의 기회를 삼지 말라"는 말씀은 육체의 기회를 추구하면 자유를 잃어버린다는 뜻입니다. 육체를 따라 사는 것은 "다시 종의 멍에를 메는" 것입니다(1절). 육체의 행위로 살든 사랑의 열매를 맺든 동일하게 자유를 누릴 수 있다고 생각하면 안 됩니다. 육체를 따라 사는 것은 종으로 사는 것입니다. 그러나 사랑으로 서로 섬기면, 우리는 자유하게 됩니다. 그 이유가 무엇일까요?

사랑의 동기는 우리의 충만함을 나누는 기쁨에 있지만, 육체의 행위의 동기는 우리의 공허감을 채우려는 욕구에 있기 때문입니다. 갈라디아서에서 "육체"가 의미하는 것은 인간의 신체가 아니라 인간의 자아입니다. 이 자아는 깊은 공허감을 느끼고 자기의 힘으로 그 공허감을 채우려 합니다. 종교적 수단이라면 율법을 사용할 것이고, 비종교적 수단이라면 술을 마실 것입니다. 하지만 분명한 것이 한 가지 있습니다. 그러한 자아, 곧 육체는 자유로울 수 없다는 것입니다. 그런 자는 오직 그리스도만이 채워주실 수 있는 공허감을 스스로 채우려고 하다가 이런저런 헛된 욕구의 노예가 되고 맙니다. 따라서 13절에서 "그 자유로 육체의 기회를 삼지 말라"고 말한 것은, 모든 만족을 주시는 그리스도 안에서 소유한 자유를 버리고 참된 만족을 주지 못하는 육체의 소욕으로(육체적 쾌락에 대한 소욕이나 자신을 높이려는 소욕 등) 돌아가지 말라는 것입니다.

육체의 행위의 동기는 무엇입니까? 우리의 공허감을 채우려는 욕구입니다. 그러나 사랑의 동기는 매우 다릅니다. 사랑의 동기는 우리의 충만함을 나누는 기쁨에 있습니다. 사랑은 "자기의 유익을 구하지 않습니다"(고전 13:5). 우리는 사랑할 때, 물질이나 사람들을 이용하여 우리의 공허감을 채우기 위해 종이 되는 것이 아닙니다. 사랑은 우리의 충만함이 흘러넘치는 것입니다. 그러므로 사랑은 우리가 자유 안에서 할 수 있는 유일한 행동입니다. 하나님이 우리를 죄책감과 두려움과 탐욕에서 자유롭게 하시고, 온전한 만족을 주시는 그분의 임재로 우리를 충만하게 해주실 때, 우리에게 남아 있는 유일한 동기는 이러한 충만함을 나누는 기쁨입니다. 하나님께서 우리 마음의 공허함을 용서와 도움과 인도와 소망으로 채워주실 때, 그분은 우리를 물질을 축적하고 사람들을 조종하려는 속박에서 자유롭게 해주십니다. 이 세상의 안락함으로 자신을 둘러싸는 일에 많은 시간을 바친 사람들은 하나님이 그들 마음의 공허함을 넘치도록 채워주지 않으셨음을 증명하는 것입니다. 하나님이 우리의 분깃이 되시고 우리가 참으로 자유로울 때 우리는 사랑으로 서로 섬길 것입니다. 자유가 사랑으로 흘러가는 것은 산의 샘물이 넘쳐 계곡으로 흘러가는 것만큼 확실한 일입니다. 그러나 육체는 진공청소기와 같습니다. 진공청소기는 계속 빨아들이다가 가득 찬 느낌이 들기 시작하면 바로 누군가가 안의 먼지들을 쓰레기통에 갖다 버려야 합니다. 갈라디아서는 우리가 어떻게 하면 '사랑'의 물로 계곡을 채우는 산의 샘물이 될 수 있는지를 가르쳐주기 위해 쓰여졌습니다.

이웃을 네 자신 같이 사랑하라

매일 온전한 만족을 주시는 하나님의 은혜를 의지하고 그 은혜가 우리를 통해 흘러가서 다른 사람들의 필요를 채워주게 하는 것보다 더 만족스러운 삶은 없습니다. 14절과 15절은 이와 같은 삶에 대한 긍정적,

갈라디아서 5장 14절

¹⁴온 율법은 네 이웃 사랑하기를 네 자신 같이 하라 하신 한 말씀에서 이루어졌나니

부정적인 동기를 제시합니다. 먼저 14절을 보겠습니다. "온 율법은 네 이웃 사랑하기를 네 자신 같이 하라 하신 한 말씀에

서 이루어졌나니." 바울은 우리에게 이와 같이 살라고 합니다. 바울이 "율법의 행위"에 대해 말한 모든 부정적인 사실들에도 불구하고, 그리스도인들이 행함으로 율법을 성취하는지의 여부는 사소한 문제가 아닙니다. 좋은 소식은 사랑과 하나님의 은혜의 흘러넘침이 율법을 성취한다는 것입니다. 하나님의 율법이 제시하는 인간상은 오로지 하나님의 은혜에 만족하여 그 삶에 사랑이 넘쳐흐르는 사람입니다.

"네 이웃을 네 몸과 같이 사랑하라"라는 구절에 언급된 자기 사랑에 관해서는 많은 혼란이 있습니다. 가장 흔한 오류는 이것이 자신을 사랑하라는 명령이며, 자기 사랑이 곧 자존감을 의미한다고 추정하는 것입니다. 이러한 추정은 오류입니다. 바울과 모세(레 19:18)와 예수님(눅 10:27)은, 모든 사람이 자신을 사랑한다고 가정하고 있지, 자신을 사랑하라고 명령하는 것이 아닙니다. 즉, "네가 (이미) 네 자신을 사랑하는 것처럼 네 이웃을 사랑하라"고 한 것입니다. 또한 위 구절에서 말하는 자기 사랑은 자존감이 아니라 자신의 유익을 추구하는 것입니다. 모든 사람은 행복해지기 원합니다. 비록 진정으로 자신을 행복하게 해주는

게 무엇인지 모를 때가 종종 있지만 말입니다. 에베소서 5장 28-29절에서 바울이 이 구절을 어떻게 이해했는지 알 수 있습니다. "이와 같이 남편들도 자기 아내 사랑하기를 자기 자신과 같이 할지니 자기 아내를 사랑하는 자는 자기를 사랑하는 것이라 누구든지 언제나 자기 육체를 미워하지 않고 오직 양육하여 보호하기를 그리스도께서 교회에게 함과 같이 하나니." 다시 말해서, 자기 사랑은 자신의 건강과 안전과 행복에 대한 열렬한 관심을 뜻합니다.

"네 이웃 사랑하기를 네 자신 같이 하라"는 것은 자신을 사랑하라는 명령이 아닙니다. 그것은 당신의 자연적인 자기 사랑, 즉 이미 존재하는 그 사랑을 잣대 삼아 다른 사람들을 사랑하라는 명령입니다. 성경에 이것보다 더 어려운 계명은 없습니다. 그것은 당신이 배고플 때 배를 채우기 원하는 만큼 굶주린 사람들에게 먹을 것을 주기 원하는 것입니다. 당신이 취업을 해서 기쁜 만큼 이웃이 일자리를 찾기를 원하는 것입니다. 당신이 A 학점을 받기 원하는 만큼 동료 학생이 A 학점을 받도록 도와주기 원하는 것입니다. 당신이 고속도로에서 지체하지 않은 것을 다행으로 생각한 만큼 고속도로에서 오도가도 못하는 사람을 도와주기 원하는 것입니다. 당신이 모든 경기에 출전하기 원하는 만큼, 실력이 모자란 소프트볼 선수에게 출전 기회를 주기 원하는 것입니다. 당신이 그리스도를 알아서 기쁜 만큼, 이웃에게 그리스도를 전하기 원하는 것입니다.

당신 자신을 위해 좋은 일들을 하는 데 사용하는 모든 창의성과 에너지와 인내심을 다른 사람들을 위해 좋은 일을 하는 데 사용하십시오. 당신 자신에게 일어나는 일에 관심을 갖는 것만큼 다른 사람들에게 일어나는 일에도 관심을 가지십시오. 우리 모두가 그렇게 했을 때 우리 교회가 어떤 모습일지 상상할 수 있겠습니까? 좌우의 사람을 바라보며, 우리가 우리 자신의 행복을 갈망하는 만큼 그들의 행복을 갈망하는 것입니다. 율법이 이루어질 뿐만 아니라, 이곳이 기쁨의 빛으로 가득하고 하나님의 영광이 우리 가운데 뚜렷하게 나타날 것입니다. 그리고 사람들이 회심할 것입니다! 성령의 능력 안에서 그와 같이 되기를 바랍니다.

사랑하지 않을 때의 비극적인 결과

갈라디아서 5장 15절

15만일 서로 물고 먹으면 피차 멸망할까 조심하라

15절은 우리가 사랑하지 않을 때 일어나는 비극적인 결과를 보여줍니다. "만일 서로 물고 먹으면 피차 멸망할까 조심하라." 사랑으로 서로 섬기지 않는 교회는 무너질 것입니다. 하나님은 112년 동안 우리 교회에 선하게 역사하셔서, 성도들에게 사랑의 영을 부어주셨습니다. 저는 우리에게 서로를 향한 사랑과 모든 사람을 향한 사랑이 더욱더 넘치기를 기도합니다(살전 3:12).

또한 우리가 자유로워야만 사랑할 수 있다는 것을 기억하십시오. 즉, 사랑의 동기는 우리의 공허감을 채우려는 욕망이 아니라 우리의 충만함을 나누는 기쁨에 있습니다. 15절에서 야생동물들이 배부를 때가 아니라 굶주렸을 때(만족할 때가 아니라 공허할 때) 어떻게 하는지를 묘사한 것이 우연의 일치일까요? "만일 서로 물고 먹으면 피차 멸망할까 조심하라." 하나님으로 충만하지 않으면 적을 잡아먹는 일이 달콤하게 느껴집니다.

그러나 형제자매 여러분, 하나님은 우리를 서로 물고 먹으며 만족하지 못하는 공허감의 노예로 부르시지 않고, 사랑으로 흘러넘치는 충만한 자유로 부르셨습니다. 예수 그리스도 안에서, 하나님은 우리를 용서해주시고 날마다 도우시고 인도하시며, 최고의 미래에 대한 소망을 주십니다. 또한 이 모든 것은 예수 그리스도의 죽음으로 말미암아, 오직 믿음으로 거저 얻는 것입니다. 사랑의 비결은 자유이며, 자유의 비결은 하나님의 사랑에 대한 전적인 확신입니다.

이것은 (처음으로 돌아가) 사람이 자기의 모든 것을 나눠주고 자기 몸을 불사르게 내줄지라도 사랑이 없을 수 있는 이유에 대한 단서를 줍니다. 그런 사람은 자유 안에서 행하고 있지 않을 것입니다. 그 사람에게 동기를 부여하는 것은 하나님이 주신 충만함을 나누는 기쁨이 아니라 오로지 자신의 공허감을 채우고 싶은 욕망일 것입니다. 그럴 경우, 그는 사랑으로 행하고 있지 않으며 모든 만족의 근원이신 하나님이 영광을 받지 못하십니다.

19장
육체와 성령의 전쟁

갈라디아서 5:16-18

[16] 내가 이르노니 너희는 성령을 따라 행하라 그리하면 육체의 욕심을 이루지 아니하리라 [17] 육체의 소욕은 성령을 거스르고 성령은 육체를 거스르나니 이 둘이 서로 대적함으로 너희가 원하는 것을 하지 못하게 하려 함이니라 [18] 너희가 만일 성령의 인도하시는 바가 되면 율법 아래에 있지 아니하리라

우리는 갈라디아서 5장 13-15절에서 그리스도의 복음이 자유로의 부르심이라는 걸 배웠습니다. 우리 모두를 향한 하나님의 계시된 뜻은 우리가 지금과 영원히 우리에게 가장 큰 만족을 줄 일을 행할 기회와 능력과 갈망을 갖는 것입니다.

우리는 또한 자유 안에서 행할 수 있는 유일한 활동이 사랑이라는 걸 배웠습니다. "형제들아 너희가 자유를 위하여 부르심을 입었으나…오직 사랑으로 서로 종 노릇 하라"(5:13).

이 사랑은 선택사항이 아니라 명령입니다. 또한 "네 이웃 사랑하기를 네 자신 같이 하라"는 말씀은 매우 급진적radical입니다. 다시 말해서, 우리는 우리의 자유 안에서 우리 자신의 행복을 추구하는 것과 동일한 열정으로 다른 사람들의 행복을 갈망하고 추구하라는 부르심을 받은 것입니다. 그러나 이 명령은 우리의 타고난 성향과 너무 반대되므로 완전히 불가능해 보입니다. 제가 아침에 일어나 제 자신의 필요만큼 여러분의 필요에 관심을 갖는다는 건 완전히 제 능력 밖의 일로 보입니다. 만약 자기 자신만큼 다른 사람들을 돌보는 것이 그리스도인의 삶이라면, 저는 그렇게 살 수 없을 것 같습니다.

이 낙심에 대한 바울의 대답이 갈라디아서 5장 16-18절에 나와 있습니다. 그 비결은 "성령을 따라 행하는" 법을 배우는 데 있습니다(16절). 그리스도인의 삶이 너무 어렵게 보인다면, 우리가 우리 힘으로 살도록 부름받지 않았다는 걸 기억해야 합니다. 우리는 하나님의 성령을 따라 살아야 합니다. 사랑의 계명은 우리에게 지워진 새로운 율법주의적 짐이 아닙니다. 그것은 우리가 성령을 따라 행할 때 자유롭게 일어나는 일입니다. 하나님의 성령을 의지하지 않고 사랑하려 하는 사람들은 항상 자신의 충만함을 나누기보다 자신의 공허감을 채우려고 합니다. 그럴 때 사랑은 더 이상 사랑이 아닙니다. 사랑은 우리에게 쉬운 일이 아닙니다. 그러나 좋은 소식은 그것이 주로 우리의 일이 아니라 하나님의 일이라는 것입니다. 우리는 그저 "성령을 따라 행하는" 법을 배워야 합니다.

따라서 저는 "무엇", "왜", "어떻게"라는 세 가지 질문을 중심으로 오늘의 메시지를 전하려 합니다. "성령을 따라 행하는 것"이 무엇입니까? 성령을 따라 행하는 것이 왜 중요합니까? 그리고 매우 실천적인 면에서 어떻게 우리는 성령을 따라 행할 수 있습니까?

성령을 따라 행하는 것은 무엇인가

"성령을 따라 행하는" 것은 무엇입니까? 문맥 안에 "성령을 따라 행하는" 것의 의미를 밝혀주는 두 개의 이미지가 있습니다. 첫 번째 이미지는 18절입니다. "너희가 만일 성령의 인도하시는 바가 되면 율법 아래에 있지 아니하리라." 만일 바울이 "너희가 성령을 따르면 율법 아래에 있지 아니하리라"라고 말했더라도 맞는 말이었을 것입니다. 하지만 그는 그렇게 말하지 않았습니다. 그는 수동태를 써서 "성령의 인도하시는 바가 되면"이라고 말하면서, 그것이 우리의 일이 아니라 성령의 일이라는 걸 강조하고 있습니다. 성령은 "Daytona 500" 같은 자동차 경주 대회에서 경주차를 선도하는 페이스 카pace car 같은 리더가 아닙니다. 성령은 기차의 기관차 같은 리더입니다. 우리는 우리의 힘으로 따라가지 않고, 성령의 힘에 이끌려 갑니다. 따라서 "성령을 따라 행하는 것"은 거룩한 능력의 근원에 연결되어 어디든 성령께서 이끄시는 데로 가는 것을 의미합니다.

성령을 따라 행하는 것의 두 번째 이미지는 22절에 나옵니다. "오직 성령의 열매는 사랑과 희락과 화평과…" 그리스도인의 걸음걸이가 사랑과 희락과 화평의 걸음이어야 한다면, "성령을 따라 행하는 것"은 분명 "성령의 열매를 맺는 것"을 의미할 것입니다. 그러나 여기서도 역시 그것이 우리의 일이 아니라 성령의 일이라고 강조됩니다. 성령께서 열매를 맺으십니다. 아마도 바울은 예수님으로부터 이 이미지를 가져왔을 것입니다. 요한복음 15장 4-5절을 기억해 보십시오. "내 안에 거하라 나도 너희 안에 거하리라 가지가 포도나무에 붙어 있지 아니하면 스스로 열매를 맺을 수 없음 같이 너희도 내 안에 있지 아니하면 그러하리라 나는 포도나무요 너희는 가지라 그가 내 안에, 내가 그 안에 거하면 사람이 열매를 많이 맺나니…" 따라서 "성령을 따라 행하는 것"은 "포도나무에 붙어 있는 것"을 의미합니다. 살아계신 그리스도와 완전히 연합하십시오. 성령의 수액의 흐름에서 자신을 끊어 버리지 마십시오.

그러므로 "성령을 따라 행하는 것이 무엇인가?"라는 첫 번째 질문에 대해 우리는 이렇게 답합니다. 그것은 "성령의 인도를 받는 것"이며 "성령의 열매를 맺는 것"이다. 이것은 성령의 일이 강조되지만 우리에게 무언가를 행하라는 명령입니다. 우리의 의지가 깊이 결부되어 있습니다. 우리는 기관차에 연결되기를 원해야 합니다. 우리는 포도나무에 붙어 있기를 원해야 합니다. 그 외에도 하나님의 능력의 흐름에 꼭 붙어 있기 위해 우리가 할 수 있는 일들이 있습니다. 그러나 어떻게 성령을 따라 행하는지 묻기 전에 먼저 질문할 것이 있습니다.

성령을 따라 행하는 것이 왜 중요한가

성령을 따라 행하는 것이 왜 중요합니까? 16절과 18절에서 두 가지 이유를 제시합니다. 16절은 우리가 성령을 따라 행할 때 육체의 욕심을 이룰 수 없기 때문이라고 말합니다.

지난 번에, 저는 바울이 사용하는 육체
라는 단어를 정의했었습니다. 그것은 대
부분(아래에 보다시피 항상은 아니지만) 단순히 우

갈라디아서 5장 16절
[16] 내가 이르노니 너희는 성령을
따라 행하라 그리하면 육체의 욕
심을 이루지 아니하리라

리의 신체를 가리키지 않습니다(바울은 몸 자체를 악한 것으로 간주하지 않습니다). 여기서 육체는 공허감을 느끼고 자신의 힘으로 그것을 채우려 하는 자아입니다. 육체는 하나님의 자비가 아닌 다른 것으로 자기를 만족시키려 하는 "나"입니다. 갈라디아서 5장 24절을 주목하십시오.

> "그리스도 예수의 사람들은 육체와 함께 그 정욕과 탐심을 십자가에 못 박았느니라."

그러나 갈라디아서 2장 20절에서 "육체"는 5장 24절과 다르게 쓰였습니다.

> "내가 그리스도와 함께 십자가에 못 박혔나니 그런즉 이제는 내가 사는 것이 아니요 오직 내 안에 그리스도께서 사시는 것이라 이제 내가 육체 가운데 사는 것은 나를 사랑하사 나를 위하여 자기 자신을 버리신 하나님의 아들을 믿는 믿음 안에서 사는 것이라."

여기서 "육체"는 그 자체가 악이 아닌 보통의 몸을 의미합니다.

그러나 여기서 주목해야 할 중요한 사실은 5장 24절에서는 "육체"가, 2장 20절에서는 "내가" 십자가에 못 박혔다는 것입니다. 이것이 제가 "육체"를 "나" 또는 "자아"로 부정적이게 정의하는 이유입니다.

또한 2장 20절에서 주목할 것은 옛 자아가 십자가에 못 박히고 이제는 새로운 "내가" 살고 있으며, 이 새로운 "내가" 믿음으로 산다는 것입니다.

> "이제 내가 육체 가운데 사는 것은 나를 사랑하사 나를 위하여 자기 자신을 버리신 하나님의 아들을 믿는 믿음 안에서 사는 것이라."

육체는 공허감을 느끼면서도 믿음으로, 즉 그리스도 안에서 하나님의 자비를 의지함으로 그 공허감을 채운다는 사상을 꺼리는 자아입니다. 대신 육체는 그 공허감을 채우기 위해 자신의 능력 안에 있는 율법주의적이거나 방탕한 자원들을 사용하려 합니다. 로마서 8장 7절은 "육신의 생각은 하나님과 원수가 되나니 이는 하나님의 법에 굴복하지 아니할 뿐 아니라 할 수도 없음이라"라고 말합니다. 육체의 기본적인 특징은 복종하지 않는 것입니다. 육체는 하나님의 절대적 권위에 복종하거나 하나님의 절대적 자비에 의존하려 하지 않습니다. 육체는 옛날 TV 광고의 대사처럼 "차라리 내가 직접 할게."라고 말합니다.

그러므로 17절에서 우리의 육체와 성령 사이에 전쟁이 있다는 말은 놀라운 것이 아닙니다. 그리스도인 안에서 육체와 성령의 치열한 전쟁이 있다는 것은 문제가 되는 것처럼 보입니다. 그러나 24절에 따르면 그리스도인 안에서 육체는 결국 십자가에 못 박혔습니다. 이 의미에 대해서는 24절을 다룰 때 이야기할 것입니다. 지금은 바울의 말을 둘 다 사실이라고 가정하고, 이 내면의 전쟁(우리의 육체와 성령의 전쟁)에 초점을 맞추도록 합시다.

성령께서 육체를 정복하신다

갈라디아서 5장 17절

17 육체의 소욕은 성령을 거스르고 성령은 육체를 거스르나니 이 둘이 서로 대적함으로 너희가 원하는 것을 하지 못하게 하려 함이니라

17절은 이렇게 말합니다. "육체의 소욕은 성령을 거스르고 성령은 육체를 거스르나니 이 둘이 서로 대적함으로 너희가 원하는 것을 하지 못하게 하려 함이니라."

이 구절에서 알아야 할 중요한 사실은 그리스도인들이 내면의 싸움을 경험한다는 것입니다. 제가 육체를 설명할 때 속으로 "내 안에는 그것이 아직 많이 남아 있는데"라고 생각하신 분이 있을 수도 있습니다. 그러나 그렇다고 해서 그것이 당신이 그리스도인이 아니라는 걸 의미하지는 않습니다. 그리스도인은 나쁜 욕망을 경험하지 않는 사람이 아닙니다. 그리스도인은 성령의 능력으로 그러한 욕망들과 싸우는 사람입니다.

영혼 안에서 일어나는 싸움이 다 나쁜 것은 아닙니다. 우리는 육체가 완전히 없어지고 순수한 사랑의 소욕들만 우리 마음에 채워지는 그 날을 갈망하지만, 내면에서 일어나는 육체와 성령의 싸움보다 더 나쁜 것이 있습니다. 그것은 육체가 성채와 모든 전초 기지를 점령하고 있기 때문에 전쟁 자체가 불가능한 상태입니다. 내면의 전쟁이 있다는 사실에 하나님을 찬양합시다! 죄 가운데서의 평온함은 죽음입니다. 성령은 육체와 싸우기 위해 내려오셨습니다. 그러므로 때때로 당신의 영혼이 전쟁터처럼 느껴진다면 힘을 내십시오. 당신 안에 성령께서 내주하신다는 표시는, 당신 안에 나쁜 소욕이 없다는 것이 아니라 당신이 그것들과 싸우고 있다는 것입니다!

그러나 16절과 17절을 같이 보면, 요점은 전쟁이 아니라 성령의 승리가 됩니다. 16절은 당신이 성령을 따라 행하면, 악한 소욕들이 자라지 못할 거라고 말합니다. 당신이 성령을 따라 행하면 육체의 소욕이 자라지 못하는 것입니다. 새로운 하나님 중심의 소욕들이 옛 사람 중심의 소욕들을 몰아냅니다. 16절은 육체의 소욕들에 대한 승리를 약속합니다. 이것은 싸움이 일어나지 않을 거라는 약속이 아니라, 성령께서 그 싸움의 승자가 될 것을 약속하는 것입니다.

바울은 24절에서 육체가 십자가에 못 박혔다고 말합니다. 저는 이것이 성령의 승리를 의미한다고 생각합니다. 성령께서 그들의 수도를 점령하고 저항세력의 중추를 끊어 버리신 것입니다. 육체는 이제 죽은 것과 다름없습니다. 그 운명은 확실합니다. 그러나 저항세력의 잔당들이 남아 있습니다. 육체의 게릴라들은 무기를 내려놓지 않을 것이며, 우리는 매일 그것들에 맞서 싸워야 합니다. 이 싸움을 싸우는 유일한 방법은 성령으로 싸우는 것이며, 그것이 곧 성령을 따라 행하는 것입니다. 그렇게 해서 점차 줄어드는 육체의 저항 운동을 이기는 것입니다. 따라서 우리가 성령을 따라 행해야 하는 첫 번째 이유는 그렇게 할 때 육체가 정복당하기 때문입니다.

성령께서 율법을 성취하는 열매를 맺으시다

갈라디아서 5장 18절

¹⁸ 너희가 만일 성령의 인도하시는 바가 되면 율법 아래에 있지 아니하리라

성령을 따라 행하는, 또는 성령의 인도를 받아야 하는 두 번째 이유는 18절에서 발견됩니다. "너희가 만일 성령의 인도하시

는 바가 되면 율법 아래에 있지 아니하리라." 이것은 여러분이 하나님의 율법을 성취할 필요가 없다는 뜻이 아닙니다. 그렇지 않습니다. 하나님의 말씀은 이에 대해 분명하게 말합니다. "사랑으로 서로 종 노릇 하라 온 율법은 네 이웃 사랑하기를 네 자신 같이 하라 하신 한 말씀에서 이루어졌나니"(13-14절). "하나님은…육신에 죄를 정하사 육신을 따르지 않고 그 영을 따라 행하는 우리에게 율법의 요구가 이루어지게 하려 하심이니라"(롬 8:3-4).

그러므로 율법 아래 있지 않다는 것은 율법을 이룰 필요가 없다는 뜻이 아닙니다. 그것은 우리가 성령의 기관차에 이끌려 갈 때 사다리처럼 아래서부터 우리 힘으로 올라가는 것이 아니라, 기쁨 가운데 율법의 철로를 따라 달려 나간다는 뜻입니다. 성령의 인도를 받을 때, 우리는 율법의 형벌이나 압제 아래에 있지 않습니다. 율법이 요구하는 것을 성령께서 가져다주시기 때문입니다. 그것은 바로 사랑입니다. 22절에 주목하십시오. 성령의 첫 번째 열매이자 모든 것을 아우르는 열매는 바로 사랑입니다. 14절에서는 사랑이 온 율법을 이룬다고 말합니다.

또한 바울은 자기의 생각을 확실히 하기 위해 23절에서 "이같은 것을 금지할 법이 없느니라"는 말로 성령의 열매 목록을 마무리합니다. 다시 말해서, 율법이 요구하는 것들이 당신의 삶의 가지들에 열매처럼 나타나고 있는데 어떻게 율법의 압제나 형벌 아래 있을 수 있겠느냐는 말입니다. 그러므로 성령을 따라 행하는 것이 중요한 두 번째 이유는 사실상 첫 번째 이유와 같습니다. 16절은 성령을 따라 행할 때 육체를 이길 수 있으니, 성령을 따라 행하라고 말합니다. 이는 유혹의 싹을 잘라 냅니다. 18절은 성령의 열매가 율법을 성취하여 우리가 율법의 압제와 형벌에서 자유로워질 수 있으니, 성령을 따라 행하라고 말합니다. 성령 안에는 사랑 안에서 넘쳐흐르는 충만함이 있습니다. 이 충만함은 육체를 움직이는 공허감을 이기고, 율법을 이루는 사랑의 행위 속에 흘러넘칩니다.

어떻게 성령을 따라 행하는가

그러나 정말 중요한 질문은 어떻게 성령을 따라 행하는가입니다. 우리 모두는 설교자들이 "성령의 인도를 따릅시다", 또는 "성령이 여러분을 지배하게 하십시오"라고 말하는 것을 들었고, 그 말이 실천적으로는 무엇을 의미하는지 궁금해하며 집에 돌아갔던 적이 있을 것입니다. 어떻게 하면 성령의 지배를 받을까요? 저는 이렇게 대답하고 싶습니다. 당신의 마음을 하나님 안에서 행복하게 지킴으로써, 성령께서 당신을 지배하시게 하십시오. 당신의 마음이 하나님의 약속 안에서 안식을 누릴 때, 당신은 성령의 지배를 받고 성령을 따라 행하게 됩니다. 당신을 사랑하시고 당신을 위해 자신을 주셨으며 지금도 당신을 위해 모든 것을 합력하여 선을 이루시는 하나님의 아들을 믿는 믿음으로 살 때, 성령께서 당신의 삶 속에서 육체를 다스리십니다.

이를 뒷받침하는 다섯 가지 증거가 갈라디아서에 나옵니다. 첫째, 갈라디아서 5장 6절을 보십시오. "그리스도 예수 안에서는 할례나 무할례나 효력이 없으되 사랑으로써 역사하는 믿음뿐이니라." 진정한 믿음은 언제나 사랑을 낳습니다. 믿음은 마음에서 죄책감과 두려움과 탐욕을 몰아내고, 하나님의 능력을 즐거워하려는 욕구를 주기 때문입니다. 갈라디아서 5장 22절은 사랑이 성령의 열매라고 말합니다. 따라서 믿음이 반드시 사랑을 낳고 사랑이 성령의 열매라면, 성령을 따라 행하는 길은 믿음을 갖는 것입니다. 즉, 하나님의 약속들 안에서 행복하게 안식을 누리는 것이 성령께서 역사하시게 하는 통로입니다.

둘째, 갈라디아서 5장 5절에 주목하십시오. "우리가 성령으로 믿음을 따라 의의 소망을 기다리노니." 어떻게 "성령으로" 의의 소망을 기다립니까? "믿음을 따라!" 기다립니다. 당신의 마음이 하나님 안에서 행복하고 그분의 약속들 안에서 안식을 누릴 때, 당신은 성령으로 기다리며, 성령을 따라 행하고 있는 것입니다.

셋째, 갈라디아서 3장 23절을 보십시오. "믿음이 오기 전에 우리는 율법 아래에 매인 바 되고." 믿음이 오면 율법 아래에 매여 있던 사람이 자유를 얻습니다. 5장 18절은 이렇게 말합니다. "너희가 만일 성령의 인도하시는 바가 되면 율법 아래에 있지 아니하리라." 그렇다면 우리는 어떻게 성령의 인도를 구해야 할까요? 믿음으로 구해야 합니다. 모든 염려와 죄책감과 탐욕에서 자유로워질 때까지 하나님의 약속들의 신뢰성과 귀중함을 묵상함으로써 우리는 성령의 인도를 받습니다. 이것이 성령의 충만과 인도를 받는 방법입니다.

넷째, 갈라디아서 3장 5절을 보면 가장 명백한 말씀이 나옵니다. "너희에게 성령을 주시고 너희 가운데서 능력을 행하시는 이의 일이 율법의 행위에서냐 혹은 듣고 믿음에서냐." 성령은 오직 듣고 믿음으로써만 우리 안에서, 또 우리를 통해 강력하게 역사하십니다. 우리는 오직 믿음으로 거룩해집니다. 성령을 따라 행하고 그로써 육체의 욕심을 이루지 않는 방법은 하나님의 기쁜 약속들을 듣고 신뢰하며, 그것들을 즐거워하고, 그 안에서 안식을 누리는 것입니다.

마지막으로, 갈라디아서 2장 20절을 생각해보십시오. "내가 그리스도와 함께 십자가에 못 박혔나니 그런즉 이제는 내가 사는 것이 아니요 오직 내 안에 그리스도께서 사시는 것이라 이제 내가 육체 가운데 사는 것은 나를 사랑하사 나를 위하여 자기 자신을 버리신 하나님의 아들을 믿는 믿음 안에서 사는 것이라." 바울 안에 사시는 그리스도는 성령이십니다. 4장 6절에서 말하듯이, 하나님의 아들의 영이 우리 마음 가운데 보내졌습니다. 2장 20절에 의하면, 어떻게 그 아들의 생명이 바울 안에 있게 됩니까? 어떻게 바울은 그 아들의 영을 따라 행합니까? "이제 내가 육체 가운데 사는 것은…하나님의 아들을 믿는 믿음 안에서 사는 것이라."

바울은 날마다 하나님의 아들을 의지합니다. 그는 날마다 염려를 하나님께 맡기고, 삶을 죄책감과 두려움과 탐욕에서 벗어나게 하며, 성령을 따라갑니다.

그러면 우리는 어떻게 성령을 따라 행합니까? 답은 분명합니다. 우리는 세상의 여러 가지 것들로 우리 삶의 공허함을 채우려는 노력을 멈추고, 우리 영혼이 하나님 안에서 안식을 누리게 해야 합니다. 우리가 하나님의 말할 수 없는 약속들을 주야로 묵상하고 그것들 안에서 안식을 누릴 때, 성령께서 우리의 삶 속에서 회복의 기적을 일으키실 것입니다(롬 15:13; 벧후 1:4; 사 64:4 참조).

성령을 따라 행하는 비결

어제 새벽 5시 30분에 저는 캘리포니아주 패서디나에서 사랑하는 대니얼 풀러Daniel Fuller 선생의 주방에 서서 그의 아내 루스Ruth와 대화를 나누고 있었습니다. 그 주방에서 결코 잊지 못할 광경 중 하나는 위대한 하나님의 약속 네 가지를 인쇄한 작은 종잇조각들이 싱크대 위에 붙어 있던 것입니다. 루스는 일하는 동안 묵상하기 위해 그곳에 말씀을 붙여 두었습니다. 그것이 바로 성령을 따라 행하는 방법입니다.

저는 제 기도 의자 옆에 작은 메모지를 놓아 두고, 저를 죄책감과 두려움과 탐욕에서 멀어지게 하는 약속을 읽을 때마다 그것을 적어 둡니다. 그렇게 해 두면 영혼의 가뭄기가 찾아와도 제 영혼을 적셔줄 약속들이 쌓이게 됩니다. 믿음의 싸움은 하나님의 약속들을 가지고 싸우는 것입니다. 또한 믿음의 싸움은 다름 아닌 성령을 따라 행하기 위한 싸움입니다. 우리가 하나님의 약속들 안에서 안식을 누릴 때 하나님이 역사하십니다. 조지 뮬러George Müller는 다음과 같이 말했습니다 (《*Autobiography*》, 152-154p).

> 나는 내가 매일 해야 할 가장 크고 중요한 일이 바로 하나님 안에서 내 영혼을 행복하게 하는 것임을 그 어느 때보다 더 분명히 알게 되었다. 제일 먼저 생각해야 할 것은 내가 얼마나 하나님을 섬기고 어떻게 하나님께 영광을 돌릴 것이냐가 아니라, 어떻게 하면 내 영혼을 행복한 상태에 이르게 할까, 어떻게 나의 속사람이 양분을 공급받게 할까…속사람을 위한 양식은 무엇일까 하는 것이다. 그것은 기도가 아니라 하나님의 말씀이다.

조지 뮬러는 성령을 따라 행하는 비결을 배웠습니다. 그것은 당신의 마음이 하나님 안에서 행복해지고 그분의 약속들 안에서 안식을 누릴 때까지 하나님 말씀의 귀한 진리를 묵상하는 것입니다.

허드슨 테일러Hudson Taylor도 그것을 알았습니다. 그는 어느 날, 중국 내지 선교회 근처에서 폭동이 일어났다는 소식을 들었습니다. 그리고 잠시 후에 그의 동역자 조지 니콜George Nichol은, 테일러가 그가 제일 좋아하는 찬송가를 흥얼거리는 걸 들었습니다. "예수님, 저는 안식을 누립니다. 기쁨이 되시는 당신 안에서 안식을 누립니다." 허드슨 테일러는 "오직 한 가지 삶만이 가능하다는 걸 알았습니다. 우리의 삶은 안팎으로 크고 작은 어려움들을 겪으면서 모든 상황 가운데 주님 안에 거하며 주님을 기뻐하는 복된 삶입니다."(《Spiritual Secret》, 209p).

형제자매 여러분, 성령을 따라 행하십시오. 그러면 육체의 욕심을 이루지 않을 것입니다. 하나님의 약속들 안에서 안식을 누림으로써 당신의 마음을 하나님 안에서 행복하게 하면, 당신은 유혹을 이기고 승리할 것이며 하나님의 인도하심을 알게 될 것입니다.

20장
성령을 따라 행하라

갈라디아서 5:19-26

¹⁹ 육체의 일은 분명하니 곧 음행과 더러운 것과 호색과 ²⁰ 우상 숭배와 주술과 원수 맺는 것과 분쟁과 시기와 분냄과 당 짓는 것과 분열함과 이단과 ²¹ 투기와 술 취함과 방탕함과 또 그와 같은 것들이라 전에 너희에게 경계한 것 같이 경계하노니 이런 일을 하는 자들은 하나님의 나라를 유업으로 받지 못할 것이요 ²² 오직 성령의 열매는 사랑과 희락과 화평과 오래 참음과 자비와 양선과 충성과 ²³ 온유와 절제니 이같은 것을 금지할 법이 없느니라 ²⁴ 그리스도 예수의 사람들은 육체와 함께 그 정욕과 탐심을 십자가에 못 박았느니라 ²⁵ 만일 우리가 성령으로 살면 또한 성령으로 행할지니 ²⁶ 헛된 영광을 구하여 서로 노엽게 하거나 서로 투기하지 말지니라

에드워드 카넬^{Edward Carnell}은 《기독교적 헌신》*Christian Commitment*이라는 책에서 "하나님은 선해지라고 자신을 강권하시지 않는다"라고 말했습니다. 하나님은 이미 선하시기 때문입니다. 다시 말해, 그분의 본성은 항상 의를 향합니다. 하나님은 결코 악한 동기들 때문에 괴로워하

시는 법이 없습니다. 하나님은 빛이시며, 그 안에는 어두움이 전혀 없습니다. 따라서 하나님은 자신의 신적인 의무에 대해 상기하실 필요가 없습니다. 아무도 "자, 하나님, 오늘은 말이나 행동을 주의하시고, 옳은 일을 행하며, 악을 피하고, 십계명을 기억하십시오"라고 말씀드릴 필요가 없습니다. 어떤 사람이 뿌리부터 가지까지 선하다면 그에게 선해지라고 말할 필요가 없을 것입니다. 그의 선함은 자연스럽게 나무 위의 열매처럼 자랄 것이기 때문입니다.

따라서 갈라디아서 5장이 성령으로 행하는 것과 성령의 열매에 대해 말하는 것은 그 자체로 우리의 도덕적 부패를 상기시키는 것입니다. 하나님은 선해지라고 자신을 강권하시지 않지만, 우리에게는 선해지라고 끊임없이 강권하십니다. 그리고 계속해서 우리가 선하지 않다는 것, 즉 뿌리가 온전히 깨끗하지 않다는 것을 증언하십니다.

여러분은 자발적이고 자연스럽게, 또 지속적으로 자신을 낮추고 온유하고 친절하게 다른 사람들을 섬기고 있습니까? 태양에서 빛과 열이 나오는 것처럼 우리에게서 옳은 태도와 행동들이 자연스럽게 나옵니까?

우리는 그렇지 않다는 것을 압니다. 그리고 하나님도 다 알고 계십니다. 그러므로 우리는 옳은 게 무엇인지, 그리고 우리가 하나님 나라를 상속받는 데서 멀어지게 하는 게 무엇인지 반드시 상기해야 합니다. 우리에겐 악한 일들과 선한 일들의 목록이 필요합니다. 그리고 여기 갈라디아서 5장 19-23절에 그 목록이 나옵니다.

도덕적 교훈을 남용할 위험

그러나 우리처럼 도덕적으로 타락한 사람들에게 옳은 것과 그른 것의 목록을 주는 것은 매우 위험한 일입니다. 그 일에는 우리가 갈라디아서를 통해 내내 보았던 율법의 위험이 존재합니다. 율법의 위험이라 함은, 우리가 우리의 부패한 모습의 근원을 제대로 인식하고 하나님으로부터 오는 마음의 참된 변화를 추구하는 대신, 미덕의 목록을 이용하여 우리의 부패를 드러내는 것입니다. 예를 들어, 우리에게는 근본적으로 매우 교만하고 자립적이라는 문제가 있지요. 그때, 바울 같은 도덕적 권위자가 우리에게 친절함과 신실함이 미덕이라고 말해주면, 우리는 친절하게 행하고 약속을 지키도록 자신을 잘 훈련시켜서 하나님과 사람 앞에서 자신을 자랑하며 도덕적 충족감을 느낄 수 있을 것입니다. 그럴 때 그 미덕들의 목록은 우리의 부패를 극복하는 데 전혀 도움이 되지 않습니다. 사실 그것은 우리의 죄를 더 깊게 만들 뿐입니다. 왜냐하면 그것은 하나님의 말씀을 악용해서 우리의 부패한 욕구들을 만족시키는 것이기 때문입니다.

바울은 구약성경의 율법처럼 자신의 도덕적 가르침도 이런 식으로 남용될 수 있다는 것을 잘 알고 있습니다. 그래서 그는 우리가 그의 악덕의 목록과 미덕의 목록을 남용하지 않도록 돕기 위해 특별한 조치를 취합니다.

바울의 목적은 새로운 행동 습관들로 우리 삶의 겉모습을 바꾸는 것이 아닙니다. 그의 목적은 우리가 뿌리부터 새로 지으심을 받는 것 (6:15)이며, 그래서 새 마음에서 새로운 습관들이 자연스럽게 자라나는 것입니다.

5장 19-26절에서, 바울이 우리가 그의 가르침을 율법주의적으로 대하고 우리의 교만이라는 새콤한 사탕을 밀크 초콜렛 같은 도덕성으로 덧입히는 것을 막기 위해 취한 특별한 네 단계를 볼 수 있습니다. 저는 네 가지를 모두 언급할 것이지만, 시간상 그중 두 가지를 자세히 살펴볼 것입니다.

미덕에 대해 성경적으로 생각하기

첫째, 바울은 그의 악덕의 목록을 "육체의 일"(5:19-21)이라고 부르며, 미덕의 목록은 "성령의 열매"(5:22-23)라고 부릅니다. 이렇게 부르는 것은 아무 의미 없는 명칭이 아닙니다. 이것은 매우 중요한 의미를 가지며, 이에 대해서는 나중에 다시 살펴볼 것입니다.

둘째, 24절에서 그는 우리가 옳은 일을 행하고 잘못된 일을 행하지 않는 근거가 악의 뿌리가 죽었기 때문이라고 말합니다. 그리스도께 속한 사람들은 그 육체가 십자가에 못 박혔습니다. 그래서 육체가 일어나 사랑을 율법주의로 왜곡할 수 없습니다. 그것은 죽었습니다.

셋째, 25절에서 바울은 마침내 우리에게 어떤 일을 하도록 명령하면서, 그 일을 우리의 힘이 아닌 다른 이의 힘으로 하라고 말합니다. "만일 우리가 성령으로 살면 또한 성령으로 행할지니." 이것은 우리가 미덕을 자기 자신에게 돌리고 자랑할 가능성을 배제합니다. 어떤 행위든 도덕적 가치를 가지려면 우리의 힘이 아닌 성령의 힘을 의지하여 행하는 수밖에 없습니다.

마지막으로 26절에 나오는 바울의 명령, "헛된 영광을 구하지 말지니라."는 주로 외적인 행동이 아니라 내적인 태도에 대한 것입니다. 칭찬과 영광을 사랑하는 마음에 미혹되지 말라는 것입니다. 바울은 이 네 가지 면에서, 우리의 진정한 문제는 수면 위로 보이는 외적 행동의 흰 파도가 아니라 수면 아래에 도사리고 있는 거대하고 어두운 부패의 빙산이라는 것을 알도록 도와줍니다.

그러므로 저는 여러분이 성경의 윤리적 가르침과 일반적인 미국인의 도덕성 사이에 엄청난 차이가 있다는 걸 깨닫기 바랍니다. 성경은 무시무시한 부패의 뿌리를 냉정하게 인정합니다. 그것은 인간의 마음속에 있는 자기 긍정이자 헛된 영광입니다. 성경은 하나님과의 초자연적인 만남으로 이 문제를 해결하는데, 그것을 처음에는 거듭남, 이후에는 성화라고 부릅니다. 우리가 성령의 행위로 살아나게 되었다면, 이제 계속해서 성령을 의지하며 행합시다(5:25). 반면에 일반적인 미국인의 도덕성은 우리의 부패의 깊이에 대해 놀라울 정도로 무지하며, 심지어 많은 경우에 우리의 교만을 미덕으로 만들기도 합니다. 그들에게 하나님은 선택사항이나 보존해야 할 전통적 가치일 뿐, 죄의 질병으로부터 구원받기 위해 절실히 필요한 구원자는 아닙니다.

저는 여러분들이 미덕에 대해 성경적 가치관을 갖고 이 세상이 미덕을 정의하는 방식에 따르지 않기를 바랍니다. 그러므로 다시 돌아가, 우리가 바울의 윤리적 가르침을 또 다른 미국식 자기 개발 프로그램으로 만들지 않도록, 바울이 취한 특별한 네 단계 중 첫 번째 단계를 살펴보겠습니다.

육체의 일과 성령의 열매

갈라디아서 5장 19-21절

¹⁹육체의 일은 분명하니 곧 음행과 더러운 것과 호색과 ²⁰우상 숭배와 주술과 원수 맺는 것과 분쟁과 시기와 분냄과 당 짓는 것과 분열함과 이단과 ²¹투기와 술 취함과 방탕함과 또 그와 같은 것들이라 전에 너희에게 경계한 것 같이 경계하노니 이런 일을 하는 자들은 하나님의 나라를 유업으로 받지 못할 것이요

바울은 5장 19-21절에서 악을 "육체의 일"이라고 부르며, 22-23절에서 미덕을 "성령의 열매"라고 부릅니다. 이유가 무엇일까요? "육체"가 "몸"을 뜻하지 않는다는 걸 명심하십시오. 비록 우리의 몸이 죄의 근본 원인이었지만 말입니다. 19-21절에 나열된 죄들은 우리 몸에서 나오는 것

들이 아닙니다(예를 들면 원수 맺는 것, 분쟁, 시기, 분냄, 당 짓는 것 등). 여기서 육체는 자기 의존적이며, 어떤 권위에 굴복하거나 자비에 의존하는 것을 좋아하지 않는 "옛 자아"입니다. 그것은 자신에게서 나오는 능력을 느끼기 원하며 사람들의 칭찬을 사랑합니다. 우리는 앞에서 육체가 율법주의를 낳는다는 것을 보았습니다. 즉, 자신의 영광을 위해 자신의 힘으로 율법을 지키는 것입니다. 그러나 여기서 바울은 우리 눈을 열어 육체가 또한 "음행, 호색, 우상 숭배, 주술"과 같은 극도로 부도덕한 태도와 행동들을 낳고, "분쟁, 시기, 분냄"과 같은 혐오스럽고 해로운 성향들을 낳는다는 것을 보게 해줍니다. 육체는 모든 인간의 마음속에 있는 교만하고 꺾이지 않은 부패의 뿌리로서, 교만과 자기 의존적인 도덕성을 통해 교묘하게 자신을 높이거나, 자기 주장이 강하고 권위를 경멸하는 부도덕성을 통해 뻔뻔하게 자신을 과시합니다.

그렇다면 바울은 왜 우리 육체의 산물은 "일"이라고 부르고, 성령님이 우리 안에서 이루시는 일은 "열매"라고 하는 걸까요? 최근까지

저는 이렇게 말했습니다. 일은 노력을 의미하고 열매는 노력하지 않은 것을 의미하며, 하나님의 뜻은 우리가 노력하지 않고 사랑과 희락과 화평을 경험하는 것이라고 말입니다. 하지만 그 후에 저는 영적인 사람에게 성령의 열매가 자연스럽게 열리듯이 자연인에게는 많은 "육체의 일들"이 노력 없이 이루어진다는 것을 알게 됐습니다. 예를 들면, 분노에는 노력이 필요하지 않습니다. 자연인을 화나게 하면 상처에서 피가 나듯이 자연스럽게 격노가 흘러나옵니다. 또한, 아무도 시기하기 위해 노력할 필요가 없습니다. 그것은 오래된 페인트에 생기는 기포처럼 자연스럽게 올라오는 것입니다. 그래서 저는 바울이 이런 악들을 "일"이라고 부른 이유가 과연 노력을 요구하는 일이기 때문일까 의심이 듭니다. 나쁜 나무는 노력 없이도 나쁜 열매를 맺기 때문입니다.

도덕적으로 행하는 사람들이 종종 보상을 받기 원하는 것처럼, 이런 악들도 어떤 대가를 받기 위해 행해지는 것들이기 때문에 일이라고 부른다는 주장 또한 옳지 않습니다. 일반적으로 분쟁, 시기, 분냄은 누군가의 인정을 받기 위한 행동이 아닙니다. 그러나 여기서 주목할 사실이 있습니다. 분쟁, 시기, 분냄은 그 자체로 무언가를 얻기 위해 행하는 것이 아닙니다. 그것들은 우리가 받아왔거나 마땅히 받아야 했다고 생각한 것을 받지 못해서 생긴 앙금을 씻어내기 위한 감정적 시도 아닐까요? 예를 들어, 시기는 무언가를 얻는 것이 목적이 아닙니다. 그것은 자기가 더 많은 것을 받을 자격이 있다고 생각하는 마음의 산물입니다. 질투는 어떤 대가를 받기 위해 의도된 것은 아니지만, 다른 사람이 받는 것만큼 받기를 기대하는 마음의 산물입니다. 다시 말해서, 이런 악들을 낳는 마음은 자신을 채권자로 보고 다른 사람들은 모두 채무자로 여기는 마음입니다. 육체는 자신의 가치를 확신하고, 하나님과 사람과 자연이 자신의 욕구를 채워줌으로써 빚을 갚기를 기대합니다. 이것이 지불되지 않았을 때 육체가 그런 식으로 반응하는 것은 무언가를 얻기 위해서가 아닙니다. 다만 자기가 마땅히 받아야 할 것을 받지 못했다고 느끼기 때문에 그러는 것입니다.

육체는 은혜를 전혀 모릅니다. 육체는 자신의 만족을 자비로운 하나님의 값없는 선물이라고 생각하지 않고, 마땅히 갚아져야 할 빚으로 여깁니다. 그렇기 때문에 육체의 모든 산물을 "일"이라고 부르는 것입니다. 분쟁과 시기와 분냄은 나무에서 열매가 열리는 것처럼 자연스럽게 아무 노력 없이 육체에서 나타나지만, 그 나무는 오로지 공로와 대가의 관점에서 모든 것을 생각하며, 그러한 관점에서 보상이 없을 때 격한 반응을 보입니다. 육체가 낳는 모든 것은 공로에 대한 사고방식이 더해져서 "일"이라고 불리는 것입니다.

그러나 성령의 열매 뒤에 감춰진 사고방식은 은혜에 의존하는 믿음의 사고방식입니다. 성령의 열매를 맺는 사람들은 자신들이 오로지 정죄받아 마땅한 자들임을 알고, 자신들이 받을 수 있는 대가는 하나님의 진노뿐이라는 걸 압니다. 따라서 그들은 자기 의존성을 버리고 오로지 "나를 사랑하사 나를 위하여 자기 자신을 버리신"(2:20) 그리스도의 자비만 바라봅니다. 그들은 누군가가 자신의 가치를 보고 보상해주기를 기대하지 않습니다. 모든 만족은 값없는 은혜의 선물입니다. 그들은 하나님의 자비에 의지하며, 성령의 도우심에 자신을 맡깁니다. 이렇게 은혜에 의존하는 믿음의 사고방식에서 자라는 것은 "일"이 아니라 "열매"입니다. 즉 사랑, 희락, 화평, 오래 참음, 온유…입니다.

바울은 악덕과 미덕의 목록에 제시한 명칭들 속에서도, 문제가 외적인 삶의 행위가 아니라 우리의 외적인 삶을 낳는 마음이라는 걸 알도록 도와줍니다. 바울은 우리 영혼의 깊은 곳에서 격렬한 싸움이 벌어졌고 거기서 승리했다고 가정합니다. 그것이 바로 24절의 의미입니다. "그리스도 예수의 사람들은 육체와 함께 그 정욕과 탐심을 십자가에 못 박았느니라."

육체의 용을 죽이라

당신의 육체를 상상해보십시오. 자신의 공로를 생각하고 권력과 명성과 자립을 갈망하는 옛 자아의 모습을 말입니다. 그것을 당신 영혼의 동굴 속에 살고 있는 용이라고 상상해보십시오. 어느 날 당신은 복음을 들었고, 그 안에서 예수 그리스도께서 당신에게 다가와 말씀하십니다. "내가 너를 나의 소유로 삼고 동굴을 소유하며 용을 죽일 것이다. 너는 나의 소유가 되겠느냐? 그것은 완전히 새로운 사고방식과 감정과 행동을 의미할 것이다." 당신은 말합니다. "그렇지만 그 용은 바로 접니다. 제가 죽게 될 것입니다." 그분은 말씀하십니다. "너는 살아나 새 생명을 얻을 것이다. 내가 그 계획을 이룰 것이기 때문이다. 그리고 내 생각과 뜻과 마음을 너의 것으로 만들 것이다." 당신이 말합니다. "제가 무엇을 해야 합니까?" 그분은 대답하십니다. "나를 믿고 내가 말하는 대로 해라. 네가 나를 믿는 한, 우리는 실패하지 않을 것이다." 당신은 그리스도의 아름다움과 능력에 압도되어 고개를 숙이며 영원한 충성과 믿음을 맹세합니다.

그리고 당신이 일어나자, 그분이 당신의 손에 큰 칼을 쥐어주시며 이렇게 말씀하십니다. "나를 따라오너라." 그분은 당신을 동굴 입구로 데려가서 이렇게 말씀하십니다. "들어가서 용을 죽여라." 하지만 당신은 당황한 표정으로 그분을 쳐다봅니다. "저는 할 수 없습니다. 당신 없이는 못합니다." 그분은 미소를 짓습니다. "잘 말했다. 너는 빨리 배우는구나. 절대 잊지 말아라. 내가 너에게 어떤 일을 하라고 명령하는 것은 결코 그 일을 혼자 하라고 명하는 것이 아니다." 그리고 당신은 그분과 함께 동굴로 들어갑니다. 그 후 무시무시한 싸움이 벌어지고, 당신은 그리스도의 손이 당신과 함께함을 느낍니다. 마침내 용이 기운 없이 쓰러집니다. 당신은 묻습니다. "죽은 건가요?" 예수님은 이렇게 대답하십니다. "나는 너에게 새 생명을 주려고 왔고, 네가 나의 소유가 되고 내게 믿음과 충성을 맹세했을 때 너는 그 생명을 받았다. 그리고 너는 지금 나의 칼과 손으로 육체의 용을 쓰러뜨렸다. 그 용은 치명적인 상처를 입었고, 반드시 죽을 것이다. 하지만 용은 아직 죽기까지 피를 흘리지 않았고, 아마 격렬한 경련을 일으키며 다시 일어나 많은 해를 끼칠 것이다. 따라서 너는 그 용을 죽은 것으로 취급하고 그 동굴을 무덤처럼 돌들로 봉인해야 한다. 어둠의 왕이 네 영혼 안에 지진을 일으켜 돌들을 떨쳐 버리려 할 것이다. 그러나 너는 그것들을 다시 쌓아야 한다. 나의 칼과 내 손이 네 손을 잡고 있으니, 그 용의 운명은 확실하다. 그의 생명은 끝났고, 너의 새 생명은 안전하다. 이 확신을 가지라."

저는 그것이 24절 말씀의 의미라고 생각합니다. "그리스도 예수의 사람들은 육체와 함께 그 정욕과 탐심을 십자가에 못 박았느니라." 그리스도는 우리의 영혼을 소유하셨습니다. 우리의 옛 자아는 치명적인 상처를 입었고 지배력을 빼앗겼습니다. 성령의 열매인 그리스도인의 삶은 계속해서 육체를 죽은 것으로 여기는 것이며(무덤에 돌들을 쌓아 두고), 내면에 사랑과 희락과 화평을 가져다주는 그리스도의 영을 항상 의지하는 것입니다. 그리스도인의 삶과 일반적인 미국인의 도덕성의 차이는 이것이니, 곧 그리스도인들은 의의 칼을 휘두르는 자신의 손을 그리스도의 손이 붙들어 주시지 않으면 한 걸음도 내딛지 않는다는 것입니다.

21장
짐을 서로 져서
그리스도의 법을 성취하라

갈라디아서 6:1-5

`

¹ 형제들아 사람이 만일 무슨 범죄한 일이 드러나거든 신령한 너희는 온유한 심령으로 그러한 자를 바로잡고 너 자신을 살펴보아 너도 시험을 받을까 두려워하라 ² 너희가 짐을 서로 지라 그리하여 그리스도의 법을 성취하라 ³ 만일 누가 아무 것도 되지 못하고 된 줄로 생각하면 스스로 속임이라 ⁴ 각각 자기의 일을 살피라 그리하면 자랑할 것이 자기에게는 있어도 남에게는 있지 아니하리니 ⁵ 각각 자기의 짐을 질 것이라

갈라디아서 6장 1-5절에서 위험에 빠진 사람은 누구입니까? 1절에 따르면 누군가가 범죄한 일이 드러났습니다. 어떤 사람의 죄가 밝히 드러난 것입니다. 예를 들어, 그가 다른 여자와 함께 주말을 보낸 것이 드러났습니다. 사회복지사들에게 거짓말한 것이 들통났습니다. 탈세 사실이 드러났습니다. 소문의 근원이 밝혀졌습니다. 지속적으로 남편을 무시했던 것을 모든 사람이 알게 되었습니다. 교회 안에서 잘못을 범한 것이 사람들에게 알려졌습니다. 누가 위험에 처한 사람입니까?

바울은 다섯 절에 걸쳐, 누군가의 죄가 드러나고 그를 바로잡는 상황에 있어서 주의할 점을 경고하고 있습니다. 그런데 바울이 경고하는 대상은 누구입니까? 넘어진 사람입니까? 아니면 그가 일어나도록 도우려는 사람입니까? 한 구절을 제외한 모든 구절에서 조심하라는 커다란 노란 경고등이 번쩍거립니다. 조심하시오! 조심하시오! 그리고 이 경고의 메시지는 죄를 지어 넘어진 사람을 향한 것이 아니라 그를 도우려는 사람들을 향한 것입니다.

자기 의존의 바이러스

몇 달 동안 갈라디아서를 설교하고 나서 봄에 어떤 사람이 제게 왜 그렇게 자기 의존과 자만의 문제에 사로잡혀 있냐고 (심지어 "집착하냐고") 물었습니다. 저는 이것이 제 자신의 신학적 취향인지, 아니면 바울이 진짜 이 주제에 큰 관심을 갖고 있고 이 주제야말로 이 책 전체에 얽혀 있는 검은 실인지에 대해 많이 생각했습니다. 오늘 본문과 같은 본문은, 제가 제 설교의 태피스트리에 짜 넣은 검은 실은 바울이 그의 서신에 짜 넣은 검은 실에 비하면 약과라는 걸 강하게 확증해줍니다. 만약 어떤 의대 교수가 자신의 학생들에게 어떤 바이러스가 야기하는 여러 가지 질병들에 대해 이야기해주려고 한다면 그 바이러스를 매우 자주 (아마 모든 강의에서) 언급할 것입니다.

교만, 자만, 자기 의존은 세상의 모든 도덕적 질병을 야기하는 하나의 바이러스입니다. 이것은 아담과 하와가 하나님을 신뢰하는 대신 하나님처럼 되고 싶어서 선악을 알게 하는 나무의 열매를 먹은 이후로 계속 그래왔습니다. 또한 아마겟돈 전쟁에서 인간의 교만의 최종적인 폭발이 짓밟힐 때까지 계속 그러할 것입니다. 여기에 오직 하나의 근본적인 도덕적 문제가 있습니다. 그것은 하나님의 권위와 은혜에 대항하여 자기 의견을 주장하려는 인간 마음의 끈질긴 욕구를 어떻게 극복하느냐는 것입니다. 그렇지 않다면 왜 바울이 영적인 사람들에게 서로의 짐을 지라고 말하며, 그 다음에 단락의 대부분을 그들 자신의 교만이 지닌 위험에 대해 경고하는 데 할애하겠습니까?

　바울의 경고를 살펴보기 전에 생각해볼 다른 말씀이 있습니다. 바울은 자신의 목회 사역을 이렇게 묘사했습니다. "우리가 너희 믿음을 주관하려는 것이 아니요 오직 너희 기쁨을 돕는 자가 되려 함이니"(고후 1:24). 바울이 갈라디아서 6장 1-5절을 쓸 때, 그리고 제가 갈라디아서 6장 1-5절을 설교할 때, 우리의 목적은 바로 여러분의 기쁨입니다. 우리 마음속에서 일어나는 교만과 자만에 맞서 싸우는 싸움은 바로 기쁨을 위한 싸움입니다. 무엇이 우리 교회 가족들에게 기쁨과 평안과 선함의 맑은 바람이 계속 불게 할까요? 우리는 우리의 삶 속에 성령님을 향한 교제의 창문을 쾅 닫아 버리는 자기 충족성(스스로의 힘으로 충분하다는 생각)이 은밀히 도사리고 있음을 인식하고, 이와 싸움으로써 기쁨의 성령을 향해 교제의 창문을 계속 열어 둘 것입니다.

> 죄가 기쁨의 확산을 막는다는 것과
> 모든 죄가 교만에 뿌리를 두고 있다는 것을
> 당신과 내가 절감하고 깨달을 때
> 가장 맑은 기쁨의 바람이 불어올 것이다.

짐을 지는 것과 그리스도의 법

갈라디아서 6장 1–2절

¹형제들아 사람이 만일 무슨 범죄한 일이 드러나거든 신령한 너희는 온유한 심령으로 그러한 자를 바로잡고 너 자신을 살펴보아 너도 시험을 받을까 두려워하라 ²너희가 짐을 서로 지라 그리하여 그리스도의 법을 성취하라

갈라디아서 6장 1-5절의 주요 요점이 2절에는 일반적으로, 그리고 1절에는 구체적으로 제시되어 있습니다. 2절은 "너희가 짐을 서로 지라 그리하여 그리스도의 법을 성취하라"고 말합니다. 그리스도인

형제자매가 어떤 무거운 짐에 짓눌려 괴로워하고 있다면 그냥 지나치지 말고 빨리 도와주어야 합니다. 그들이 짓눌려 뭉개지거나 멸망하게 내버려 두지 마십시오. 서기관과 바리새인들은 "또 무거운 짐을 묶어 사람의 어깨에 지우되 자기는 이것을 한 손가락으로도 움직이려 하지 아니"하였습니다(마 23:4). 그들과 같이 되지 마십시오. 짐을 무겁게 만들지 마십시오. 사람들을 위해 짐을 가볍게 만들어 주어야 합니다. 어떤 사람들은 자신의 삶 속에서 무엇을 해야 할지 궁금해합니다. 백만장자가 되는 것보다 열 배 더 큰 만족을 가져다줄 소명이 여기에 있습니다. 다른 사람들의 짐을 발견하는 특별한 기술을 익히고, 그 짐을 더 가볍게 만들기 위해 매일 헌신하는 것입니다.

이런 식으로 당신은 그리스도의 법을 성취합니다(6:2). 갈라디아서에는 "너희가 만일 성령의 인도하시는 바가 되면 율법 아래에 있지 아니하리라"(5:18)라는 말이 나옵니다. 또한 "그리스도께서 우리를 위하여 저주를 받은 바 되사 율법의 저주에서 우리를 속량하셨으니"(3:13)라는 말도 나옵니다. "그리스도의 법"이란 말은 이러한 구절들이 나오는 갈라디아서에서 좀 특이한 구문입니다. 우리가 모세 율법의 저주와 짐에

서 해방된 것이 그보다 더 철저한 그리스도의 법이라는 짐을 짊어지기 위함이었을까요? 아닙니다. 이 둘 사이에는 본질적인 차이가 있습니다. 모세는 우리에게 율법을 주었지만 우리가 자유롭게 순종할 수 있도록 우리의 마음을 변화시켜주지 않았습니다. 모세는 우리의 교만과 반항심을 정복하지 못했습니다. 그러나 그리스도께서 우리를 부르셔서 그분의 사랑의 법을 지키게 하실 때, 그분은 우리에게 자기 자신을 주셔서 교만의 용을 죽이시고, 우리의 마음을 변화시키시고, 그의 성령으로 능력을 주시며, 그분의 법을 이루십니다.

그리스도의 법이 서기관과 바리새인들의 의보다 더 철저한 것이 사실입니다. 하지만 그분이 "수고하고 무거운 짐 진 자들아 다 내게로 오라 내가 너희를 쉬게 하리라 나는 마음이 온유하고 겸손하니 나의 멍에를 메고 내게 배우라 그리하면 너희 마음이 쉼을 얻으리니 이는 내 멍에는 쉽고 내 짐은 가벼움이라"(마 11:28-30)라고 말씀하실 수 있는 이유가 바로 거기에 있습니다. 그리스도의 법이 쉬운 이유는 물렁물렁하고 좀 어겨도 되기 때문이 아닙니다. 그것이 쉬운 이유는 우리가 약할 때 그분이 강하시기 때문입니다. 그리고 그분이 사랑의 열매를 맺으시기 때문입니다. "내가 그리스도와 함께 십자가에 못 박혔나니 그런즉 이제는 내가 사는 것이 아니요 오직 내 안에 그리스도께서 사시는 것이라"(2:20). 그리스도는 결코 우리에게 요구하시는 일을 우리 힘으로 하라고 명령하시지 않습니다. 따라서 그리스도의 법에 포함된 모든 명령은 믿음으로의 부르심입니다. 믿음을 통해 하나님은 우리에게 그리스도의 영을 주시고(3:5), 성령을 통해 우리는 사랑의 열매를 맺으며(5:22), 사랑을 통해 그리스도의 법을 성취합니다(6:2). 그러므로 당신이 그리스도를 믿으면 그분의 사랑의 법을 성취할 것입니다. 당신은 다른 사람들의 짐을 들어주는 일에 자신을 헌신할 것입니다.

죄의 짐

2절에서 "너희가 짐을 서로 지라"는 말씀은 6장 1-5절의 주요 요점을 일반적인 방식으로 제시한 것입니다. 바울은 1절에서 그 구체적인 짐을 언급하며 그 짐을 짊어지도록 돕는 방법을 알려줍니다. "형제들아 사람이 만일 무슨 범죄한 일이 드러나거든 신령한 너희는 온유한 심령으로 그러한 자를 바로

갈라디아서 6장 1절

1 형제들아 사람이 만일 무슨 범죄한 일이 드러나거든 신령한 너희는 온유한 심령으로 그러한 자를 바로잡고 너 자신을 살펴보아 너도 시험을 받을까 두려워하라

잡고." 우리는 짐을 질병, 실직, 사랑하는 이의 죽음, 외로움, 거절당함 등으로 생각하고, 이런 일을 겪는 자들을 짐을 진 자들로 생각하는 경향이 있습니다. 그것은 옳습니다. 그리고 우리가 그리스도로 충만하다면 그 짐들을 나눠지려 할 것입니다. 그러나 바울은 1절에서 그 짐에 죄를 범하는 것이 포함되며, 억압당하는 자들에 죄인들도 포함된다는 것을 보여줍니다. 그러므로 우리는 우리 믿음의 기쁨을 짓누르려고 억압하는 것을 여기서 말하는 짐으로 정의해야 할 것입니다. 예를 들면, 하나님의 선하심을 의심하게 만드는 비극이나 우리를 죄책과 심판으로 끌고 갈 것이라고 위협하는 죄도 짐이 될 수 있습니다.

죄를 짓는 사람은 우리의 도움이 필요합니다. 바울은 "그러한 자를 바로잡으라"고 말합니다. 여기서 "바로잡다"라는 말에 쓰인 단어는 찢어진 그물을 고친다고 말할 때 사용되는 단어입니다(마 4:21). 죄는 우리

삶의 기계에서 고장난 부품입니다. 그것은 고쳐져야 합니다. 어떤 사람이 망가진 것을 발견하면, 그 사람을 선하고 경건한 상태로 회복시키기 위해 당신이 해야 할 일을 하십시오. 다시 말해서, 그리스도의 법을 따르고 그분의 능력 안에서 사는 사람은 형제나 자매의 죄에 대해 이렇게 말할 수 없습니다. "그건 제 알 바가 아닙니다. 괜히 제 짐에 그것까지 더할 필요는 없잖아요. 그건 그 사람의 문제지 제 문제가 아닙니다."

하지만 저는 오랫동안 성도님들과 함께 지내면서, 교회 안의 죄에 대한 일부 교인들의 태도가 바로 그와 같다는 걸 알게 됐습니다. 이 교회 안에, 너무도 명백하게 그리스도의 말씀과 반대되므로 오래전에 직면하여 바로잡았어야 했을 태도와 행동들이 있습니다. 그러나 어떤 이유에서인지, 그 일에 침묵하고 태만하는 분위기가 조성되어 왔습니다. 그것은 용서와는 다른 것입니다. 뒤로는 그런 죄들에 대해 많은 이야기들이 오고 가기 때문입니다. 시간이 오래 걸릴 수도 있지만, 저는 우리 교회 안에 죄로 인해 고장난 부분을 심각하게 받아들이고, 자비로운 정비사들처럼 서로를 고쳐주기 위해 섬기는, 그런 사랑의 분위기가 함양될 수 있기를 기도합니다.

궁극적으로, 오직 그리스도만이 죄를 용서하고 죄로 인해 고장난 부분을 바로잡으실 수 있습니다. 따라서 우리의 주된 일은 잘못된 태도와 습관과 계획들에 대해 서로 권면하거나 책망하거나 경고하여, 어떤 고장난 고물 자동차도 고치실 수 있는 위대한 정비사를 바라보도록 하는 것입니다.

서로의 짐을 지라는 것이 본문의 요점입니다. 구체적으로 사람들이 죄를 깨닫도록 도와주고 그것을 바로잡는 수고를 하라는 것입니다. 어떤 사람을 돕기 위해 질병이나 실직, 사랑하는 사람의 죽음, 고독, 거절의 짐을 지는 것은 쉽게 느껴지지만, 대면하여 죄를 지적하는 짐을 지는 일은 너무 어렵게 느껴지는 분이 계시다면, 죄악된 태도나 습관이 다른 어떤 짐보다 훨씬 더 해롭다는 것을 기억하십시오. 그러므로 우리가 정말로 그 사람의 궁극적인 행복을 생각한다면, 고난에 처한 사람들을 위로하는 것만큼 그들의 죄를 직시하게 할 것입니다. 형제나 자매가 죄의 습관으로 굳어지는 것을 모르는 척할 수 없을 만큼 서로 사랑하는 신자들의 가족에 속해 있다는 것은 정말 좋은 일 아닙니까! 그런 가족이 됩시다! 그런 가족이 되지 않으면 우리는 그리스도의 법을 성취할 수 없습니다.

교만의 위험

이제 6장 1-5절의 요점에 대해서는 말했으므로 남은 것은 동료 신자의 잘못을 지적하고 바로잡는 짐을 지는 사람들 안에 있는 교만의 위험에 대한 경고입니다. 주의하십시오! 이것은 어떤 사람을 바로잡고 권면하고 회복시키는 것에 대한 경고가 아닙니다. 그 일을 거만하게 하지 말라는 경고입니다. 우리 중 어떤 이들과 달리, 바울은 "대면하여 바로잡음"이라는 아기를 "교만"이라는 목욕물과 함께 내버리지 않을 것입니다. 바울은 "너희는 모두 교만하고 악하다. 따라서 다른 사람의 죄를 지적하는 것은 너희가 할 일이 아니다."라고 말하지 않습니다. 그는 이렇게 말합니다. "너희는 모두 교만과 싸우고 있다. 그러므로 다른 사람의 죄를 지적할 때, 스스로 겸손하도록 최대한 노력하라." 교만의 더러운 목욕물은 버려야 합니다. 그러나 사랑과 겸손으로 대면하여 바로잡는 것을 뜻하는 깨끗하고 건강한 아기는 그대로 놔두어야 합니다.

그러므로 이제부터 그리스도께 속하고 그분의 사랑의 법을 따르기 원하는 사람들은 서로의 짐을 져야 합니다. 특히 서로의 삶 속에 있는 죄에 관하여 서로 바로잡고 권면해야 합니다. 남은 시간은 교만의 사다리를 쓰러뜨리는 방법에 관한 바울의 가르침에 귀를 기울여봅시다.

1절에서 바울은 당신이 남을 대면하여 권면하고 바로잡는 짐을 짊어지기 전에 먼저 "신령한" 사람이 되어야 한다고 말합니다. 그것은 당신이 "성령의 인도"(5:18)를 받고, "성령을 따라 행하며"(5:16, 25), "성령의 열매"(5:22)를 맺어야 한다는 뜻입니다. 신령하다는 것은 수준 높은 신자들에게만 해당되는 특별한 상태가 아니라, 보통의 성도들의 성령 충만한 상태를 말합니다. 신령한 사람들은 특별한 성령께 의존하는 평범한 사람들입니다. 성령님은 그들을 통해 사랑, 희락, 화평, 오래 참음, 자비, 양선, 충성, 온유, 절제의 열매를 낳습니다. 그리고 5장 22절과 6장 1절의 연결점이 있으니, 바로 온유함입니다. "신령한 너희는 온유한 심령으로 그러한 자를 바로잡고." 죄를 짓는 형제를 바로잡을 때 교만을 피하는 방법은 오직 성령의 능력 안에서 행하는 것입니다. 자기를 의지하거나 높이려는 유혹에 빠지지 않도록 자신을 살피십시오. 하나님의 은혜로운 성령을 떠나서는 죄를 지을 수밖에 없다는 것을 기억하십시오. 성령님께 전적으로 의존하면 자비와 온유가 나타나며, 그 온유함은 교만과 자랑의 반대인 겸손의 쌍둥이 자매입니다.

바울은 고린도전서 4장 7절에서 이렇게 말했습니다. "네게 있는 것

중에 받지 아니한 것이 무엇이냐 네가 받았은즉 어찌하여 받지 아니한 것 같이 자랑하느냐." 이 말씀은, 당신을 인도하시고 사랑할 수 있는 능력을 주시는 성령을 믿는다면 당신이 도달한 성숙함에 대해 자랑하거나 거만할 수 없다는 뜻입니다. 그것은 모두 하나님의 것입니다. 바울은 당신이 도움을 필요로 하는 어린아이처럼 온유하게 성령님께 의존하고 있는지, 아니면 자기를 믿고 자랑하고 있는지 자신을 살피라고 말합니다. 신령한 사람은 잘못한 형제자매를 도와 오직 그리스도를 바라보게 할 것입니다. 그리스도께는 치유의 능력이 있습니다. 그러나 교만한 사람은 그들에게 도움이 될 수 없습니다. 그는 치유할 능력이 없는 자기 자신에게 그들의 시선을 집중시킬 것이기 때문입니다.

자기 주장이 강한 교만과 소심한 교만

갈라디아서 6장 3절
³만일 누가 아무 것도 되지 못하고 된 줄로 생각하면 스스로 속임이라

3절은 본문에서 교만을 가장 철저히 공격합니다. 이런 교만의 파괴성 때문에, 우리는 온유와 사랑으로 형제를 바로잡는 짐을 져야 합니다. "만일 누가 아무 것도 되지 못하고 된 줄로 생각하면 스스로 속임이라"(6:3). 사람들이 죄에 빠진 형제를 대면하여 바로잡지 않는 이유, 또는 온유하지 않은 자세로 그 일을 하는 이유에 대한 바울의 평가는 오늘날의 평가와 정반대입니다. 만일 당신이 어떤 사람과 대면하여 그를 바로잡을 만큼의 자기 주장이 없거나, 그렇게 하더라도 거만하게 행동한다면, 대부분의 현대 설교자들과 상담가들(기독교 상담가와 비기독교 상담가 모두)은 당신의 문제가 자존감의 결핍이라고 말할 것

입니다. 그러나 바울은 당신이 실제로는 아무것도 아니면서 무엇이 된 줄로 생각하는 것이 당신의 문제라고 말합니다.

어떤 사람은 이렇게 말할 것입니다. "오, 아니에요. 제가 사람들을 바로잡지 않는 이유는 두려움 때문이지 교만 때문이 아닙니다." 이사야 51:12-13에 나오는 주님의 말씀을 들어보십시오.

"너희를 위로하는 자는 나 곧 나이니라 너는 어떠한 자이기에 죽을 사람을 두려워하며 풀 같이 될 사람의 아들을 두려워하느냐 하늘을 펴고 땅의 기초를 정하고 너를 지은 자 여호와를 어찌하여 잊어버렸느냐."

하나님은 이렇게 말씀하시는 것입니다. "내가 너의 하나님이고 무한한 능력을 갖고 있는데, 네가 어떠한 자이기에 단지 사람을 두려워하느냐. 사람을 두려워하는 것은 겸손한 것 같지만 교만에 뿌리를 둔 것이다." 하나님의 말씀은 변함이 없습니다. 우리가 그리스도의 법을 성취하지 못하는 것은 우리가 아무것도 아니면서 무엇이 된 줄로 생각하기 때문입니다.

바울은 여기서 물리적인 측면에 대해 말하는 것이 아니라 도덕적인 측면에 대해 말하고 있습니다. 물론 우리는 존재하며, 물리적인 의미에서 아무것도 아닌 것이 아닙니다. 여기서 바울이 말하는 것은 도덕적으로 우리가 아무것도 아니라는 말입니다. 우리는 죄성을 가졌기 때문에 우리 안에 있는 하나님의 특별한 은혜를 떠나서 우리 스스로는 도덕적으로 아무것도 아니라는 것입니다. 바울은 로마서 7장 18절에서 "내 속 곧 내 육신에 선한 것이 거하지 아니하는 줄을 아노니"라고 말했습니다. 예수님은 요한복음 15장 5절에서 "나를 떠나서는 너희가 아무 것도 할 수 없음이라"고 말씀하셨습니다. 또 고린도전서 3장 7절에서 바울은 "그런즉 심는 이나 물 주는 이는 아무 것도 아니로되 오직 자라게 하시는 이는 하나님뿐이니라"고 말했습니다(롬 15:17-18; 고전 13:2; 15:10; 고후 3:5 참조). 도덕적인 능력에 관한 한, 인간이 그리스도 없이 정직하게 말할 수 있는 것은 이 말뿐입니다. "저는 아무것도 아닙니다. 하나님, 죄인인 저에게 자비를 베푸소서."

그러나 하나님이 자비를 베푸시고 그리스도께서 우리의 삶에 들어오셔서 우리에게 사랑할 수 있는 능력을 주시면, 우리는 자기 존중이 아니라 그리스도를 존중하는 것에 대해 말하기 시작해야 합니다. "내가 그리스도와 함께 십자가에 못 박혔나니 그런즉 이제는 내가 사는 것이 아니요 오직 내 안에 그리스도께서 사시는 것이라"(2:20). 자기 주장이 지나치게 강한 교만과 소심한 교만의 족쇄를 끊기 위해 필요한 것은, 자존감의 강화가 아니라, 완전히 무가치한 죄인들을 구원하러 세상에 오신 비할 데 없는 그리스도에 대한 근본적인 확신입니다! 당신의 죄사함과 사랑, 기쁨을 위해 오직 그리스도만 바라볼 때, 당신의 권면과 경책의 말을 듣는 죄인도 당신이 교만한 마음을 갖고 있지 않다는 것을 알 것입니다.

자기의 일을 살피라

마지막으로 4절과 5절에서 바울은 이렇게 말합니다. "각각 자기의 일을 살피라 그리하면 자랑할 것이 자기에게는 있어도 남에게는 있지 아

니하리니 각각 자기의 짐을 질 것이라." 5
절은 서로 짐을 지라고 말하는 2절과 정
반대되는 것처럼 들립니다. 또한 4절은 3
절과 반대되는 것처럼 들립니다. 우리는

갈라디아서 6장 4-5절

⁴각각 자기의 일을 살피라 그리
하면 자랑할 것이 자기에게는 있
어도 남에게는 있지 아니하리니
⁵각각 자기의 짐을 질 것이라

우리 자신을 자랑해야 합니까, 아니면 자랑하지 말아야 합니까?

간단히 말해서, 저는 이 구절들이 의미하는 바가 다음과 같다고 생
각합니다. 4절은 자신이 성취한 일의 가치를 평가함에 있어 다른 사람
들의 일을 평가 기준으로 삼지 말라는 것입니다. 어떤 형제가 당신보
다 더 타락했다고 해서 우쭐하지 마십시오. 우리의 교만은 우리가 서
있을 때 사람들이 넘어지는 것을 보고 싶어 합니다. 바울은 죄짓는 사
람들과 자신을 비교함으로써 교만해지지 말라고 말합니다.

다른 사람들의 행위로 당신의 도덕적 성취를 평가하지 마십시오. 그
리스도의 법으로 그것을 평가하고 시험하십시오. 당신 안에 어떤 자랑
할 만한 것이 있더라도, 그것은 다른 사람의 열등함으로 인한 것이 아
닐 것입니다.

그러나 우리가 우리 안에 있는 어떤 것을 자랑할 수 있을까요? 바
울은 이렇게 말합니다. "그러나 내게는 우리 주 예수 그리스도의 십자
가 외에 결코 자랑할(4절과 같은 단어) 것이 없으니"(갈 6:14). "자랑하는 자
는 주 안에서 자랑하라"(고전 1:31). "내가 그리스도 예수 안에서 하나님
의 일에 대하여 자랑하는 것이 있거니와 그리스도께서 이방인들을 순
종하게 하기 위하여 나를 통하여 역사하신 것 외에는 내가 감히 말하
지 아니하노라"(롬 15:17-18). 그리스도의 십자가와 우리 마음속에서 역
사하시는 성령의 역사가 우리의 자랑에서 교만을 모두 증발시킵니다.

즉 십자가와 성령은 모든 자랑을 하나님의 은혜로 향하게 하시고(고전 15:10), 그것은 하나님이 우리를 통해 자비롭게 행하시는 일을 기쁘게 자랑하는 것으로 바뀝니다.

"각각 자기의 짐을 질 것이라"라고 한 5절은 서로 짐을 지라는 2절과 모순되지 않습니다. 5절은 4절의 근거로 주어진 말씀이며, 저는 이 구절들이 이런 의미라고 생각합니다. "너희 자신을 실패한 형제자매와 비교함으로써 네 자신의 죄의 짐을 가볍게 하려고 하지 말라." 왜 그렇습니까? 심판 날에 우리는 모두 자신의 짐을 지기 때문입니다. 최종 심판이 임하면 우리는 모두 그리스도의 법에 따라 평가를 받으며, 그 누구도 당신보다 더 악하다고 해서 당신의 짐을 더 가볍게 만들어 주지 않을 것입니다. 당신은 그날 당신 자신의 짐을 짊어질 것입니다. 우리는 이런 호소들을 너무나 자주 듣습니다. "하지만 저는 잭만큼은 잘하는데요!" "저는 제인보다 나쁘지 않았어요!" 그러나 그런 호소는 심판대에 전달되지 않을 것입니다. 자신과 다른 사람들을 비교함으로써 당신의 교만을 부추기지 마십시오. 당신은 당신 자신의 짐을 질 것입니다.

아버지, 우리 마음의 교만을 용서하여 주소서. 누군가가 죄를 범했을 때, 교만하여 사랑으로 온유하게 서로 권면하고 바로잡지 못한 것을 용서하여 주소서. 저희 교인들을 변화시켜주셔서, 죄를 미워하고 죄인들은 사랑하게 하시며 그로써 순결과 평안과 기쁨의 공동체를 만들어 가게 하소서. 아멘.

22장
선을 행하되 낙심하지 말라

갈라디아서 6:6-10

6가르침을 받는 자는 말씀을 가르치는 자와 모든 좋은 것을 함께 하라 7스스로 속이지 말라 하나님은 업신여김을 받지 아니하시나니 사람이 무엇으로 심든지 그대로 거두리라 8자기의 육체를 위하여 심는 자는 육체로부터 썩어질 것을 거두고 성령을 위하여 심는 자는 성령으로부터 영생을 거두리라 9우리가 선을 행하되 낙심하지 말지니 포기하지 아니하면 때가 이르매 거두리라 10그러므로 우리는 기회 있는 대로 모든 이에게 착한 일을 하되 더욱 믿음의 가정들에게 할지니라

아마 열정의 가장 큰 적은 시간일 것입니다. 사람들은 훌륭한 것들에 싫증을 내는 놀랍고도 슬픈 능력을 가지고 있습니다. 여러분 중에 거의 모두가 최근에 어떤 일에 열정을 느꼈으나 지금은 그 기쁨이 시들해진 일을 생각해 낼 수 있을 것입니다. 해변에서 보낸 휴가 첫날의 석양은 숨이 막힐 정도로 아름다웠고 노래가 절로 나올 만큼 당신을 행복하게 해주었을 것입니다. 그러나 휴가가 끝날 때쯤이면 더 이상 그

것이 눈에 들어오지도 않을 것입니다. 피서객들은 석양에 싫증이 나고, 백만장자들은 돈에 싫증이 나며, 아이들은 장난감에 싫증이 나고, 그리스도인들은 선을 행하는 일에 싫증이 납니다. 처음에는 주일학교에서 가르치는 일이 너무나 흥분되었지만, 지금은 선을 행하는 것이 지겨워졌습니다. 흥분이 사라졌습니다. 처음으로 봉사차량을 운전했을 때, 라오족에게 영어를 가르쳤을 때, 소그룹을 인도했을 때, 새로 교회에 나온 사람들을 방문했을 때, 성경 읽기를 시작했을 때, 비상 대피소에서 일했을 때, 당신은 성령 안에서 깨끗해지고 강건해지는 것을 느꼈지만, 지금은 선을 행하는 것이 지겨워졌습니다. 내적인 힘과 기쁨이 서서히 떠나갔습니다. 그것은 귀찮은 일이 되었고, 당신은 낙심했습니다.

영원한 생명과 죽음에 대한 균형 잡힌 이해

갈라디아서 6장 9절

9 우리가 선을 행하되 낙심하지 말지니 포기하지 아니하면 때가 이르매 거두리라

그러나 6장 9절은 이렇게 말합니다. "우리가 선을 행하되 낙심하지 말지니 포기하지 아니하면 때가 이르매 거두리라." 우리가 싫증 내지 말아야 할 선한 일이 뭐냐고 묻는다면, 아마 갈라디아서 5장 22-23절에 나오는 성령의 열매가 최선의 답일 것입니다. 즉, 오래 참음과 자비와 양선과 충성과 온유와 절제를 행하되 낙심하지 마십시오. 이웃과 동료와 가족을 위해 온갖 사랑의 수고를 하면서 당신의 평안과 기쁨을 나타내는 일에 지치지 마십시오. 다시 말해, 사랑의 일을 행하되 낙심하지 마십시오. 낙심하면 육체의 일이 우세해질 것입니다.

또한 바울은 5장 21절에서 "이런 일(육체의 일)을 하는 자들은 하나님의 나라를 유업으로 받지 못할 것이요"라고 경고합니다. 6장 8절에서도 경고합니다. 성령을 위하여 심지 않고 자기의 육체를 위하여 심는 자는 영생을 거두지 못하고 영원히 썩어질 것을 거둘 것입니다.

> **갈라디아서 6장 8절**
>
> 8 자기의 육체를 위하여 심는 자는 육체로부터 썩어질 것을 거두고 성령을 위하여 심는 자는 성령으로부터 영생을 거두리라

이 구절에 대해서는 매우 논란이 많습니다. 깊이 생각해봅시다. 이 본문에서 영생이 걸려 있는 중요한 것에 대해 말하고 있습니다. 단지 성화가 아니라 최종 구원이 걸려 있습니다. 당신이 천국에 갈지 지옥에 갈지가, 어떤 면에서 당신이 선을 행하는 일에 낙심하느냐 마느냐에 달려 있는 것입니다. 본문은 교회를 향한 메시지입니다. 잘 듣고, 8절에서 9절로 생각이 어떻게 이동하는지 주목해보십시오. "자기의 육체를 위하여 심는 자는 육체로부터 썩어질 것을 거두고 성령을 위하여 심는 자는 성령으로부터 영생을 거두리라 우리가 선을 행하되 낙심하지 말지니 포기하지 아니하면 때가 이르매 거두리라." 성령을 위하여 심으면 영생을 거둘 것입니다. 선을 행하는 일에 지치지 않으면 영생을 거둘 것입니다. 이러한 본문들로 인해, 저는 목사이자 교사pastor-teacher인 저의 역할을 단지 여러분의 성화를 위한 도구로만 이해하지 않고 여러분의 구원을 위한 도구로도 이해합니다. 이 본문은 갈라디아의 성도들이 최종적인 구원, 즉 영생에 이르도록 돕기 위해 쓰여졌습니다. 그러므로 이 본문을 기초로 하는 설교는 성도들이 최종적인 구원(영생)에 이르도록 돕는 것을 목표로 해야 할 것입니다.

그러나 이러한 관점은 복음주의와 근본주의 진영 전반에 걸쳐 폭넓

게 배제되고 있습니다. 저는 작년에 은퇴한 한 콘퍼런스 강사 목사로부터 편지 한 통을 받았습니다. 그 편지의 마지막 부분은 이러했습니다. "우리는 목사의 사역이 신자의 구원 문제가 아니라 신자의 상태에만 국한된다는 것을 알게 되었습니다. 그러므로 죄의 형벌로부터의 구원과 영원한 안전은 목사의 설교와 전혀 관련이 없습니다." 극도로 널리 퍼져 있는 이런 관점에 대항하여, 저는 갈라디아서 6:8-9에 대한 여러분 스스로의 통찰에 호소하고자 합니다. 여러분의 목사이자 교사pastor-teacher로서 저는 여러분에게 바울의 메시지를 전해야 하나요? 바울이 갈라디아 교인들에게 말한 대로 여러분에게 말해야 하나요? 8절에서 말하는 "썩어질 것"이 죄로 인한 최종 형벌이 아닌가요? 8절에서 말하는 "영생"이 죄의 결과로부터의 자유가 아닌가요? 우리가 그 둘 중 하나를 경험하는 것이 어느 정도는 성령을 위해 심고 선을 행하되 낙심하지 않는 것에 달려 있지 않나요? 그렇다면, 목사는 이 본문에 대한 자신의 설교 메시지가, 하나님의 자녀들로 하여금 끝까지 선을 행하여 영생을 상속받게 하기 위한, 하나님이 정하신 도구라고 믿어야 하는 것 아닌가요?

제 삶의 목표는 하나님의 백성들의 유익과 하나님의 이름의 영광을 위해 하나님의 말씀을 충실히 가르치는 선생이 되는 것입니다. 저는 여러분에게 선을 행하는 일에 싫증을 내고 낙심하면 영생을 거두지 못할 거라고 말하지 않으면서, 어떻게 이 본문에 충실한 설교를 할 수 있는지 도무지 모르겠습니다. 성령을 저버리고 육체에 의존하면, 여러분은 썩어 없어질 것을 거둘 것입니다(롬 8:13 참조).

말씀을 가르치는 자들의 재정적인 짐을 지라

오늘 본문이 말하는 내용이 바로 그것입니다. 6절부터 전개되는 바울의 생각을 따라가봅시다. 2절에서 바울은 "너희가 짐

갈라디아서 6장 6절
6 가르침을 받는 자는 말씀을 가르치는 자와 모든 좋은 것을 함께 하라

을 서로 지라"고 말했습니다. 6절은 짐을 지는 것의 또 다른 예, 즉 말씀을 가르치는 자들의 재정적인 짐을 말하는 것 같습니다. "가르침을 받는 자는 말씀을 가르치는 자와 모든 좋은 것을 함께 하라." 교회에서 가르치는 중요한 책임을 맡은 자들의 짐을 지는 한 가지 방법은 그들이 자유롭게 기도하고 공부할 수 있게 재정적으로 후원하는 것입니다. 분명 갈라디아 교회에는 이것과 관련된 문제가 있었을 것입니다. 어쩌면 그들이 시작은 잘했으나 지금은 교회 안에서 말씀을 가르치는 자들을 지원하는 선한 일을 행하는 데 지쳤을지도 모릅니다. 어쩌면 어떤 이들이 자신은 그리스도 안에서 자유로우며, 따라서 자신의 돈을 다른 일들에 쓸 수 있다고 주장했을지도 모릅니다. "대체 누구에게 가르침이 필요한 겁니까? 우리는 진리를 충분히 알고 있습니다. 지금은 어려운 시기이고, 돈이 부족합니다." 우리는 그들이 정확하게 무슨 말을 했는지는 모르지만, 바울이 여기서 여러 유형의 짐들 중에서 특별히 하나님의 말씀을 가르치는 자들의 물질적인 짐을 언급하기로 선택했다는 것은 압니다.

바울은 예수님에게서 그 원리를 배웠습니다. 예수님은 복음을 전하기 위해 70명을 보내실 때, 먹을 것을 가져가지 말라고 명하셨습니다. "일꾼이 그 삯을 받는 것은 마땅하기" 때문입니다. 바울은 디모데전서

5장 17-18절에서 이것을 인용하여 말합니다.

> "잘 다스리는 장로들은 배나 존경할 자로 알되 말씀과 가르침에 수고하는 이들에게는 더욱 그리할 것이니라 성경에 일렀으되 곡식을 밟아 떠는 소의 입에 망을 씌우지 말라 하였고 또 일꾼이 그 삯을 받는 것은 마땅하다 하였느니라."

아마 갈라디아서 6장 6절과 가장 유사한 구절은 고린도전서 9장 11절일 것입니다. 거기서 바울은 이렇게 말합니다.

> "우리가 너희에게 신령한 것을 뿌렸은즉 너희의 육적인 것을 거두기로 과하다 하겠느냐."

말씀 사역과 헌금

저는 갈라디아서 6장 6절에 내포된 네 가지 의미를 간단히 언급하려 합니다. 첫째, 하나님의 말씀을 가르치는 것은 교회의 본질적인 부분입니다. 교인들은 건전한 가르침을 받아야 합니다. 그렇지 못하면 마땅히 주님을 알지 못할 것입니다. 하나님의 모든 뜻이 가르쳐지지 않는 곳에서 예배는 피상적으로 되고, 사랑은 거품이 되며, 순종은 약화됩니다. 바울은 말씀을 가르치는 것을 필수 사항으로 간주했습니다.

둘째, 가르치는 중요한 책임을 맡은 이들은 자유롭게 공부하고 묵상하고 기도할 필요가 있습니다. 성경 본문의 의미를 찾고, 그 의미가 말씀의 전체 계시와 어떻게 조화되는지 발견하고, 그 말씀과 우리의 현재 삶의 관계를 파악하는 것은 영광스러운 소명입니다. 하지만 그러기 위해서 많은 시간과 노력이 요구됩니다. 제가 우리 교회에서 사역을 하면서 가장 행복한 일 중 하나는, 여러분 대부분이 이것을 알고 제가 공부하는 데 쓰는 시간을 못마땅해하지 않는다는 것입니다. 대체로 저는 월요일, 화요일, 수요일 오전을 기도하고 공부하고 묵상하는 시간으로 보냅니다. 그리고 금요일과 토요일은 하루 종일 주일에 전할 두 개의 설교를 준비합니다. 중요한 비상 사태(결혼식 같은 일)로 인해 불가피하게 방해를 받는 일도 있습니다. 그것은 괜찮습니다. 저는 이 교회에서 제가 해야 할 역할을 하도록 여러분이 후원해 주시는 것에 대해 하나님께 감사드립니다.

셋째, 가르치는 직책을 맡은 목회자들은 생계를 위해 다른 일을 할 필요가 없도록 물질적 후원을 받아야 합니다. 바울처럼 이 권리를 포기하는 이들도 있을 것입니다. 그러나 말씀을 배우는 자들은 가르치는 목사들의 경제적 자유를 향한 열망을 가져야 합니다. 저는 여러분이 그렇게 해주신 것에 감사드립니다!

넷째, 2절에 따르면, 가르치는 사역을 후원하기 위해 헌금을 할 때 여러분은 그리스도의 법을 성취하는 것입니다(가르치는 자의 짐을 짐으로써). 또한 여러분은 선을 행하되 낙심하지 않고 있는 것이며(9절), 영생을 붙잡고 있는 것입니다. 따라서 바울이 9절과 10절에서 선을 행하되 낙심하지 말고 모든 사람, 특히 믿음의 가정들을 위해 착한 일을 해야 한다고 말했을 때, 그는 적어도 우리에게 하나님의 말씀을 가르치는 자들을 후원하기 위해 우리의 돈을 사용하는 것을 염두에 두고 있었다고 할 수 있습니다.

하나님은 업신여김을 받지 않으신다

갈라디아서 6장 7절

7스스로 속이지 말라 하나님은 업신여김을 받지 아니하시나니 사람이 무엇으로 심든지 그대로 거두리라

7절은 6절의 명령을 강화하는 역할을 합니다. "스스로 속이지 말라 하나님은 업신여김을 받지 아니하시나니 사람이 무엇으로 심든지 그대로 거두리라." 분명 갈라디아 교회 안에 말씀을 가르치는 자와 모든 좋은 것을 나누는 것을 원치 않았던 사람들이 있던 것 같습니다. 그들은 어떤 기만에 빠져 사실상 그들의 행위로 하나님을 업신여겼을 것입니다. 어쩌면 그들은 이렇게 말했을지도 모릅니다. "그리스도께서 자유를 주려고 우리를 자유롭게 하셨습니다. 좋은 것들을 누리지 않고, 하나님의 말씀을 듣기 위해 돈을 내는 자들은 구약성경의 율법주의자들처럼 행하고 있는 것입니다." 그들은 (5장 13절의 경고와 반대로) 자유라는 이름으로 육체의 욕구를 채우기 시작했습니다. 더 나쁜 것은, 그들은 하나님의 말씀을 경멸하고 있었다는 것입니다. 하나님의 말씀을 전하는 자들이 경멸을 받을 때, 하나님이 업신여김을 받으십니다(대하 36:15-16).

그러나 본문은 "하나님은 업신여김을 받지 아니하시나니"라고 말합니다. 그것은 무슨 의미입니까? 좋은 아버지가 자녀에게 "나는 네가 그런 목소리톤으로 하는 말은 듣지 않을 거다!"라고 말하는 것과 같은 의미입니다. 그러면 당신은 그런 목소리톤을 사용한 것을 심히 후회할 것입니다. 또는 바울이 말한 것처럼, 심은 대로 거둘 것입니다. "하나

님은 업신여김을 받지 않으신다"는 것은, 만일 당신이 말씀 사역을 후원하지 않음으로써 하나님의 말씀을 멸시한다면, 그것을 깊이 후회하게 될 거라는 뜻입니다. 또한 바울은 "스스로 속이지 말라"고 말합니다. 씨를 뿌리는 시기와 수확하는 시기 사이에는 항상 시간 간격이 있습니다. 잠깐 동안은 여러분 자신을 속일 수 있을지 모릅니다. 그래서 하나님의 말씀을 위해 헌신의 씨를 뿌리는 것보다 이기심의 씨를 뿌리는 것이 실제로 더 큰 기쁨을 가져다줄 수 있습니다. 하지만 여러분은 틀렸습니다. "하나님은 업신여김을 받지 아니하시나니!" 여러분이 하나님의 말씀을 무시하고, 하나님이 맡기신 돈을 개인의 즐거움을 위해 사용하면 그것은 마치 눈사태처럼 여러분의 머리로 돌아올 것입니다.

"네가 어디서 오느냐?" 엘리사는 그의 종 게하시에게 물었습니다. "네가 돈 때문에 나아만을 따라가지 않았느냐? 네가 이스라엘의 하나님을 높이는 것보다 금으로 네 주머니를 채우는 일에 더 욕심을 내느냐? 보라, 나아만의 나병이 네게 들어 네 자손들에게 영원히 미치리라. 하나님은 업신여김을 받지 않으신다. 너의 탐욕이 바로 네 머리로 돌아갔다"(왕하 5:25-27 참조). 무엇을 심든지 그대로 거둘 것입니다.

"삽비라야, 네 남편이 어디 있느냐?" 베드로가 물었습니다. "그 땅을 판 돈이 정말로 이것뿐이냐? 너는 왜 말씀 사역을 멸시하고, 네 자신의 이익을 꾀하며, 하나님을 속이려고 음모를 꾸몄느냐? 하나님은 업신여김을 받지 않으신다. 보라, 네 남편을 장사하고 오는 사람들의 발이 문 앞에 이르렀으니 또 너를 메어 내가리라. 너의 탐욕이 바로 네 머리로 돌아온 것이다." 한 여자가 무엇을 심든지 그대로 거둘 것입니다.

또한 바울은 6절과 7절에서 이렇게 말하고 있습니다. 우리에게 안락함이나 안정 또는 위신을 가져다줄 수 있는 돈을 국내 또는 해외 선교 사역을 후원하는 데 드릴 때, 이것은 하나님과 그분의 말씀을 영화롭게 합니다. 그러나 우리가 속임을 당하여 사적인 쾌락을 위해 돈을 씀으로써 더 많은 행복을 누릴 수 있다고 생각한다면, 그것은 하나님을 업신여기는 것이며, 우리의 탐욕이 다시 우리를 망하게 할 것입니다. 우리는 심은 대로 거둘 것입니다.

육체를 위해 심는 것과 성령을 위해 심는 것

마지막으로, 8절은 정말로 중요한 것이 무엇인지를 밝히며 우리에게 소망을 줍니다. "자기의 육체를 위하여 심는 자는 육체로부터 썩어질 것을 거두고 성령을 위하여 심는 자는 성령으로부터 영생을 거두리라." 당신이 가진 좋은 것들을 어떻게 사용하느냐에 중요한 것이 걸려 있으니, 바로 영생입니다. 어떤 이들에게는 이 말이 이 서신에서 바울이 타파한 "행위에 의한 구원"으로 다시 돌아가는 것처럼 들릴 것입니다. 그러나 그렇지 않습니다. 행위는 미덕의 성취나 기준 충족을 위해 자신을 의지하는 것이며, 자신의 공로로 인정받기를 기대합니다. 아무도 그런 행위로 스스로를 구원할 수 없습니다. 그러나 사랑은 육체의 행위가 아니며, 성령의 열매입니다. 최종적인 구원에 이르기 위해 성령의 열매를 맺어야 한다고 말할 때 우리는 행위에 의한 구원을 가르치는 것이 아닙니다. 우리가 말하는 것은 바울이 로마서 8장 14절에서 이미 말한 것에 불과합니다. "무릇 하나님의 영으로 인도함을 받는 사람은 곧 하나님의 아들이라."

그리스도를 향한 진정한 회심은 단지 그리스도를 우리의 구주로 부르는 인간적인 행위가 아닙니다. "그 날에 많은 사람이 나더러 이르되 주여 주여…그 때에 내가 그들에게 밝히 말하되 내가 너희를 도무지 알지 못하니…내게서 떠나가라"(마 7:22-23). 진정한 회심은 하나님의 아들의 영이 우리 마음속에 거하게 되고(롬 8:15; 갈 4:6), 죄를 미워하고 의를 사랑하는 마음을 주며(겔 36:27), 그리스도의 은혜에 대한 확신을 주는 하나님의 역사입니다. 우리가 복음을 듣고 감동을 받아 우리의 죄를 버리고, 용서받기 위해 그리스도를 믿으며, 그분의 약속과 능력을 믿는 믿음으로 행하기 시작할 때, 우리는 회심합니다. 돈에 대한 태도와 하나님의 말씀의 가르침에 대한 태도들 중에는 그리스도의 충족성을 믿는(그리스도 안에 모든 만족과 충족함이 있다고 믿는) 참된 구원신앙과 계속해서 공존할 수 없는 태도들이 있습니다. 그래서 바울은 은혜로 말미암아 믿음으로 구원을 받더라도 우리를 멸망시키는 태도와 행동들이 있다고 말한 것입니다.

8절의 소망은 단지 성령을 위해 씨를 뿌림으로써 영생을 누릴 수 있다는 것입니다. "성령을 위하여 심는 자는 성령으로부터 영생을 거두리라." 이것은 무엇을 의미합니까? 제 생각에는 당신이 일하는 밭이자 수확을 기대하는 밭이 성령이라는 뜻입니다. 당신이 온전한 수확을 위해 "육체"를 의존한다면, 썩을 것을 거둘 것입니다. 그러나 성령을 의존하면 생명을 얻을 것입니다. 여러분은 아침에 일어나 성령의 능력이 필요함을 느끼며 말씀과 기도로 성령의 충만을 구합니까? 아니면 일어났을 때 성령의 충만을 구할 시간이 없게 느껴지고, 오늘은 매우 평범한 날이기에 많은 도움이 필요치 않다고 느껴집니까? 계단에서 한

번 기도하는 것만으로도 족하다고 느낍니까?

월급을 받을 때 어떻게 하면 이 돈을 하나님 나라에 가장 유익하게 사용할지 성령님께 구합니까, 아니면 당신 자신을 위해 사용하려고 육체의 밭에 투자합니까? 성령을 위해 심는 것은 성령께서 하나님의 영광을 위해 달콤한 열매를 맺고자 하시는 곳을 알아보고, 그곳에 당신이 가진 자원의 씨앗을 심는 것을 의미합니다. 성령께서 30배, 60배, 100배의 결실을 약속하신 곳 중 하나는 바로 하나님의 말씀을 가르치는 곳입니다. 그러므로 성령을 위해 심는 것은 곧 당신의 물질로 목사들과 교사들과 선교사들을 후원하는 것을 의미합니다. 주일에 드리는 작은 흰 봉투에는 당신이 생각하는 것보다 더 많은 의미가 담겨 있습니다. 선한 일을 하되 낙심하지 맙시다. 우리가 포기하지 않으면 때가 되었을 때 (영생을) 거둘 것입니다.

23장
오직 새로 지으심을 받는 것만이 중요하니라

갈라디아서 6:11-18

[11] 내 손으로 너희에게 이렇게 큰 글자로 쓴 것을 보라 [12] 무릇 육체의 모양을 내려 하는 자들이 억지로 너희에게 할례를 받게 함은 그들이 그리스도의 십자가로 말미암아 박해를 면하려 함뿐이라 [13] 할례를 받은 그들이라도 스스로 율법은 지키지 아니하고 너희에게 할례를 받게 하려 하는 것은 그들이 너희의 육체로 자랑하려 함이라 [14] 그러나 내게는 우리 주 예수 그리스도의 십자가 외에 결코 자랑할 것이 없으니 그리스도로 말미암아 세상이 나를 대하여 십자가에 못 박히고 내가 또한 세상을 대하여 그러하니라 [15] 할례나 무할례가 아무 것도 아니로되 오직 새로 지으심을 받는 것만이 중요하니라 [16] 무릇 이 규례를 행하는 자에게와 하나님의 이스라엘에게 평강과 긍휼이 있을지어다 [17] 이 후로는 누구든지 나를 괴롭게 하지 말라 내가 내 몸에 예수의 흔적을 지니고 있노라 [18] 형제들아 우리 주 예수 그리스도의 은혜가 너희 심령에 있을지어다 아멘

지난주에 입원 중인 앤드류 하프벤슈타인Andrew Hafvenstein을 심방했을 때, 우리가 그리스도인으로서 성숙해질수록 하나님의 자녀가 될 자격

이 없다고 느껴지는 것이 이상해 보이지만 사실은 그리 이상한 일이 아니라는 이야기를 나누었습니다. 그것이 이상해 보이는 이유는 여러분이 그리스도께 더 가까이 나아갈수록 더욱더 그분의 성품을 닮게 되는데도 불구하고, 자신이 하나님의 자녀가 될 자격이 없다고 생각하기 때문입니다. 하지만 그것이 이상하지 않은 이유는, 우리가 그리스도의 진정한 아름다움에 가까이 다가갈수록 우리의 남아 있는 죄가 더욱 선명하고 추악하게 보이기 때문입니다. 앤드류는 훌륭한 예를 들었습니다. 복도를 청소할 때 먼지가 없어지는 걸 보면 기분이 좋아질 것입니다. 그러다 갑자기 창문으로 한 줄기 빛이 들어오면 실제 상황이 보입니다. 공기 중에 먼지가 가득한 것입니다.

따라서 그리스도께 속한 우리는 이제 기쁨과 회한이 섞인 삶을 살게 되어 있습니다. 주님이 빛 가운데 계신 것처럼 우리가 빛 가운데 행하면, 우리는 그분과 같은 형상으로 변화하여 영광에서 영광에 이릅니다(고후 3:18). 그러나 바로 그 빛 가운데서 우리는 자신의 마음속에 남아 있는 악을 가장 명확히 보게 됩니다. 그리스도를 알고 그분의 빛나는 교제와 자비를 경험하면서 우리는 기뻐합니다. 그러나 우리는 또한 거듭 그분의 발자취를 정확하게 따라가지 못하는 것에 실망하고 슬퍼합니다. 조나단 에드워즈는 다음과 같이 참된 그리스도인들의 경험에 대해 매우 섬세하게 묘사했습니다.

성도들의 소욕은 그것이 아무리 열렬하더라도 겸손한 소욕입니다. 그들의 소망은 겸손한 소망입니다. 그들의 기쁨은, 겸손하고 깨어진 마음의 기쁨입니다. 말로 표현할 수 없는 영광스런 기쁨으로 가득 차 있을 때에도 그러합니다. 그러한 기쁨은 우리의 마음을 더 가난하게 하고, 더 어린아이 같게 만들며, 우리의 통상적인 행위의 보잘것없음을 더 절감하게 해줍니다 (《*Works*》, vol. 1, 302p).

어리석음과 기만 또는 긍휼과 평강

이제, 갈라디아서 공부를 마무리하려 합니다. 그래서 저 자신에게 이렇게 질문해보았습니다. 사람들 안에서 말씀이 열매를 맺고 있다는 증거로 무엇을 찾아야 하는가? 앤드류 하프벤슈타인과 조나단 에드워즈는 완벽함을 찾지 말라고 저에게 경고합니다. 자신의 성장을 자랑스러워하고, 자신의 영적 성과를 내세우며, 성령을 따라 행하지 못하는 것에 대한 반복되는 후회에 짓눌려, 하나님의 은혜 안에서 누리는 기쁨이 더 깊어지지 못하면 안 된다고 경고합니다.

갈라디아서의 메시지가 우리 마음속에 뿌리를 내리기 시작했는지 알아보려면 무엇을 보아야 할까요? 그 질문에 답하기 위해, 저는 바울이 마지막 구절에서 보여주는 두 가지 마음자세의 대조적인 모습을 여러분과 함께 살펴보기 원합니다. 한 가지 마음자세는 바울이 갈라디아의 교회들로부터 몰아내려고 했던 것입니다. 다른 한 마음자세는 그가 삶과 가르침의 기준으로 삼으려 했던 것입니다. 그는 이 두 번째 마음자세를 규례라 부르며, 이 규례를 따라 행하는 자들이 하나님의 긍휼을 받고 하나님의 평강을 누린다고 말합니다.

여러분이 둘 중 하나를 선택해야 한다고 가정해봅시다. 하나는 여러분의 모든 죄를 사하는 하나님의 긍휼과 여러분의 영원한 기쁨을 위한 하나님의 평강입니다. 다른 하나는 세상이 여러분에게 줄 수 있는 온갖 좋은 것들(돈, 여가, 건강, 인기, 중요한 사업에 대한 지식, 배우자 등)이지만 하나님으로부터 오는 긍휼과 궁극적인 평강은 없습니다. 당신은 어느 것을 갖기 원합니까? "사람이 만일 온 천하를 얻고도 자기 목숨을 잃으면 무엇이 유익하리요"(막 8:36). 사람들은 사탄의 거대한 기만에 사로잡혀 있을 때, 하나님의 긍휼과 평강보다 세상을 선택합니다. 하지만 성령님이 오늘 아침 이곳에 오셔서 사탄의 기만을 깨뜨리시고, 하나님의 긍휼과 그분의 평강의 아름다움 대신에 세상의 쾌락을 갈망하는 것이 얼마나 어리석은 일인지 깨닫게 도와주십니다. 따라서 16절은 어리석은 길을 떠나 하나님의 긍휼과 평강의 길로 들어서서 그 길에 머무는 법을 알려주는 커다란 고속도로 표지판이라 할 것입니다. "무릇 이 규례를 행하는 자에게와 하나님의 이스라엘에게 평강과 긍휼이 있을지어다"(16절). 하나님의 긍휼과 평강은 어떠한 규례를 따라 사는 자들에게 주어지는 것입니다. 또한 어리석은 기만만이 우리로 하여금 하나님의 평강과 긍휼을 원하지 않게 만들기 때문에, 우리는 이 규례가 무엇인지 알려고 해야 합니다.

율법주의자들의 마음자세

갈라디아서 6장 11절

¹¹내 손으로 너희에게 이렇게 큰 글자로 쓴 것을 보라

11절에서 바울은 대필자에게서 펜을 가져와 자신만의 독특한 큰 글씨로 편지를 마무리하는 듯합니다. "내 손으로 너희에게 이렇게 큰 글자로 쓴 것을 보라." 그 다음에 손에 든 펜으로 편지 전반

에 걸쳐 대립해온 두 마음자세를 묘사합니다. 첫 번째 마음은 악한 마음자세이고, 두 번째 마음은 선한 마음자세로 우리가 따라야 할 규례입니다. 두 마음자세를 순서대로 살펴봅시다. 악한 마음자세는 12절과 13절에 묘사되어 있습니다.

> "무릇 육체의 모양을 내려 하는 자들이 억지로 너희에게 할례를 받게 함은 그들이 그리스도의 십자가로 말미암아 박해를 면하려 함뿐이라 할례를 받은 그들이라도 스스로 율법은 지키지 아니하고 너희에게 할례를 받게 하려 하는 것은 그들이 너희의 육체로 자랑하려 함이라"(12-13절).

자, 이제 마지막으로 율법주의자의 마음자세를 주의 깊게 살펴보고, 그것을 우리에게서 영원히 떠나보냅시다. 율법을 자랑의 도구로 사용하는 사람은 율법주의자입니다.

바울은 할례의 문제를 예로 듭니다. 이방인 신자들은 하나님께 온전히 받아들여지기 위해 할례를 받아야 합니까? 바울은 그렇지 않다고 말했고 그로 인해 박해를 받았습니다. 반면에, 유대주의자들은 할례를 받아야 한다고 말합니다. 하지만 이 요구 뒤에 감춰진 동기는 무엇입니까? 12절과 13절을 비교해보십시오. "억지로 너희에게 할례를 받게 함은 그들이 그리스도의 십자가로 말미암아 박해를 면하려 함뿐이라"(12절). "너희에게 할례를 받게 하려 하는 것은 그들이 너희의 육체로 자랑하려 함이라"(13절). 동기는 두 가지였습니다. 하나는 박해를 면하는 것이고, 하나는 칭찬을 받는 것입니다. 모든 말을 다 한 후 자신의 손에 펜이 쥐어졌을 때 바울이 우리에게 가장 경고하고자 한 두 가지는 사람의 반대를 두려워하는 것과 사람의 칭찬을 사랑하는 것입니다.

이것들이 왜 위험할까요? 거절당하는 것에 대한 두려움이나 칭찬받는 것에 대한 사랑이 당신의 마음을 지배할 때, 당신은 십자가에 못 박히신 그리스도를 얼싸안을 수 없기 때문입니다. 율법주의자들은 그리스도의 십자가를 도덕성으로 대신해야 했습니다. 십자가는 모든 교만을 제거하고 우리를 박해에 노출시키기 때문입니다. 그러나 12-13절에 의하면, 유대주의자들은 박해를 면하기 원하며 그들의 종교적인 열정을 자랑스러워합니다. 그래서 그들은 십자가를 거부합니다. 그리스도의 십자가는 하나님과 사람 앞에서 자신을 낮추는 은혜가 없는 사람들에게 큰 걸림돌입니다.

그리스도께서 십자가에 못 박히심으로 우리는 하나님 앞에서 모든 공로가 벌거벗겨졌고, 오직 자비에만 의존해야 하는 우리의 완전히 절박한 상태가 드러났습니다. 십자가에 못 박히신 그리스도를 통해 하나님의 사랑이 우리에게 임하며, 우리는 우리 죄의 대가가 실제로 무엇인지 알 수 있습니다. 십자가 밑에서 자랑하는 것은 도덕적으로 불가능한 일입니다. 하나님 앞에서 자신을 낮추기를 원치 않는 자들에게, 십자가는 여전히 불쾌하고 부끄러운 것으로 남아 있습니다.

하지만 율법주의자들이 십자가를 거부하는 데에는 또 다른 이유가 있습니다. 그것은 십자가가 우리를 하나님 앞에서 낮출 뿐만 아니라 사람들 앞에서도 낮추기 때문입니다. "누구든지 자기 십자가를 지고 나를 따르지 않는 자도 능히 내 제자가 되지 못하리라"(눅 14:27). 그리스도와 함께 갈보리 길을 걸어가지 않는 자는 갈보리의 그리스도를 소중히 여길 수 없습니다. 하지만 십자가를 지고 걸어가는 갈보리 길은 사람들의 조롱과 침 뱉음과 비웃음을 받는 곳입니다. 따라서 사람들의 칭찬의 노예가 된 사람은 갈보리 길을 거부할 것입니다. 오, 얼마나 많은 사람들이 이 유대주의자들과 같으며, 사실상 이렇게 말하고 있습니까? "나는 사람들이 내게 뭐라고 말할지, 또는 내게 어떻게 할지 두려워서, 십자가를 지고 그리스도를 따르지 못하겠습니다."

그러므로 우리는 적어도 이렇게 말할 수 있습니다. 갈라디아서의 메시지가 우리 가운데 열매를 맺기 시작했다면, 도덕성을 자랑의 도구로 이용하고 사람의 거절을 두려워하며 사람의 칭찬을 갈구하는 이 율법주의의 마음자세는 쇠퇴할 것입니다.

새로 지으심을 받은 자의 마음자세

이제 14절과 15절에서 선한 마음자세를 살펴봅시다. 16절은 이 규례를 행하는 사람들에게 하나님의 평강과 긍휼이 있을 거라고 말합니다. 저는 그 규례가 14절과 15절에서 말하고 있는 마음자세라고 생각합니다. "그러나 내게는 우리 주 예수 그리

> **갈라디아서 6장 14-15절**
>
> 14 그러나 내게는 우리 주 예수 그리스도의 십자가 외에 결코 자랑할 것이 없으니 그리스도로 말미암아 세상이 나를 대하여 십자가에 못 박히고 내가 또한 세상을 대하여 그러하니라 15 할례나 무할례가 아무 것도 아니로되 오직 새로 지으심을 받는 것만이 중요하니라

스도의 십자가 외에 결코 자랑할 것이 없으니 그리스도로 말미암아 세상이 나를 대하여 십자가에 못 박히고 내가 또한 세상을 대하여 그러하니라 할례나 무할례가 아무 것도 아니로되 오직 새로 지으심을 받는 것만이 중요하니라"(14-15절).

이 구절에서 가장 중요한 "새로 지으심을 받는 것"은 무엇을 말합니

까? 새로 지으심을 받는 것은 옛 마음이 그리스도와 함께 십자가에 못 박힐 때 발생하는 일입니다. 바울은 갈라디아서 2장 20절에서 자신이 그리스도와 함께 십자가에 못 박혔다고 말합니다. 그러나 어쨌든 그는 살아 있으며, 따라서 이것은 살아 있는 "그"가 새로워지는 것을 말합니다. 말하자면 그는 죽음에서 일으켜진 새로운 피조물인 것입니다. 그것은 "거듭남"(요 3:3)이요 "새 생명"(롬 6:4)입니다.

　새로 지으심을 받는 것이 실제로 의미하는 바가 무엇인지 알도록 도와주는 유사한 구절들이 있습니다. 가장 유사한 구절은 갈라디아서 5장 6절입니다. 6장 15절에서 "할례나 무할례가 아무 것도 아니로되 오직 새로 지으심을 받는 것만이 중요하니라"라고 말하는 것을 주목하십시오. 갈라디아서 5장 6절은 "그리스도 예수 안에서는 할례나 무할례나 효력이 없으되 사랑으로써 역사하는 믿음뿐이니라"라고 말합니다. 따라서 저는 "옛 바울"이 그리스도와 함께 십자가에 못 박혀서 창조된 "새로운 바울"이 사랑을 통해 역사하는 믿음으로 사는 바울이라고 추론합니다. 이것은 2장 20절에서 다시 확실해집니다. "내가 그리스도와 함께 십자가에 못 박혔나니 그런즉 이제는 내가 사는 것이 아니요 오직 내 안에 그리스도께서 사시는 것이라 이제 내가 육체 가운데 사는 것은 나를 사랑하사 나를 위하여 자기 자신을 버리신 하나님의 아들을 믿는 믿음 안에서 사는 것이라." 어떤 의미에서 바울은 더이상 살아 있지 않습니다. 그리스도께서 그를 통해 사시는 것입니다. 그러나 그는 살아 있으며, 이 "새로운 바울"은 날마다 그리스도께 의존하며 살아가는 바울입니다. 그래서 마치 그리스도께서 바울을 통해 살고 계신 것과 방불합니다. 그러므로 갈라디아서 6장 15절의 "새로 지으심을 받는 것"은 날마다 그리스도께 전적으로 의존하는 마음을 가리킵니다. 우리가 그리스도를 의지할 때 우리 안에서 생겨나는 그리스도의 생명의 능력이 바로 새로 지으심을 받는 것이라고 말할 수 있을 것입니다.

그러나 바울이 이 편지, 곧 14절에서 새로 지으심을 받은 자의 마음자세를 묘사하는 데 믿음을 언급하지 않는 것을 주목하십시오. 14절은 믿음 대신에 자랑과 기쁨에 대해 말합니다. "내게는 우리 주 예수 그리스도의 십자가 외에 결코 자랑할 것이 없으니." 역사적으로 기독교는 믿음과 심령의 상태를 별개로 분리한 사람들에 의해 많은 피해를 입었습니다. 그들은 믿음을 어떤 진리들에 대한 건조하고 형식적인 지적 동의로 만들고자 합니다. 바울은 그의 서신을 마치면서 우리가 그렇게 하지 못하게 저지합니다. 새로 지으심을 받은 자의 마음자세는 그리스도께서 죄인들을 위해 죽으셨다는 사실에 그저 지적으로 동의만 하는 마음이 아닙니다. 그 심령은 십자가를 자랑하고, 십자가의 기적을 자랑하며, 십자가의 유익들을 소중히 여깁니다. 십자가는 새로 지으심을 받은 자의 자랑이며 기쁨입니다. 그것은 크리스마스 오후에 친구들이 찾아올 때 당신이 제일 먼저 자랑하는 선물입니다.

십자가를 자랑하라

바울은 오직 십자가만 자랑하는 것이 무엇을 의미하는지 두 가지로 보여줍니다. 그는 14절에서 "그리스도로 말미암아 세상이 나를 대하여 십자가에 못 박히고 내가 또한 세상을 대하여 그러하니라"라고 말합니다. 제 생각에 그의 말은 이러한 뜻인 것 같습니다. "내가 그리스도를 만난 이후로, 내게 세상은 멸시받고, 무가치하고, 저주받은 것처럼 보입니다." 어떤 것이 십자가에 못 박힐 때, 그것은 거절과 조롱을 당합니다. 바로 바울이 그리스도를 만났을 때, 세상이 그렇게 된 것입니다. 그는 "모든 것을 해로(십자가에 못 박힌 것으로) 여김은 내 주 그리스도 예수를 아는 지식이 가장 고상하기 때문이라"라고 말했습니다(빌 3:8). 바울은 그리스도의 사랑에 사로잡힘으로 세상의 유익한 것들이 그에게 십자가에 못 박힌 시체처럼 차갑게 느껴지고 잿빛으로 보였습니다.

그러나 그는 다른 방식으로도 이야기합니다. "내가 세상에 대하여 십자가에 못 박혔다"고 말하는 것입니다. 즉, 세상이 나를 볼 때에도 내가 그리 매력적으로 보이지 않을 것입니다. 세상에 관한 한, 나는 시체와 같습니다. 세상이 보기에, 그리스도를 위해 자기를 부인해야 한다고 믿는 그리스도인들은 정신이 나간 사람들입니다. 그들은 죽은 사람들과 같습니다. 좋게 말하면 바보들이고, 최악의 경우엔 조롱받고 박해받는 사람들입니다. 바울이 고린도후서 6장 8-9절에서 자신의 사역을 어떻게 묘사했는지 기억해보십시오. "우리는 속이는 자 같으나 참되고 무명한 자 같으나 유명한 자요 죽은 자 같으나 보라 우리가 살아 있고 징계를 받는 자 같으나 죽임을 당하지 아니하고." 세상이 보기에, 십자가에 못 박히신 그리스도께 헌신하는 삶은 헛된 삶입니다. 바울은 고린도전서 4장 13절에서 그것을 이렇게 표현합니다. "우리가 지금까지 세상의 더러운 것과 만물의 찌꺼기 같이 되었도다." 세상이 나에 대해 십자가에 못 박혔고 내가 세상에 대해 십자가에 못 박혔다는 사실을 또 다르게 표현한 말이 바로 세상이 나에게 더러운 것이 되었고 나도 세상에게 더러운 것이 되었다는 것입니다.

　그러나 요점을 놓치지 마십시오. 바울이 자신이 세상을 거부하고 세상이 자신을 거부한다고 말한 이유는, 십자가에 못 박히신 그리스도의 가치를 강조하기 위함입니다. 그리스의 쾌락주의나 바리새인의 율법주의의 세상이 바울에게 제시한 지위와 쾌락들은 예수 그리스도에 비하면 거대한 쓰레기 더미와 같았습니다. 바울은 그리스도의 사랑에 사로잡혔습니다. 그는 역사상 가장 위대한 장면에 완전히 사로잡혔습니다. 그것은 바로 우리를 사랑하셔서 십자가에 달리사 우리를 위해 자신을 내어주신 하나님의 아들입니다.

자기를 높이는 자들과 그리스도를 높이는 자들

바울이 16절에서 "무릇 이 규례를 행하는 자에게와 하나님의 이스라엘에게 평강과 긍휼이 있을지어다"라고 말할 때, "이 규

갈라디아서 6장 16절
16 무릇 이 규례를 행하는 자에게와 하나님의 이스라엘에게 평강과 긍휼이 있을지어다

례"는 14절과 15절에 묘사된 마음자세를 가리킨다고 생각합니다. 그것은 12절과 13절에 나오는 마음자세와 대조를 이룹니다. 따라서 서로 대조되는 점들을 짧게 설명하고 결론을 내리고자 합니다. 하나는 (율법주의자든 방탕한 사람이든) 자기를 높이는 마음이고, 다른 하나는 그리스도를 높이는 마음입니다. 두 마음자세는 네 가지가 대조됩니다.

　첫째, 자신을 높이는 자들은 중요한 사람들의 박수갈채를 갈망하기 때문에 종교적인 의식들 속에서 좋은 모습을 보여주고 싶어 합니다 (6:12). 그러나 그리스도를 높이는 자들은 그리스도를 알아가는 기쁨에

비하면 사람들의 칭찬이 주는 기쁨은 쓰레기 더미라고 여깁니다. 따라서 그들은 사람을 기쁘게 하려 하지 않습니다(갈 1:10; 엡 6:6).

둘째, 자신을 높이는 자들은 그리스도의 십자가를 소중히 여기는 것보다 사람들의 박해와 거절에 대한 두려움이 더 큽니다(6:12). 그러나 그리스도를 높이는 자들은 그리스도를 십자가에 못 박은 세상으로부터 오는 박해를 기대하고 또 받아들입니다(5:11). 사실 그들은 바울과 같이 이렇게 말합니다. "그러므로 내가 그리스도를 위하여 약한 것들과 능욕과 궁핍과 박해와 곤고를 기뻐하노니 이는 내가 약한 그 때에 강함이라"(고후 12:10). 그리스도를 높이는 자들은 사람들을 두려워하지 않습니다. 그리스도는 그들의 피난처이며 방패이며 큰 상급이십니다.

셋째, 자기를 높이는 자들은 (할례 같은) 외적인 형식들을 신앙생활의 본질로 여깁니다(6:13). 그러나 그리스도를 높이는 자들은 내적인 새 창조를 신앙생활의 본질로 여깁니다. 자기를 높이는 자들은 교만의 뿌리는 남겨둔 채 외적인 모습만 깨끗하게 할 수 있습니다. 그래서 종교와 도덕성은 십자가에 못 박히지 않은 그들의 자기 의존성을 발산하는 유용한 수단입니다. 그러나 그리스도를 높이는 자들은 그리스도께서 왕이 되시려면 그들이 죽어야 하고, 새롭게 지으심을 받은 겸손과 그리스도께 의존하는 마음이 교만과 자기 의존성을 대신해야 한다는 것을 압니다.

넷째, 자기를 높이는 자들은 십자가의 의미를 무시하거나 경멸함으로써 십자가의 걸림돌을 제거합니다. 자기를 높이는 자들은 오래되고 거친 십자가의 파편이 항상 자만의 풍선을 터뜨리기 때문에 십자가를 피해야만 합니다. 그러나 그리스도를 높이는 자들은 십자가를 자랑스러워합니다. 그들은 다른 모든 것보다 십자가를 소중히 여깁니다. 그리스도께서는 제가 이 십자가를 언급하면서 갈라디아서 강해를 마치기를 원하실 것입니다.

완벽하기 때문에 또는 우리가 한 일이 하나님께 인정받을 만하기 때문에 구원받을 자는 한 명도 없습니다. 하나님의 평강과 긍휼은 자기를 높이지 않고 그리스도를 높이는 규례를 따라 사는 모든 이들을 위해 갈보리에서 사신 값없는 선물입니다. 하나님 앞에 의로운 신분으로 서는 것은 행위로 이루어지는 일이 아닙니다. 그것은 그리스도의 십자가 사역을 자랑하는 이들에게 거저 주어지는 것입니다. 따라서 저는 여러분에게 십자가로 나아갈 것을 촉구합니다. 십자가 앞에 있다면, 그 십자가를 자랑할 것을 촉구합니다. 십자가에 못 박히신 그리스도는 우리의 모든 기도의 기초이며, 하나님의 모든 사랑의 보증이고, 온전한 용서의 확증이자, 우리의 모든 소망의 근거요, 한밤중의 평안과 아침의 긍휼이 흘러나오는 샘입니다.

오, 거룩하신 주님,

그 상하신 머리,

조롱과 욕에 싸여

가시관 쓰셨네.

오, 거룩하신 주님,

그 영광스럽고 복 되신 머리,

멸시를 당하고 피투성이 되셨으나

나 기쁘게 주를 부르리.

1. 깨어 있음

깨어 있음의 개혁된 실천

브라이언 헤지스 지음 | 조계광 옮김

성경은 모든 그리스도인에게 신분이나 인생의 시기와 상관없이 항상 깨어 경계할 것을 권고한다. 브라이언 헤지스는 성경과 과거의 신자들의 가르침을 바탕으로 깨어 있음의 "무엇, 왜, 어떻게, 언제, 누가"에 대해 말한다. 이 책은 반성과 자기점검과 개인적인 적용을 돕기 위해 각 장의 끝에 "점검과 적용" 질문들을 첨부했다. 이 책은 더 큰 깨어 있음, 증가된 거룩함, 삼위일체 하나님과의 더 깊은 교제를 향한 길을 발견하고자 하는 사람을 위한 책이다.

2. 기독교적 삶의 아름다움과 영광

그리스도인의 삶의 개혁된 실천

조엘 R. 비키 편집 | 조계광 옮김

본서는 그리스도인의 삶에서 정말로 중요한 요소들을 압축적으로 담고 있다. 내면적 경건생활부터 가정, 직장, 전도하는 삶, 그리고 이 땅이 적대적 환경에 대응하며 살아가는 삶에 대해 정확한 성경적 원칙을 들어 말하고 있다.

이 책은 주제들을 잘 선택해 주의 깊게 다루는데, 주로 청교도들의 글에서 중요한 포인트들을 최대한 끌어내서 핵심 주제들을 짚어준다. 영광스럽고 아름다운 그리스도인의 삶의 청사진을 맛보고 싶다면 이 책을 읽으면 된다.

3. 장로 핸드북

모든 성도가 알아야 할 장로 직분

제럴드 벌고프, 레스터 데 코스터 공저 | 송광택 옮김

하나님은 복수의 장로를 통해 교회를 다스리신다. 복수의 장로가 자신의 역할을 잘 감당해야 교회 안에 하나님의 통치가 제대로 편만하게 미친다. 이 책은 그토록 중요한 장로 직분에 대한 성경의 가르침을 정리하여 제공한다. 이 책의 원칙에 의거하여 오늘날 교회 안에서 장로 후보들

이 잘 양육되고 있고, 성경이 말하는 자격요건을 구비한 장로들이 성경적 원칙에 의거하여 선출되고, 장로들이 자신의 감독과 목양 책임을 잘 수행하고 있는가? 우리는 장로 직분을 바로 이해하고 새롭게 실천하여야 할 것이다. 이 책은 비단 장로만을 위한 책이 아니라 모든 성도를 위한 책이다. 성도는 장로를 선출하고 장로의 다스림에 복종하고 장로의 감독을 받고 장로를 위해 기도하고 장로의 직분 수행을 돕고 심지어 장로 직분을 사모해야 하기 때문에 장로 직분에 대한 깊은 이해가 필수적이다.

4. 집사 핸드북

모든 성도가 알아야 할 집사 직분

제럴드 벌고프, 레스터 데 코스터 공저 | 황영철 옮김

하나님의 율법은 교회 안에서 곤핍한 자들, 외로운 자들, 정서적 필요를 가진 자들을 따뜻하고 자애롭게 돌볼 것을 명한다. 거룩한 공동체 안에 한 명도 소외된 자가 없도록 이러한 돌봄이 잘 이루어져야 한다. 이 일은 기본적으로 모든 성도가 힘써야 할 책무이지만 교회는 특별히 이 일에 책임을 지고 감당하도록 집사 직분을 세운다. 오늘날 율법의 명령이 잘 실천되어 교회 안에 사랑과 섬김의 손길이 구석구석 미치고 있는가? 우리는 집사 직분을 바로 이해하고 새롭게 실천하여야 할 것이다. 그것은 교회 공동체를 향한 하나님의 거룩한 뜻이다.

5. 지상명령 바로알기

지상명령의 개혁된 실천

마크 데버 지음 | 김태곤 옮김

이 책은 지상명령의 바른 이해와 실천을 알려준다. 지상명령은 복음전도가 전부가 아니며 예수님이 분부하신 모든 것을 가르쳐 지키게 하는 것까지 포함하는 포괄적인 명령이다. 따라서 이 명령 아래 살아가고 있는 그리스도인들은 모든 것을 가르쳐 지키게 하는 그러한 시스템을 구축하고 이를 실천해야 한다. 이 책은 예수님이 이 명령을 교회에게 명령하셨다고 지적하며 지역

교회가 이 일을 수행할 수 있는 실천적 방법들을 구체적으로 다루고 있다. 삶으로 그리스도를 따르는 제자들로 가득 찬 교회를 꿈꾼다면 이 책이 큰 도움이 될 것이다.

6. 목사와 상담
목회 상담의 개혁된 실천

제레미 피에르, 디팍 레주 지음 | 차수정 옮김

이 책은 목회 상담이라는 어려운 책무를 어떻게 수행해야 하는지 차근차근 단계별로 쉽게 가르쳐준다. 상담의 목적은 복음의 적용이다. 이 책은 이 영광스러운 임무를 효과적으로 수행할 수 있도록 첫 상담부터 마지막 상담까지 상담 프로세스를 어떻게 꾸려가야 할지 가르쳐준다.

7. 예배의 날
제4계명의 개혁된 실천

라이언 맥그로우 지음 | 조계광 옮김

제4계명은 십계명 중 하나로서 삶의 골간을 이루는 중요한 계명이다. 하나님의 뜻을 따르는 우리는 이를 모호하게 이해하고, 모호하게 실천하면 안 되며, 제대로 이해하고, 제대로 실천해야 한다. 이를 위해 우리는 이 계명의 참뜻을 신중하게 연구해야 한다. 이 책은 가장 분명한 논증을 통해 제4계명의 의미를 해석하고 밝혀준다. 하나님은 그날을 왜 제정하셨는가? 그날은 얼마나 복된 날이며 무엇을 하면서 하나님의 복을 받는 날인가? 교회사에서 이 계명은 어떻게 이해되었고 어떤 학설이 있고 어느 관점이 성경적인가? 오늘날 우리는 이 계명을 어떻게 지킬 것인가?

8. 단순한 영성
영적 훈련의 개혁된 실천

도널드 휘트니 지음 | 이대은 옮김

본서는 단순한 영성을 구현하기 위한 영적 훈련 방법에 대한 소중한 조언으로 가득하다. 성경 읽기, 성경 묵상, 기도하기, 일지 쓰기, 주일 보내기, 가정 예배, 영적 위인들로부터 유익 얻기, 독서하기, 복음전도, 성도의 교제 등 거의 모든 분야의 영적 훈련에 대해 말하고 있다. 조엘 비키 박사는 이 책의 내용의 절반만 실천해도 우리의 영적 생활이 분명 나아질 것이라고 한다. 그리고 한 장씩 주의하며 읽고, 날마다 기도하며 실천하라고 조언한다.

9. 힘든 곳의 지역 교회
가난하고 곤고한 곳에 교회가 어떻게 생명을 가져다 주는가

메즈 맥코넬, 마이크 맥킨리 지음 | 김태곤 옮김

이 책은 각각 브라질, 스코틀랜드, 미국 등의 빈궁한 지역에서 지역 교회 사역을 해 오고 있는 두 명의 저자가 그들의 실제 경험을 바탕으로 쓴 책이다. 이 책은 그런 지역에 가장 필요한 사역, 가장 효과적인 사역, 장기적인 변화를 가져오는 사역이 무엇인지 가르쳐준다. 힘든 곳에 사는 사람들을 궁휼히 여기는 마음이 있다면 꼭 참고할 만한 책이다.

10. 생기 넘치는 교회의 4가지 기초
건강한 교회 생활의 개혁된 실천

윌리엄 보에케스타인, 대니얼 하이드 공저

이 책은 두 명의 개혁과 목사가 교회에 대해 저술한 책이다. 이 책은 기존의 교회성장에 관한 책들과는 궤를 달리하며, 교회의 정체성, 권위, 일치, 활동 등 네 가지 영역에서 성경적 원칙이 확립되고 '질서가 잘 잡힌 교회'가 될 것을 촉구한다. 이 4가지 부분에서 성경적 실천이 조화롭게 형성되면 생기 넘치는 교회가 되기 위한 기초가 형성되는 셈이다. 이 네 영역 중 하나라도 잘못되고 무질서하면 그만큼 교회의 삶은 혼탁해지며 교회는 약해지게 된다.

11. 마음을 위한 하나님의 전투 계획
청교도가 실천한 성경적 묵상

데이비드 색스톤 지음 | 조엘 비키 서문 | 조계광 옮김

묵상하지 않으면 경건한 삶을 살 수 없다. 우리 시대에 일어나고 있는 일이 바로 이것이다. 오늘날은 명상에 대한 반감으로 묵상조차 거부한다. 그러면 무엇이 잘못된 명상이고 무엇이 성경적 묵상인가? 저자는 방대한 청교도 문헌을 조사하여 청교도들이 실천한 묵상을 정리하여 제시하면서, 성경적 묵상이란 무엇이고, 왜 묵상을 해야 하며, 어떻게 구체적으로 묵상을 실천하는지 알려준다. 우리는 다시금 이 필수적인 실천사항으로 돌아가야 한다.

... 교회개척 매뉴얼
... 문서를 통해 배우는 교회개척 원리와

... 북미연합개혁교회(URCNA)라는 개혁
...단의 교회개척 매뉴얼로서, 교회개척의 첫 걸
음부터 그 마지막 단계까지 성경의 원리에 입각
한 교회개척 방법을 가르쳐준다. 모든 신자는 함
께 교회를 개척하여 그리스도의 나라를 확장해
야 한다.

13. 아이들이 공예배에 참석해야 하는가
아이들의 예배 참석의 개혁된 실천
대니얼 R. 하이드 지음 | 유정희 옮김

아이들만의 예배가 성경적인가? 아니면 아이들
도 어른들의 공예배에 참석해야 하는가? 성경은
이에 대해 무엇을 말하는가? 아이들의 공예배
참석은 어떤 유익이 있으며 실천적인 면에서 주
의할 점은 무엇인가? 이 책은 아이들의 공예배
참석 문제에 대해 성경을 토대로 돌아보게 한
다.

14. 신규 목회자 핸드북
제이슨 헬로포울로스 지음 | 리곤 던컨 서문 | 김태곤 옮김

이 책은 새로 목회자가 된 사람을 향한 주옥같
은 48가지 조언을 담고 있다. 리곤 던컨, 케빈 드
영, 앨버트 몰러, 알리스테어 베그, 팀 챌리스 등
이 이 책에 대해 극찬하였다. 이 책은 읽기 쉽고
매우 실천적이며 유익하다.

15. 개혁교회 공예배
공예배의 개혁된 실천
대니얼 R. 하이드 지음 | 이선숙 옮김

많은 신자들이 평생 수백 번, 수천 번의 공예배
를 드리지만 정작 예배에 대해서 제대로 이해하
지 못하는 경우가 많다. 당신은 예배가 왜 지금
과 같은 구조와 순서로 되어 있는지 이해하고
예배하는가? 신앙고백은 왜 하는지, 목회자가
왜 대표로 기도하는지, 말씀은 왜 읽는지, 축도
는 왜 하는지 이해하고 참여하는가? 이 책은 분
량은 많지 않지만 공예배의 핵심 사항들에 대하
여 알기 쉽게 알려준다.

16. 마크 데버, 그렉 길버트의 설교
설교의 개혁된 실천
마크 데버, 그렉 길버트 지음 | 이대은 옮김

1부에서는 설교에 대한 신학을, 2부에서는 설교
에 대한 실천을 담고 있고, 3부는 설교 원고의
예를 담고 있다. 이 책은 신학적으로 탄탄한 배
경 위에서 설교에 대해 가장 실천적으로 코칭하
는 책이다.

17. 네덜란드 개혁교회의 자녀양육
자녀양육의 개혁된 실천
야코부스 꿀만 지음 | 유정희 옮김

이 책에서 우리는 17세기 네덜란드 개혁교회 배
경에서 나온 자녀양육법을 살펴볼 수 있다. 경
건한 17세기 목사인 야코부스 꿀만은 자녀양육
과 관련된 당시의 지혜를 한데 모아서 구체적인
282개 지침으로 꾸며 놓았다. 부모들이 이 지침
들을 읽고 실천하면 큰 도움을 받을 수 있게 하
였다. 의도는 선하더라도 방법을 모르면 결과를
낼 수 없다. 우리 그리스도인 부모들은 구체적인
자녀양육 방법을 배우고 실천해야 한다.

18. 개혁교회의 가정 심방
가정 심방의 개혁된 실천
피터 데 용 지음 | 조계광 옮김

목양은 각 멤버의 영적 상태를 개별적으로 확인
하고 권면하고 돌보는 일을 포함한다. 이를 위해
교회는 역사적으로 가정 심방을 실시하였다. 이
책은 외국 개혁교회에서 꽃피웠던 가정 심방의
실제 모습을 보여주며, 한국 교회 안에서 행해지
는 가정 심방의 개선점을 시사해준다.